Adaptive Lehrkompetenz

AF209218

Waxmann Verlag GmbH
Steinfurter Straße 555, 48159 Münster
info@waxmann.com

Pädagogische Psychologie und Entwicklungspsychologie

herausgegeben von Detlef H. Rost

Editorial

Pädagogische Psychologie und Entwicklungspsychologie sind seit jeher zwei miteinander eng verzahnte Teildisziplinen der Psychologie. Beide haben einen festen Platz im Rahmen der Psychologenausbildung: Pädagogische Psychologie als wichtiges Anwendungsfach im zweiten Studienabschnitt, Entwicklungspsychologie als bedeutsames Grundlagenfach in der ersten und als Forschungsvertiefung in der zweiten Studienphase. Neue Zielsetzungen, neue thematische Schwerpunkte und Fragestellungen sowie umfassendere Forschungsansätze und ein erweitertes Methodenspektrum haben zu einer weiteren Annäherung beider Fächer geführt und sie nicht nur für Studierende, sondern auch für die wissenschaftliche Forschung zunehmend attraktiver werden lassen. „Pädagogische Psychologie und Entwicklungspsychologie" nimmt dies auf, fördert die Rezeption einschlägiger guter und interessanter Forschungsarbeiten, stimuliert die theoretische, empirische und methodische Entfaltung beider Fächer und gibt fruchtbare Impulse zu ihrer Weiterentwicklung einerseits und zu ihrer gegenseitigen Annäherung andererseits.

Der Beirat der Reihe „Pädagogische Psychologie und Entwicklungspsychologie" repräsentiert ein breites Spektrum entwicklungspsychologischen und pädagogisch-psychologischen Denkens und setzt Akzente, indem er auf Forschungsarbeiten aufmerksam macht, die den wissenschaftlichen Diskussionsprozess beleben können. Es ist selbstverständlich, dass zur Sicherung des Qualitätsstandards dieser Reihe jedes Manuskript – wie bei Begutachtungsverfahren in anerkannten wissenschaftlichen Zeitschriften – einem Auswahlverfahren unterzogen wird („peer review"). Nur qualitätsvolle Arbeiten werden der zunehmenden Bedeutung der Pädagogischen Psychologie und Entwicklungspsychologie für die Sozialisation und Lebensbewältigung von Individuen und Gruppen in einer immer komplexer werdenden Umwelt gerecht.

Erwin Beck, Matthias Baer, Titus Guldimann, Sonja Bischoff,
Christian Brühwiler, Peter Müller, Ruth Niedermann,
Marion Rogalla, Franziska Vogt

Adaptive Lehrkompetenz

Analyse und Struktur,
Veränderbarkeit und Wirkung
handlungssteuernden Lehrerwissens

Waxmann 2008
Münster / New York / München / Berlin

Bibliografische Informationen der Deutschen Nationalbibliothek
Die Deutsche Nationalbibliothek verzeichnet diese Publikation in
der Deutschen Nationalbibliografie; detaillierte bibliografische
Daten sind im Internet über http://dnb.d-nb.de abrufbar.

Pädagogische Psychologie und Entwicklungspsychologie; Bd. 63
herausgegeben von Prof. Dr. Detlef H. Rost
Philipps-Universität Marburg
Fon: 0 64 21 / 2 82 17 27
Fax: 0 64 21 / 2 82 39 10
E-Mail: rost@mailer.uni-marburg.de

ISSN 1430-2977
ISBN 978-3-8309-1936-0

© Waxmann Verlag GmbH, 2008
Postfach 8603, D-48046 Münster

www.waxmann.com
info@waxmann.com

Umschlaggestaltung: Pleßmann Kommunikationsdesign, Ascheberg
Gedruckt auf alterungsbeständigem Papier, DIN 6738

Inhalt

1 Einleitung

1.1 Herausforderung der Lernforschung für das Lehren

Die Erkenntnisse der konstruktivistischen Lehr-Lernforschung fordern die Lehrpersonen heraus: Schülerinnen und Schüler sind aktiv handelnde Individuen – sie knüpfen an ihren bestehenden subjektiven Theorien an, erweitern sie oder formen sie um. Für Lehrpersonen hat dieses Lernverständnis Folgen. Sie bekommen die unterschiedlichen Lernvoraussetzungen in den Blick, erkennen die große Heterogenität in ihrer Klasse. Sie sehen ihre Schülerinnen und Schüler mit ihrem unterschiedlichen Vorwissen, ihren vielfältigen Interessen und ihren individuellen Fähigkeiten.

Die aktuelle Lernforschung hebt die Bedeutung des eigenständigen und verstehensorientierten Lernens hervor: Lernende als aktive, eigenständig handelnde Individuen, welche ihre eigenen Lernwege gehen. Durch ihre Erfahrungen und deren Reflexion erweitern und vertiefen nicht nur ihr Sachwissen, sondern auch das Wissen über das Lernen selbst (Metakognition).

Die Schülerinnen und Schüler sollen in lebenslangem Lernen ihr Wissen laufend erweitern und transformieren können. Lexikalisches Wissen, die oberflächliche Kenntnis von Sachverhalten, genügt dafür nicht. Das Gelernte soll verstanden und angewendet werden können. Die Erkenntnisse der konstruktivistischen Lernforschung haben deutlich gemacht, wie Lernen funktioniert: Lernende verbinden neue Inhalte mit ihrem Vorwissen, strukturieren sie aktiv und situieren sie in einem Verstehenskontext. Für die Lehrpersonen bedeutet dies vor allem: weniger instruieren! Denn Instruktion versetzt die Schülerinnen und Schüler in eine reaktive Position. Der Unterricht soll vielmehr so gestaltet werden, dass sich die Lernenden mit dem Lerngegenstand aktiv geistig auseinandersetzen können (Reinmann-Tothmeier & Mandl 2001). Für die Lehrpersonen verschiebt sich der Fokus: Weg von der Gestaltung ihres Lehrens hin zum Lernen der Schülerinnen und Schüler. Dies erfordert eine neue, konsequent am Lernen der Schülerinnen und Schüler orientierte Lehrkompetenz.

Lernprozesse sind individuell verschieden. Ebenso individuell müssen die Lehrpersonen ihre Schülerinnen und Schülern beim eigenständigen Lernen begleiten. Sie brauchen dazu eine hohe Kompetenz im Diagnostizieren von Lernvoraussetzungen, hohe didaktische Kompetenz, um eigenständiges Lernen zu begleiten und hohe Sachkompetenz, um die Lernenden verstehensorientiert zu unterstützen. Sie müssen die Klasse so führen können, dass ein günstiges Umfeld für eigenständige, aktive Auseinandersetzung mit dem Lerngegenstand entsteht.

In ihren bisherigen Projekten lag der Schwerpunkt der Forschungsgruppe der Pädagogischen Hochschule St. Gallen bei den Lernprozessen der Schülerinnen und Schülern. Im Zentrum der Forschungstätigkeit stand das eigenständige Lernen (Beck et al., 1995; Guldimann, 1996). Die aktuelle Forschungstätigkeit fokussierte die Seite der Lehrenden: Welche spezifischen Kompetenzen brauchen Lehrperson, damit die Schülerinnen und Schüler durch einen adaptiven Unterricht möglichst eigenständig und effektiv lernen können?

1.2 Adaptive Lehrkompetenz

Lernerfolge bei den Schülerinnen und Schülern mit ihren heterogenen Lernvoraussetzungen werden nicht einfach durch den Einsatz einer bestimmten didaktischen Methode erzielt – die Lehr-Lernprozesse sind dafür viel zu vielfältig und zu komplex. Die Forschung zu Unterrichtsqualität zeigt einerseits die Existenz einiger genereller Kriterien, welche guten Unterricht in verschiedenen Klassen mit verschiedenen Lehrpersonen auszeichnen (Helmke 2003). Andererseits betonen Weinert und Helmke (1997) auf der Grundlage ihrer Scholastik-Studie auch, dass Lehrpersonen sowohl guten wie schlechten Unterricht auf sehr verschiedene Weise halten können. Die Lehrkompetenz der Lehrperson ist demnach ein bedeutender Einflussfaktor für den Lernerfolg der Schülerinnen und Schüler. Hohe Lehrkompetenz ermöglicht der Lehrperson, guten Unterricht durchzuführen, welcher als Angebot von den Schülerinnen und Schülern für ihr Lernen genutzt werden kann. In der vorliegenden Studie wird keine didaktische Fragestellung nach dem traditionellen ‚Wie‘ eines guten Unterrichts verfolgt. Vielmehr werden die spezifischen Kompetenzen der Lehrperson untersucht, welche angesichts bestehender Heterogenität der Lernenden hohe Lernerfolge ermöglichen. Wir schlagen zum Verständnis der Kompetenzen der Lehrpersonen das Konstrukt der adaptiven Lehrkompetenz vor. Diese untersuchen wir in Bezug auf Sachkompetenz, didaktische Kompetenz, diagnostische Kompetenz und Klassenführung. Wir stützen uns dabei auf die Grundlagen der von Wang (1980) und Helmke und Weinert (1997) definierten Dimensionen der Lehrkompetenz.

Damit möglichst viele Schülerinnen und Schüler unter Einbezug ihrer heterogenen Voraussetzungen möglichst gut lernen, braucht es Lehrpersonen, die Unterricht adaptiv gestalten können. In ihrer Planung achten sie auf eine optimale Passung zwischen dem Lernstand der Schülerinnen und Schüler und dem Sachinhalt. Im Moment des Unterrichtens nehmen sie weitere Anpassungen vor, je nach dem, wie die antizipierten Lernprozesse der Schülerinnen und Schüler in Wirklichkeit ablaufen. Die Kompetenz, auf die individuellen Voraussetzungen der Schülerinnen und Schüler einzugehen, nennen wir adaptive Lehrkompetenz. Dabei unterscheiden wir adaptive Planungskompetenz und adaptive Handlungskompetenz. Deren Messung ist eine methodologische Herausforderung. Zudem wird in dieser Studie untersucht, ob adaptive Lehrkompetenz gefördert werden kann und, wenn ja, wie.

1.3 Ziele und Aufbau

Die vorliegende Studie postuliert die adaptive Lehrkompetenz zunächst theoretisch und erforscht sie in der Folge empirisch. Was ist adaptive Lehrkompetenz, aus welchen Teilaspekten besteht sie und wie hängen diese zusammen? Um diese Frage zu bearbeiten, wurden geeignete Instrumente entwickelt und bei 50 Lehrpersonen und ihren Klassen eingesetzt. Des Weiteren wurde untersucht, wie sich unterschiedliche adaptive Lehrkompetenz auf den Lernerfolg auswirkt: Lernen Schülerinnen und Schüler besser, wenn sie von Lehrpersonen mit einer hohen adaptiven Lehrkompetenz unterrichtet werden? Ist hohe adaptive Lehrkompetenz speziell wirksam in Klassen mit großer Leistungsheterogenität?

In einem weiteren Schritt beschäftigt sich die Studie mit der Weiterbildung der Lehrpersonen, um diese zu befähigen, angepasster auf die große Breite der Lernvoraussetzungen ihrer Schülerinnen und Schüler einzugehen. Wie lässt sich adaptive Lehrkompetenz fördern? Wirkt sich diese Förderung günstig auf das Lernen aus? Dafür wurde eine Intervention ausgearbeitet, die in der Schulpraxis durchgeführt werden kann – bestehend aus einem Weiterbildungskurs und dem fachspezifisch-pädagogischen Coaching nach West und Staub (2003). Die Intervention wurde auf ihre Wirkung bei Lehrpersonen und ihren Schülerinnen und Schülern untersucht.

Im Zentrum der Studie steht der naturwissenschaftliche Unterricht in der Primar- und der Sekundarschule. Im naturwissenschaftlichen Unterricht in der Schweiz ist die Unterrichtsgestaltung in hohem Maß der Lehrperson übertragen, da keine kursorischen Lehrmittel verwendet werden. An der Studie nahmen 27 Primarklassen des 5. Schuljahres (Schülerinnen und Schüler im Alter von ca. 11 Jahren) und 23 Sekundarklassen des 7. Schuljahres des grundlegenden und des erweiterten Niveaus (Schülerinnen und Schüler im Alter von ca. 13 Jahren) teil.

Im zweiten Kapitel werden die forschungstheoretischen Grundlagen des Projekts diskutiert. Verschiedene Konzeptionen von gutem Unterricht machen deutlich, dass Lernleistungen durch zahlreiche Einflüsse bestimmt sind. Die Lehrperson selber kann mit ihrer Unterrichtsgestaltung einen wichtigen Beitrag zum Lernerfolg der Schülerinnen und Schülerinnen leisten. Dieses Kapitel enthält auch eine Literaturrecherche zur Verwendung des Begriffs Adaptivität. Dabei fällt auf, dass Adaptivität häufig in Zusammenhang mit Informationstechnologie und Lernprogrammen verwendet wird. Die Ergebnisse dieser Studie zeigen hingegen auf, dass Adaptivität kaum linear zu denken ist und nicht Programmen überlassen werden kann, sondern eine zentrale Kompetenz der Lehrperson darstellt. Abschließend wird geklärt, was in dieser Studie unter dem Begriff adaptive Lehrkompetenz verstanden wird. Unter

Bezugnahme auf verstehensorientiertes Lernen und Metakognition wird verdeutlicht, wie sich das Konstrukt der adaptiven Lehrkompetenz in die aktuelle Lehr-
Lernforschung einbettet.

Im Anschluss daran werden die Grundlagen der durchgeführten Intervention
dargelegt. Mit dem fachspezifisch-pädagogischen Coaching (West & Staub, 2003),
das im Zentrum der Intervention stand, wurde ein für die Weiterbildung von Lehrpersonen innovatives Vorgehen realisiert und auf seine Wirkung überprüft.

In Kapitel 3 werden die Ziele der Studie dargestellt und die spezifischen Hypothesen formuliert. Vermutet wurden die folgenden Zusammenhänge: Klassen, welche von Lehrpersonen mit hoher adaptiver Lehrkompetenz unterrichtet werden,
haben einen höheren Lernerfolg als die Klassen von Lehrpersonen mit niedriger
adaptiver Lehrkompetenz. Lehrpersonen, welche die Intervention mit fachspezifisch-pädagogischem Coaching erhalten, entwickeln ihre adaptive Lehrkompetenz
stärker als die Lehrpersonen der Kontrollgruppe.

In Kapitel 4 werden das Forschungsdesign und die Stichprobe dargestellt und die
Durchführung der Intervention erläutert.

In Kapitel 5 werden die verschiedenen Forschungsinstrumente beschrieben, welche entwickelt wurden, um die adaptive Lehrkompetenz der Lehrpersonen zu erfassen. Die adaptive Planungskompetenz wurde durch einen Vignettentest erfasst, die
adaptive Handlungskompetenz durch einen Videotest. Bei diesem sind die Teilnehmenden aufgefordert, auf videografierte Unterrichtssequenzen zu reagieren,
wenn sie anders als die Lehrperson im Video handeln würden. Für die Erfassung
des Lernerfolgs führten alle Lehrpersonen mit ihren Klasse eine Unterrichtsreihe
zum Thema ‚Keimung von Samen' durch. Der Lernzuwachs der Schülerinnen und
Schüler wurde durch den Vergleich ihrer Kenntnisse im Vortest und im Nachtest
ermittelt. Durch dieses Vorgehen kann der Lernerfolg der Schülerinnen in den Zusammenhang gesetzt werden mit dem Unterricht und der adaptiven Lehrkompetenz
der Lehrperson.

Die Kapitel 6 und 7 stellen die Ergebnisse der Studie dar. In Kapitel 6 wird das
Konstrukt adaptive Lehrkompetenz untersucht und mit verschiedenen Aspekten in
Verbindung gebracht wie beispielsweise Leistungsheterogenität der Klasse oder
selbstreguliertem Lernen der Schülerinnen und Schüler. Kapitel 7 geht der Frage
nach, ob mit der Intervention mittels fachspezifisch-pädagogischen Coachings die
adaptive Lehrkompetenz der an der Intervention beteiligten Lehrpersonen gefördert
werden konnte und ob deren Schülerinnen und Schüler für ihr Lernen daraus Nutzen ziehen konnten.

Das Buch schließt mit der Diskussion der Ergebnisse zur adaptiven Lehrkompetenz und dem Zusammenhang mit den Lernleistungen der Schülerinnen und Schüler. Das Potenzial der entwickelten Messinstrumente wird beleuchtet. Zudem wer-

den auf der Basis der Wirkung der Intervention Schlussfolgerungen für die Lehre-rinnen- und Lehrerbildung gezogen. Wir hoffen, mit dieser Studie einen Beitrag zu leisten zur Erforschung des komplexen Zusammenspiels von Lehrkompetenzen, Unterricht und Lernen, und Impulse zu geben für die Aus- und Weiterbildung der Lehrpersonen.

2 Forschungstheoretischer Hintergrund

2.1 Adaptive Lehrkompetenz als Voraussetzung für einen angemessenen Umgang mit Individualität und Heterogenität im schulischen Unterricht

„Das gleichermaßen variable wie flexible Modell des adaptiven Unterrichts ist gegenwärtig das wissenschaftlich fundierteste und didaktisch aussichtsreichste unterrichtliche Konzept, um auf die großen und stabilen interindividuellen Unterschiede der Schüler in didaktisch angemessener Form zu reagieren" (Helmke & Weinert, 1997, S. 137).

2.1.1 Einleitung und Problemstellung

In ihrer umfassenden Darstellung der Bedingungsfaktoren für schulische Leistungen unterscheiden Helmke und Weinert (1997) vier Hauptgruppen von Determinanten, welche die Leistungen von Schülerinnen und Schülern bedingen. Eine schulische Leistung ist zudem immer multipel determiniert. Sie hängt in komplexer Weise (a) von individuellen, (b) von schulischen, (c) von familiären sowie (d) von kontextuellen (soziokulturellen) Bedingungsfaktoren ab. Jede der vier Hauptgruppen setzt sich aus einer Vielzahl von Subfaktoren zusammen. Diese ergeben ihrerseits in einem komplexen Zusammenspiel den Einfluss des Hauptfaktors auf die Lernleistung. Wie diese auf verschiedenen Ebenen und in unterschiedlicher Weise wirkenden Faktoren Schulleistungen determinieren und wie ihr Zusammenwirken im Einzelnen erfolgt, ist zum gegenwärtigen Zeitpunkt wissenschaftlich noch weitgehend ungeklärt.

Die nachfolgende Darstellung geht auf die multiple Determination von Schulleistungen ein, begründet, warum idealerweise ein adaptiver, die vorhandenen (Lern-)Voraussetzungen berücksichtigender Unterricht optimale Bedingungen für Lernen schafft, beleuchtet exemplarisch interindividuell unterschiedliche (Lern-) Voraussetzungen bei den Lernenden und ihre Auswirkung auf das individuelle Lernen und geht auf Wissen ein, das Lehrpersonen für die Gestaltung von Unterricht wegleitend beiziehen. Dabei wird herausgearbeitet, dass es zwei zentrale Fragen zu klären gibt: (a) was unter „adaptiver Lehrkompetenz" verstanden und (b) auf welche Weise „adaptive Lehrkompetenz" bei Lehrpersonen gefördert werden kann. Mit dem Forschungsprojekt „Adaptive Lehrkompetenz", über das hier berichtet wird, sollen diese Fragen theoretisch und empirisch geklärt werden. Nicht zuletzt aus unterrichtspraktischen Gründen wäre es entscheidend zu wissen, welche Bedingungsfaktoren zu welchen Schulleistungsergebnissen führen oder sie zumindest wahrscheinlich machen. Die spezifische Frage lautet, ob Lehrpersonen mit hoher adaptiver Lehrkompetenz, wie vermutet werden kann, bei ihren Schülerinnen und Schülern bessere Lernleistungen auslösen können als Lehrpersonen mit niederer Ausprägung von adaptiver Lehrkompetenz.

2.1.2 Multiple Determination von Schulleistungen und der Systemcharakter des Unterrichts und seiner Wirkungen

Modelle die den Sachverhalt der multiplen Determination von Schulleistungen veranschaulichen, wie beispielsweise das in Abbildung 1 wiedergegebene Modell von Helmke und Weinert, gehen zwar davon aus, dass mehrere Bedingungsfaktoren für Schulleistungen existieren. Sie machen jedoch keine expliziten Aussagen zur Art ihres Zusammenwirkens.

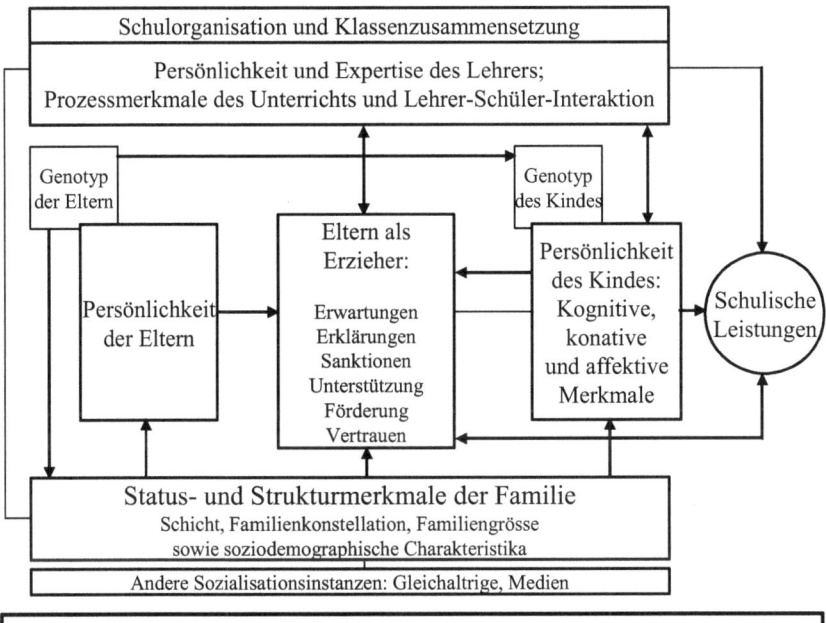

Abbildung 1: Komplexe Determination von Schulleistungen (Helmke & Weinert, 1997, S. 86)

Wie Helmke und Weinert darlegen, „gehen die meisten multipel angelegten Untersuchungen und theoretischen Modelle von einer unbegrenzten wechselseitigen Kompensierbarkeit verschiedener Determinanten und von einem additiven Zusammenwirken aus" (Helmke & Weinert, 1997, S. 139). Einzig das Produktivitätsmodell der Schulleistung (Fraser, Walberg et al., 1987; Walberg, 1990; Walberg & Uguroglu, 1980) nimmt neun Gruppen von Person- und Umweltvariablen an, die multiplikativ verbunden sind und miteinander in einem positiven Zusammenhang zur Schulleistung stehen. Es handelt sich um die folgenden Variablen: (a) Fähigkeiten und Kenntnisniveau, (b) Alter, (c) Motivation und Selbstkonzept, (d) Unterrichtszeit, (e) Unterrichtsqualität, (f) häusliche Lernumwelt, (g) Klassenklima, (h) Gruppe der Gleichaltrigen und (i) Medien, d.h. Fernsehen in der Freizeit. Bei einem multiplikativen Zusammenspiel der Variablen anstelle eines additiven ist eine Null-Ausprägung einer Variablen (z.B. der Intelligenz) nicht durch höhere Werte bei einem oder bei mehreren anderen Variable(n) kompensierbar.

Da jedoch Null-Ausprägungen (z.B. bei der Intelligenz) in der Realität als Schülervariablen kaum vorkommen und auch theoretisch wenig Sinn machen, werden im Produktionsmodell Schwellen nahe des Minimums angenommen, so dass Kompensationen eines Defizits bei einer für eine Schulleistung notwendigen Determinanten um so schwieriger sind, je niedriger die Ausprägung dieser notwendigen Determinante ist. Ein Defizit muss durch unverhältnismäßige „Mehrleistungen" bei den anderen Bedingungsfaktoren wettgemacht werden, und eine Kompensation ist ausgeschlossen, wenn ein kritisches Mindestmaß (eine Schwelle) bei einer notwendigen Determinanten unterschritten ist.

In kritischer Beurteilung des Produktivitätsmodells stellen Helmke und Weinert fest, dass das Modell einige empirische Evidenz für sich beanspruchen kann, doch müsse angezweifelt werden, „ob globale Aussagen zum Zusammenwirken unterschiedlichster Faktoren auf dieser Makro-Ebene theoretisch fruchtbar und praktisch relevant sind" (Helmke & Weinert, 1997, S. 140). Um die Art und Weise des Zusammenwirkens von Bedingungsfaktoren für schulische Leistungen zu erfassen, ist es angesichts des vorliegenden noch sehr vorläufigen wissenschaftlichen Kenntnisstandes aussichtsreicher, „in theoriegeleiteter Weise nach spezifischen Formen und Mechanismen des Zusammenwirkens schulischer Determinanten zu fragen und dabei bereichsspezifische Theorieansätze (z.B. Theorien und Modelle der Lernmotivation, des Selbstkonzeptes etc.) zu integrieren" (Helmke & Weinert, 1997, S. 140).

Ein wichtiger Schritt in Richtung einer theoriegeleiteten Erfassung der Bedingungen von Lern- und Leistungsergebnissen und ihrer Wirkungen bei Schülerinnen und Schülern wurde in der inzwischen berühmt gewordenen, vieldiskutierten Untersuchung „PISA 2000" und den nachfolgenden PISA-Untersuchungen unternommen. Ziel dieser international vergleichenden Schulleistungsstudien ist die Beschreibung und Analyse schulisch erworbener Kompetenzen. In „PISA 2000" wurden zum ersten Mal „die theoretischen Grundlagen der Testkonstruktion in einer Rahmenkonzeption ausformuliert und zur Erfassung der Lesekompetenz ein ungewöhnlich breites Spektrum auch offener Aufgaben entwickelt" (Baumert, Klieme et al., 2001). Für die theoretisch begründete Auswahl der erfassten Merkmale wurde das in Abbildung 2 wiedergegebene allgemeine Rahmenmodell zur Erklärung schulischer Leistungen verwendet.

Abbildung 2: Allgemeines Rahmenmodell der Bedingungen schulischer Leistungen (aus Baumert et al., 2001, S. 33)

Das Modell „resümiert und systematisiert den einschlägigen Forschungsstand, den Helmke und Weinert (1997) präzise zusammengefasst haben" (Baumert et al., 2001, S. 32). Mit Ausnahme des ‚Klassenkontextes' und der ‚Lehrerexpertise' (subjektive Theorie/Überzeugungen, allgemeine Berufsmerkmale) und teilweise der ‚Unterrichtsprozesse' (Instruktions- und Interaktionsgeschehen), wo zentrale Qualitätsmerkmale von Unterrichtsprozessen zwar fachspezifisch aus der Schülersicht, nicht jedoch auf der Klassenebene aggregiert erfasst wurden (Baumert et al., 2001, S. 32), wurden in „PISA 2000" alle Komponenten von Abbildung 2 in eine inhaltlich umfassend angelegte internationale Untersuchung einbezogen.

Demgegenüber konzentriert sich unsere eigene Untersuchung mit ihrer Fragestellung I auf die Komponente ‚Lehrerexpertise' und mit der Fragestellung II zusätzlich auch auf die Komponente ‚Unterrichtsprozesse'.

Die grundlegende Frage nach der Wechselwirkung zwischen Unterrichts- und Schülermerkmalen machte im Kern das Forschungsprogramm ATI (Aptitude x Treatment Interaction) aus (Cronbach & Snow, 1977; Snow, 1989a; Snow, 1989b). In den zahlreichen Arbeiten dieses Forschungsansatzes wurde untersucht, ob und inwiefern unterschiedlicher Unterricht für unterschiedliche Personen profitabel ist und ob sich daraus gegebenenfalls Konsequenzen für die Anpassung von Lehrmethode und Lehrstoff an die interindividuellen Unterschiede der Schüler ableiten lassen. Mit dem sehr weit gefassten Konzept der „aptitudes" werden nach Snow und Swanson (1992) alle relativ überdauernden kognitiven, konativen und affektiven Merkmale einer Person bezeichnet, die einerseits Ergebnis der bisherigen Lerngeschichte und Entwicklung sind, andererseits für das weitere Lernen durch Unterricht bedeutsam werden.

Den Forschungsstand der ATI auf das Wesentlichste zusammenfassend stellen Helmke und Weinert (1997) fest, dass sich vor allem drei Interaktionen häufig bestätigen ließen: Schüler (a) mit niedrigem Intelligenzniveau und niedrigen Vorkenntnissen, (b) mit hohem Angstniveau und (c) aus benachteiligten sozialen Schichten profitieren eher von einem hochstrukturierten Unterricht mit wenigen Freiheitsgraden und fester Vorgabe des Was, Wann und Wie für den Schüler. Vom gerade umgekehrten Unterrichtsmuster profitieren die intelligenteren und leistungsstärkeren Schüler mehr. Dieser interaktive Befund wird dadurch erklärt, dass bei den leistungsschwächeren Schülern, die mit der unterrichtlichen Informationsverarbeitung verbundenen Anforderungen zu einem früheren Zeitpunkt einen kritischen Schwellenwert erreichen, ab dem die Aufgabe subjektiv als unbewältigbar und bedrohlich erfahren wird.

Auch für das Zusammenwirken verschiedener leistungsdeterminierender individueller Schülermerkmale zeigen sich entsprechende Zusammenhänge, beispielsweise in Bezug auf unterschiedliche Ausprägung von Intelligenz und Anstrengung. Hier zeigte sich, dass bei schwierigen und komplexen Aufgaben ein Koppelungsmodell vorliegt. Das Erbringen der Leistung erfordert sowohl ein überdurchschnittliches Maß von Intelligenz als auch von Anstrengung. Dagegen liegt bei leichten Aufgaben ein Kompensationsmodell vor. Solche Aufgaben können entweder auf Grund vorhandener Fähigkeit und ohne nennenswerte Anstrengung oder trotz mäßiger Fähigkeit durch entsprechende Anstrengung bewältigt werden (Krug & Rheinberg, 1980; Meyer, 1984).

Weiter weist Krohne (1980) darauf hin, dass Leistungsängstliche ihre Defizite beim Abrufen gelernter Informationen in Leistungssituationen durch höheren Aufwand bei der Vorbereitung kompensieren (können). In neueren Untersuchungen zum Zusammenwirken von Leistungsangst und Lernstrategien konnte – auf der Grundlage eines allgemeinen kognitiven Informationsverarbeitungsmodells – theoretisch erklärt und empirisch belegt werden, dass gute Lernstrategien die kognitiven Ansprüche (cognitive demands) in Leistungssituationen reduzieren. Dadurch erhöht sich in lerngünstiger Weise die Schwelle, oberhalb derer sich durch Angst ausgelöste aufgabenirrelevante Kognitionen leistungsmindernd auswirken (können).

Angesichts solcher interindividuellen Unterschiede, wie sie oben exemplarisch als empirisch belegbare und theoretisch gut erklärbare Tatbestände dargestellt wurden, welche als Bedingungsfaktoren das Lernen der Schülerinnen und Schüler in einem Klassenzimmer determinieren, drängt sich auf, dass Unterricht sich idealerweise adaptiv auf die jeweiligen individuellen Voraussetzungen und Möglichkeiten der Lernenden ausrichten muss. Idealerweise kann nur ein adaptiver Unterricht für alle Schülerinnen und Schüler in einem Klassenzimmer optimale Lernbedingungen schaffen. Das aber bedeutet, dass im Prinzip bzw. idealerweise die individuellen Lernprozesse der Schülerinnen und Schüler den Referenzpunkt bilden, auf den sich die Lehrperson bei der Vorbereitung und – soweit dies praktisch möglich ist – der Durchführung ihres Unterrichts beziehen. Voraussetzung seitens der Lehrperson für einen solchen Unterricht ist unserer Auffassung nach adaptive Lehrkompetenz. Diese ermöglicht ihr die erforderlichen unterrichtsbezogenen Anpassungsleistungen bei der Planung von Unterricht vorzunehmen und bei seiner Durchführung auch zu vollziehen. Beides ist notwendig, damit Lehrpersonen den interindividuell unterschiedlichen (Lern-)Voraussetzungen der Schülerinnen und Schüler für Lernen Rechnung tragen und für sie angepasste Lerngelegenheiten arrangieren können. Eine Kernfrage, die es zu klären gilt, ist somit – wie oben bereits erwähnt – zum einen (a) was unter adaptiver Lehrkompetenz verstanden werden kann und zum anderen (b) wie (zukünftige) Lehrpersonen adaptive Kompetenz erwerben können bzw. wie der Erwerb dieser Kompetenz bei ihnen gefördert werden kann.

Dabei ist indessen im Auge zu behalten, dass nach Helmke und Weinert (1997, S. 141) ein großer Teil der ATI-Effekte typischerweise auf experimentellen oder quasiexperimentellen Studien basieren und die „treatments", d.h. verschiedene Instruktionstypen, meistens so angelegt waren, „dass sie sich nicht nur radikal voneinander unterscheiden, sondern auch weit von dem für die Schüler vom gleichen Lehrer vertrauten alltäglichen Unterrichtsstil entfernt sind", weshalb es „zu einer erheblichen Beeinträchtigung der ökologischen Validität und damit der Aussagekraft eventuell ‚gefundener' ATIs" kommen kann. Demgegenüber gibt es bei ‚naturalistischen' Feldstudien keine unterschiedlichen „treatments" im eigentlichen Wortsinn, „weil man ja hier eine kontinuierliche Verteilung eines Unterrichtsmerkmals vorfindet, das man erst nachträglich fraktioniert" (Helmke & Weinert, 1997, S. 142). Dem Vorteil der ökologischen Validität – die ATI-Analysen basieren auf natürlichem regulärem Unterricht in intakten Schulklassen – steht allerdings das nach Auffassung von Helmke und Weinert (1997, S. 142) nicht zufällige Faktum gegenüber, „dass Untersuchungen auf der Basis naturalistischer Feldstudien auf der Suche nach ATIs häufig nicht fündig wurden" In ihrer eigenen Münchner Hauptschulstudie (Helmke, 1992) konnten „keinerlei statistisch signifikante Interaktionen von Prüfungsangst und Selbstvertrauen mit irgendeinem der Kernmerkmale der Unterrichtsqualität gefunden werden", desgleichen auch bei der Münchner Grundschulstudie SCHOLASTIK nicht (Renkl, Helmke & Schrader, 1997). Eine weitere Komplikation besteht darin, dass „sich Interaktionseffekte häufig (wenn überhaupt) erst auf höherer Ebene zeigen, das heißt nur für sehr spezifische Gruppen und Variablenkombinationen Gültigkeit beanspruchen (vgl. Peterson, 1988; Peterson, Janicki & Swing, 1981)„ und darum „der Einbezug von mehr als einem Personenmerkmal und die Bildung von Konfigurationen" erforderlich ist (Helmke & Weinert, 1997, S. 142).

Ergebnisse von Metaanalysen über den Einfluss unterschiedlicher Determinanten auf die Schulleistung

Vorliegende Metaanalysen über den Einfluss von unterschiedlichen Determinanten auf die Schulleistung sind von Helmke und Weinert in einer die Rangreihe der Einflussstärke wiedergebenden Weise zusammengestellt worden, wobei die berücksichtigten Merkmale zu Merkmalsgruppen gebündelt wurden. Die teilweise überraschenden Ergebnisse zeigen, dass es in erster Linie die *kognitiven Kompetenzen der Schüler* (Rangplatz 1) und die *Klassenführung* durch den Lehrer (Rangplatz 2) sind, die zusammen mit den *metakognitiven Kompetenzen* der Schüler (Rangplatz 4), der *lernbezogenen Lehrer-Schüler-Interaktion* (Rangplatz 5), der *Quantität des Unterrichts* (Rangplatz 7), der *Qualität des Unterrichts* (Rangplatz 13), den *motivationalen und affektiven Faktoren* (Rangplatz 14) und dem *Klassenklima* (Rangplatz 15) usw. die Schulleistung determinieren.

Tabelle 1: Stärke des Einflusses einzelner Merkmalsbündel auf die schulische Leistung in abnehmender Rangreihe (Helmke & Weinert, 1997, S. 74)

1.	Kognitive Kompetenzen der Schüler
2.	Klassenführung durch den Lehrer
3.	Häusliche Umwelt der Schüler und Unterstützung durch Eltern
4.	Metakognitive Kompetenzen der Schüler
5.	Lernbezogene Lehrer-Schüler-Interaktion
6.	Politik des Staates und der Bezirke (in den USA erfasst)
7.	Quantität des Unterrichts
8.	Schulkultur
9.	Elterliches Engagement in Schulfragen
10.	Organisation des Lehrplanes
11.	Herkunft der Schüler
12.	Einbettung der Schüler in die Gruppe der Gleichaltrigen
13.	Qualität des Unterrichts
14.	Motivationale und affektive Faktoren
15.	Klassenklima
16.	Demographische Situation im Einzugsgebiet der Schüler
17.	Schuladministrative Entscheidungen
18.	Freizeitverhalten der Schüler

Angesichts der offensichtlich vorrangigen Bedeutung der kognitiven und metakognitiven Kompetenzen der Schüler und der lernbezogenen Lehrer-Schüler-Interaktion für die Schulleistung drängt sich ein adaptiv auf die (Lern-)Voraussetzungen der Schüler bezogener Unterricht geradezu auf. In einem solchen Unterricht spielt die Diagnose der kognitiven und der metakognitiven (Lern-)Voraussetzungen bei den Schülern durch die Lehrperson eine zentrale Rolle. Sie ist die Grundvoraussetzung für ihre weiteren, auf möglichst erfolgreiches Lernen der Schüler bezogenen Maßnahmen. Grundlage der Diagnose ist zum einen das eigene Sachwissen, zum anderen das Wissen über Lernen in umfassendem Sinn. Mit beidem zusammen können die vorhandenen Voraussetzungen (sach- und lernbezogene Vorkenntnisse) beim betreffenden Lernenden eingeschätzt werden.

Von zentraler Bedeutung sind gemäß Tabelle 1 auch die *Klassenführung* der Lehrperson sowie die *Qualität des Unterrichts* (mit der ganzen Klasse!) als Determinante der Schulleistung mit Rangplatz 13 ist die häusliche Umwelt und die elterliche Unterstützung offensichtlich weniger bedeutsam. Allerdings ist zu vermuten, dass ein didaktisch individuell adaptiv gestalteter Unterricht eine größere Wirkung auf den Lernerfolg von Lernenden hat. Es ist plausibel anzunehmen, dass bei einem in diesem Sinn verstandenen Unterricht die didaktische Kompetenz der Lehrperson ebenfalls eine wichtige Rolle als Determinationsgröße der Schüler(lern)leistung spielt. Unseres Wissens kann zu diesem vermutlich bestehenden Zusammenhang noch auf keine Untersuchungsergebnisse zurückgegriffen werden.

Notwendigkeit der Erforschung von Adaptivität beim Lehren und Lernen
Mitte der achtziger Jahre des 20. Jahrhunderts wurde in der Lehr-Lernforschung mit dem Konzept des adaptiven Unterrichts ein umfassender Versuch unternommen, den vorhandenen individuellen Unterschieden zwischen den Schülerinnen und Schülern einer Schulklasse Rechnung zu tragen (vgl. Corno & Snow, 1986; Snow & Swanson, 1992; zusammenfassend Helmke & Weinert, 1997, S. 137). Als Möglichkeiten, um die bestehenden interindividuellen Differenzen bei den Voraussetzungen auf der Seite der Schüler/-innen mit den unterrichtlichen Angeboten zu harmonisieren, wurden berücksichtigt (vgl. Helmke & Weinert, 1997, S. 137):
– die Schulorganisation (vgl. Glaser, 1977)
– die Kombination von direkter Instruktion und kooperativem Lernen
– vielfältige maschinelle wie persönliche tutorielle Lernunterstützung (vgl. Snow & Swanson, 1992) und
– hochgradig individualisierte Lernangebote, z.B. über Varianten der personalisierten Instruktion, (Keller, 1968).

In ihrem Ausblick auf zukünftige Forschung betonen Helmke und Weinert, dass es an der bedeutsamen Rolle des Unterrichts an sich für viele kognitive Lernleistungen überhaupt keinen vernünftigen Zweifel geben kann. „Man muss nach dem gegenwärtigen Forschungsstand davon ausgehen, dass der Erwerb anspruchsvoller kognitiver Leistungen (z.B. Lesen, Schreiben, Mathematik, wissenschaftliche Expertise verschiedenster Art) weitgehend von der Verfügbarkeit schulischer oder schulähnlicher Einrichtungen abhängt (Ceci, 1991; Rutter, 1983; Stevenson, Parker et al., 1978; Teddlie & Stringfield, 1993)" (Helmke & Weinert, 1997, S. 71). Dies obwohl der Beitrag unzähliger empirischer Arbeiten auf die Entwicklung eines kohärenten Systems von Unterrichtstheorien mittlerer Reichweite bisher gering gewesen ist, der Einfluss wissenschaftlicher Unterrichtstheorien auf den realen Unterricht marginal erscheint und sogar die Bedeutung des Unterrichts für die psychische Entwicklung wie für die kognitiven Leistungen der Schüler bislang nicht überzeugend nachgewiesen werden konnte. Ihre Hoffnung, dass sich in Zukunft die Qualität der Instruktion und damit auch der Lernleistungen durch neue wissenschaftliche Erkenntnisse verbessern lassen, verbinden sie mit der Notwendigkeit, drei Typen von Forschungsprogrammen gleichzeitig zu realisieren (Helmke & Weinert, 1997, S. 137/138):

– mikrogenetische Lehr-Lern-Studien, durch die der Erwerb und die Vermittlung von deklarativem und prozeduralem Wissen unter variablen Instruktionsbedingungen detailliert studiert werden;

– Längsschnittstudien mit so vielen Klassen, dass der Einfluss des realen Unterrichts und seiner kontextuellen Determinanten auf die Entwicklung, das Lernen und die Leistung der Schüler abschätzbar ist;

– Transformationsuntersuchungen als Entwicklungsforschung im engeren Sinn mit dem Ziel, die bestmögliche Umsetzung und die Nutzung wissenschaftlicher Ergebnisse in der schulischen Unterrichtspraxis systematisch zu verbessern.

Das Forschungsprojekt, über das hier berichtet wird, versteht sich als ein Projekt, das sich in das erstgenannte Forschungsprogramm einfügt.

Persönlichkeit und Verhalten der Lehrperson als Determinanten der Schulleistung
Mit Blick auf die Persönlichkeit und das Verhalten der Lehrperson als Determinanten der Schulleistung weisen Helmke und Weinert (1997, S. 129ff.) darauf hin, dass Lehrer sowohl guten wie schlechten Unterricht auf sehr verschiedene Weise halten können (Postulat 1). Das zeigt sich beispielsweise in Untersuchungsergebnissen, wonach der Unterricht in besonders erfolgreichen Klassen, d.h. Klassen, die sich durch hohe durchschnittliche Leistungszuwächse bei gleichzeitiger Reduzierung der Leistungsstreuung auszeichnen, sehr unterschiedliche Interaktionsmuster aufweist. Gleichzeitig können gleich erscheinende Verhaltensweisen des Lehrers unter verschiedenen Bedingungskonstellationen (und für verschiedene Schülertypen) völlig unterschiedliche Wirkungen haben (Postulat 2). Die Gültigkeit von Postulat 2 zeigt sich in Befunden, die dafür sprechen, dass ein vom Lehrer stark kontrollierter Unterricht je nach Art der Kontrolle sowohl positive wie auch negative Auswir-

kungen auf das Verhalten und die (Lern-)Leistung der Schüler haben kann. Entscheidend welche Auswirkungen sich einstellen ist, ob es dem Pädagogen durch sein kontrollierendes Handeln gelingt, die Schüler zu aktivieren, zu eigenen Denkanstrengungen zu ermutigen, sie bei der produktiven Überwindung von Schwierigkeiten und Fehlern zu unterstützen, ihnen beim Aufbau einer wohlorganisierten Wissensbasis behilflich zu sein und ihnen notwendige remediale Unterstützung zukommen zu lassen, – oder ob ein starkes, starres, distanziertes und autoritäres Kontrollverhalten des Lehrers dazu führt, dass dies alles nicht der Fall ist und die Schüler unter dem Einfluss eines dominanten Lehrers zu passiven Rezipienten des Unterrichts werden (Helmke & Weinert, 1997, S. 130/131).

Weiter steht fest, dass es weniger das mit Unterrichtsstil bezeichnete *globale Stilkonzept* einer Lehrperson ist als ihre intuitive Verhaltenstheorie, welche die Schulleistung der Schüler determiniert. Die entweder spekulativ oder korrelativ gewonnenen globalen Stilkonzepte eines „offenen" versus eines lehrergeleiteten Unterrichts und die in der Folge von Bennett (1976) und Rutter et al. (1979) erfolgte Pauschalisierung, wonach Schüler im offenen Unterricht weniger Lernfortschritte erzielen als beim lehrerzentrierten ist „zu eindimensional, zu polarisierend, zu schematisierend" und wird „der intraindividuellen Variabilität und Kontextabhängigkeit des Lehrerverhaltens nicht gerecht" (Helmke & Weinert, 1997, S. 132). Neuere empirische Studien bestätigen das Ergebnis, dass Schüler im „offenen" Unterricht geringere Lernfortschritte erzielen als im lehrerzentrierten *in der Tendenz,* nicht aber in der oben wiedergegebenen Pauschalität. Die Befunde zum offenen schülerzentrierten Unterricht *insgesamt* dagegen „belegen zumeist günstige Auswirkungen auf die Lernleistungen und sehr starke positive Effekte auf die Motivation, das soziale Verhalten und die persönliche Selbständigkeit (Cohen, Lottan & Leecer, 1989; Johnson, Maruyama et al., 1981; Ross, & Raphael, 1990; Slavin, 1983; Slavin, 1990a; Slavin, 1990b; Webb, 1983)" (Helmke & Weinert, 1997, S. 136/137).

Als theoretisch und praktisch fruchtbarer wird die Anwendung der *intuitiven Verhaltenstheorien* (Groeben, Wahl et al., 1988; Heider, 1958) auf das unterrichtliche Handeln der Lehrperson bezeichnet. Diese Theorien zeigen, dass das pädagogische, das diagnostische und das didaktische Wissen von Lehrpersonen nicht lexikalisch oder lehrbuchartig gespeichert ist, sondern in situationsspezifischer und handlungsorientierter Form auf Grund der durch das Unterrichten als Lehrperson gemachten Erfahrungen.

„Es ist um wichtige Fragestellungen herum organisiert, erlaubt die schnelle Verarbeitung von Information, ermöglicht hypothetische Vorhersagen, was unter bestimmten Bedingungen geschehen wird (z.B. wenn der Lehrer nichts tut bzw. auf

die eine oder andere Weise interveniert), bietet plausible Erklärungen für alle Phänomene im Klassenzimmer, macht aber den Lehrer vor allem schnell und mit einer
gewissen Sicherheit handlungsfähig (Helmke & Weinert, 1997, S. 132).

Dieses instrumentell nützliche Überzeugungswissen ist allerdings „oft defekt
und störanfällig, so dass richtige oder falsche Urteile, angemessene oder unange-
messene Reaktionen die Folge sein können" (Helmke & Weinert, 1997, S. 132).
Gleichwohl stützen Lehrpersonen auf dieses Wissen ihre handlungswirksamen
Erwartungen ab in Bezug auf das, was Schüler/-innen tun, was ihnen zugetraut
werden kann und welche Leistungen sie erbringen können. Es bildet auch die
Grundlage, um abzuschätzen, wie sich bestimmte Situationen (weiter)entwickeln
und welche Konsequenzen sie haben werden oder haben können. Auch bei den
Erklärungen von Erfolg und Misserfolg von Schülerinnen und Schülern, bei der
Bewertung von Schulleistungen nach individuellen, sozialen oder kriterialen Maß-
stäben stellt es die Basis dar, aus der heraus Lehrpersonen urteilen. Nicht zuletzt
dient es in selbstwertdienlicher Weise dazu, die Verantwortung für gute und
schlechte Unterrichtsergebnisse der Lehrperson und/oder den Schülerinnen und
Schülern zuzuschreiben.

Für das vorliegende Forschungsprojekt bedeutet dies, dass die Förderung von
adaptiver Lehrkompetenz dieses Überzeugungswissen der Lehrperson aufgreifen
und weiter zu entwickeln versuchen sollte. Zudem ist zu überprüfen, ob sich höhere
adaptive Lehrkompetenz bei der Lehrperson auf der Seite der Schüler/-innen als
bessere Lernleistungen im Vergleich zu Schülerinnen und Schülern von Lehrpersonen ohne Förderung von adaptiver Lehrkompetenz auswirkt."

Lehrerexpertise
Ebenso bedeutsam wie das intuitive Überzeugungswissen ist nach Helmke und
Weinert das professionelle Expertenwissen der Lehrpersonen. Ziel des von der Ko-
gnitionspsychologie stark geprägten Experten-Novizen-Forschungsansatzes im pädagogischen Bereich ist zu klären, welche kognitiven Kompetenzen für pädagogische Expertise charakteristisch sind und warum Expertenlehrpersonen erfolgreicher
unterrichten als Novizen im Lehrerberuf. Es zeigte sich, „dass Experten im Vergleich zu Novizen auch in schwierigen Unterrichtssituationen auf ein reicheres,
besser organisiertes und effektiveres Wissen zurückgreifen und dieses Wissen für
überlegte Entscheidungen und flexibel eingesetzte Handlungsroutinen nutzen können" (Berliner, 1991; Bromme, 1992). Hinzu kommen „curricular transformierbare
inhaltliche Kenntnisse über das, was gelehrt werden soll, sowie prozedurale Fertigkeiten in der Klassenführung und im diagnostischen wie im unterrichtsmetho-
dischen Wissen" (Helmke & Weinert, 1997, S. 133). Nicht zu übersehen sind allerdings Ergebnisse, die darauf hinweisen, dass Lehrerexpertise nicht linear mit der

Dauer unterrichtlicher Erfahrung zunimmt, sondern dass sich mit zunehmender Berufstätigkeit Expertisezuwachs und Gewohnheitsfixierung sowie Selbstwirksamkeitsüberzeugungen und „Burn-out-Phänomene" überlagern.

Auch in Bezug auf die Lehrerexpertise zeigt sich somit ähnlich wie bei den Schulleistungen von Schülerinnen und Schülern das Bild der multiplen Determination und des systemischen Zusammenhangs unter den einzelnen Bedingungsfaktoren. Ebenso zeigen sich komplizierte Veränderungen und ihnen zugrunde liegende stabile interindividuelle Differenzen. Empirisch gut belegt – nicht zuletzt durch eigene Forschung (vgl. Weinert, Schrader & Helmke, 1990) – ist der in Abbildung 3 wiedergegebene Zusammenhang zwischen professioneller Expertise, unterrichtlichem Handeln und der Lernleistung der Schüler/-innen.

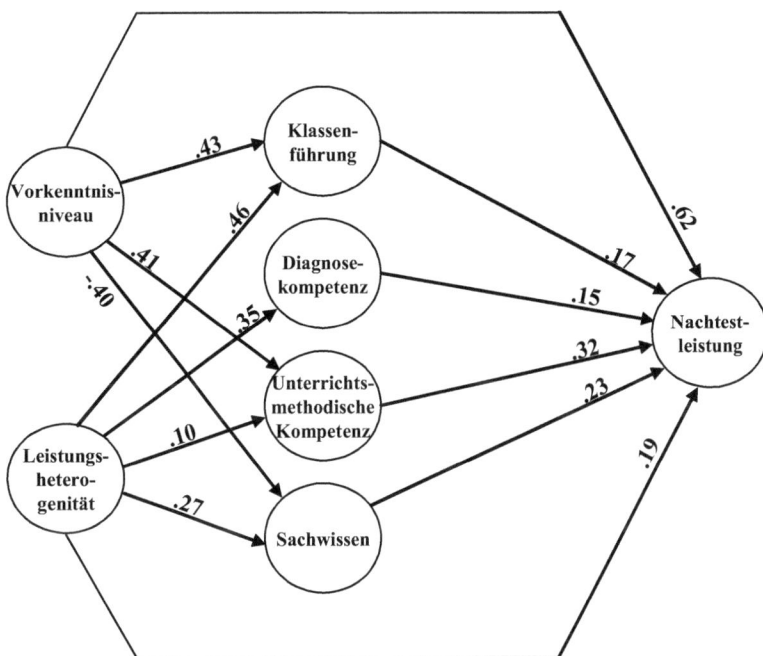

Abbildung 3: Vorkenntnisse und Merkmale der Lehrerexpertise als Determinanten der Entwicklung der Mathematikleistung im 5. Schuljahr (Kausalmodell auf Klassenebene) (Helmke & Weinert, 1997, S. 134; siehe auch Weinert, Schrader & Helmke, 1990, S. 193)

Gemäß den in Abbildung 3 dargestellten Zusammenhängen wird die Leistungsentwicklung (in Mathematik) über ein Schuljahr hinweg zum einen durch vier Aspekte der Lehrerexpertise bestimmt, nämlich (a) die Klassenführung, (b) die Diagnosekompetenz, (c) die Unterrichtsmethodische Kompetenz und (d) das Sachwissen, zum anderen durch (e) das Niveau und die Varianz der Vorkenntnisse (auf
Klassenniveau) sowie durch (f) die Leistungsheterogenität der Schüler/-innen. Es
zeigt sich, dass für die Unterrichtsplanung und die Durchführung des Unterrichts
die zutreffende Diagnose des Lernstandes der Schüler/-innen in Bezug auf deren
individuelles Niveau und die in der Klasse vorhandene Streuung von entscheiden-
der Bedeutung ist.

Wegen des systemischen Charakters des Unterrichts und seiner Wirkungen liegen sowohl auf der Seite der Schüler wie auf derjenigen der Lehrpersonen in der
Regel immer Prozesse der wechselseitigen Beeinflussung vor. Diese können sich
sowohl auf der Mikroebene – beispielsweise innerhalb einer Unterrichtslektion –
wie auf der Makroebene – beispielsweise in Bezug auf den Leistungszuwachs über
ein ganzes Schuljahr – abspielen. Betrachtet man die lernbezogene Lehrer-Schüler-
Interaktion wird zudem deutlich, dass sich die Prozesse wechselseitiger Beeinflussung nicht nur auf der Schüler- oder auf der Lehrerseite abspielen, sondern vor allem auch zwischen diesen beiden Seiten. Zudem spielt sich die Wechselseitigkeit
sowohl auf der Ebene individueller Schüler wie auf der Ebene der ganzen Schulklasse ab. Mit dem in Abbildung 4 wiedergegebenen Zusammenhang machen
Helmke und Weinert (1997, S. 145) deutlich, dass solche Rückkoppelungen und
reziproken Beeinflussungen sowohl auf der Mikroebene in Form kontinuierlicher
Anpassungen didaktischer und klassenführungsbezogener Aktivitäten der Lehrperson an die betreffenden Gegebenheiten wie auf der Makroebene des Lernfortschrittes über ein Schuljahr hinweg stattfinden.

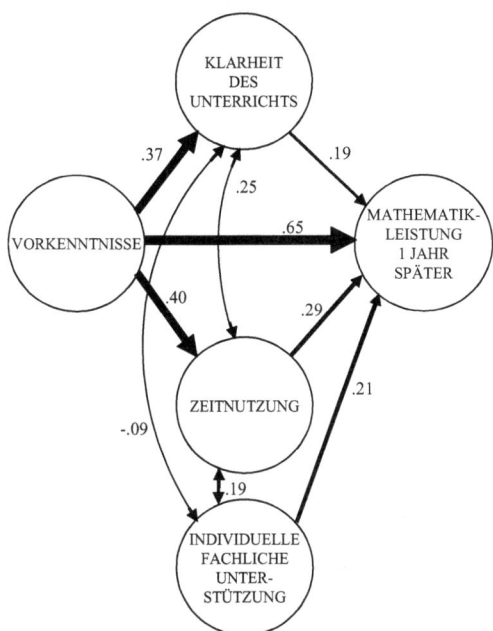

Abbildung 4: Wirkgrößen, die die Mathematikleistung determinieren:
Vorkenntnisniveau der Schulklasse und Merkmale des Unterrichtes
(Klarheit des Unterrichts, Zeitnutzung, individuelle fachliche Unterstützung
(Helmke & Weinert, 1997, S. 145)

Das durchschnittliche Leistungsniveau einer Klasse ist einerseits von der Qualität
des Unterrichts abhängig, andererseits jedoch auch von den zu Beginn des Schuljahres vorhandenen Vorkenntnissen der Schüler. Erfolgreicher Unterricht wird somit nicht nur von den Fähigkeiten der Lehrperson bestimmt, sondern insbesondere
auch durch das Niveau der vorhandenen Vorkenntnisse bei den Lernenden. Dieses
kann den Unterrichtserfolg unter Umständen von vornherein begrenzen. Zudem ist
die Zeitnutzung für die Auseinandersetzung der Lernenden mit dem Lerngegenstand von Bedeutung, denn die aktive Lernzeit (time on task) ist als eine der wichtigsten Bedingungen von schulischen Leistungen inzwischen empirisch vielfach belegt. Es zeigt sich, dass für hohe time on task-Werte nicht zuletzt die Klassenführungskompetenz der Lehrperson von erheblicher Bedeutung ist: „Wie viel Unterrichtszeit von wie vielen Schülern tatsächlich aktiv zum Lernen genutzt wird, hängt
davon ab, (a) ob und wie es dem Lehrer gelingt, durch verhaltenswirksame Regel-
systeme, durch Gewohnheitsbildung und durch rechtzeitige, sparsame, situations-
angemessene, effektive Intervention (vgl. Kounin, 1976) ein stimulierendes Ar-
beitsklima zu schaffen und Störungen zu vermeiden oder schnell wieder abzubauen

(Doyle, 1986); sowie (b) und inwieweit der Unterricht so gestaltet wird, dass Aufmerksamkeitszentrierungen, motivationale Tendenzen und kognitive Aktivitäten der Schüler auf die akademischen Ziele, Inhalte und Bewährungskriterien des Lernens gerichtet sind" (Doyle, 1986; Renkl, 1991) (Helmke & Weinert, 1997, S. 135). Indessen ist nach Weinert und Helmke (1988) bei der Frage der Determination der Schulleistungen auch zu berücksichtigen, dass eine maximale Nutzung der Lernzeit zwar dazu führt, die gesetzten Leistungsziele zu erreichen, gleichzeitig können sich jedoch durch eine maximale Lernzeitnutzung langfristig motivationale Probleme ergeben. Maximale Lernzeitnutzung stellt daher nicht notwendigerweise auch das (anzustrebende) Optimum dar.

Vor dem oben dargestellten Hintergrund kommen wir nachfolgend auf den Begriff Adaptivität zu sprechen und zeigen auf, dass dieser in Forschung und Literatur auf sehr unterschiedliche Weise verwendet wird. Im anschließenden Kapitel erörtern wir das Konzept der adaptiven Lehrkompetenz, das wir in unserer eigenen Untersuchung zu Grunde gelegt haben, und berichten über den Unterrichtsversuch, mit dem wir versucht haben, adaptive Lehrkompetenz bei Expertenlehrpersonen und bei Novizenlehrpersonen zu fördern. Zu diesem Unterrichtsversuch gehört auch, dass wir die Auswirkung dieser Förderung auf die naturwissenschaftliche Lernleistung der Schüler/-innen ermittelt haben.

2.2 Unterschiedliche Verwendung des Begriffs Adaptivität

In der nachfolgenden Darstellung wird herausgearbeitet, wie unterschiedlich der Begriff Adaptivität in der Forschung verwendet wird.

2.2.1 Adaptivität in der Auffassung von Wang

Forschungsliteratur, in der die Art und das Ausmaß von Unterschieden zwischen Schülerinnen und Schülern und die Frage, wie damit im Unterricht umzugehen ist, thematisiert werden, gibt es schon seit langem (Shute & Towle, 2003; Wang, 1980). Bereits in den zwanziger Jahren des 20. Jahrhunderts erschien beispielsweise eine Publikation mit dem heute noch aktuellen Titel „Adapting Schools to Individual Differences" (Washburne, 1925). In der Folge entwickelte sich in Amerika ein wachsendes Interesse daran, Unterrichts- und Instruktionsmethoden auszuarbeiten, die das Lernen in der Schule den unterschiedlichen Fähigkeiten, Erfahrungen, Interessen und den sich zum Teil erheblich voneinander unterscheidenden sozioökonomischen Herkünften der Lernenden anzupassen versuchen. Vor allem durch die in den zurückliegenden Jahrzehnten erzielten Fortschritte in der Erforschung solcher Unterschiede und ihrer Berücksichtigung im Unterricht entstand eine vielfältige Palette von Alternativen zum traditionellen Unterricht. Wang (1980) zählt für den amerikanischen Sprachraum eine ganze Anzahl solcher Programme auf, wie z.B. PLAN (Flanagan, 1970), IGE (Klausmeier, 1972), IPI (Lindvall, & Bolvin, 1967) und PEP (Wang & Resnick, 1978). Sie alle haben zum Ziel, den unterschiedlichen, oft weit auseinander liegenden Bedürfnissen, Voraussetzungen, Möglichkeiten, aber auch Begrenzungen der Lernenden besser Rechnung zu tragen. In vielen empirischen Untersuchungen ging es darum, die praktische Realisierbarkeit dieser Programme im Unterricht aufzuzeigen und ihre (Lern-)Wirksamkeit zu belegen. In diesem Kontext wird im angelsächsischen Sprachraum unter adaptivem Lehren folgendes verstanden: „(...) the use of alternative instructional strategies and resources to meet the learning needs of individual students (...)" (Wang, 1980, S. 122).

Diese Auffassung wurde zu einem weit herum akzeptierten Verständnis von Adaptivität. Manche Schulen in Amerika gingen dazu über, die individuellen Fähigkeiten ihrer Schüler/-innen zu diagnostizieren, um den Unterricht möglichst genau auf die ermittelten Voraussetzungen auszurichten: „Providing adaptive instruction requires that alternate means of instruction are matched to students on the basis of knowledge about each individual's background, talents, interests, and past performance. An individual child's abilities and styles are assessed, both upon entrance to and during the course of learning, and the information obtained is used in selecting subsequent alternative learning opportunities" (Wang, 1980, S. 122).

Auf diese Weise sollte im Unterricht ein wesentlich breiterer Bereich von individuellen Voraussetzungen und Potenzialen angesprochen und gefördert werden als es im traditionellen Unterricht der Fall ist. Individuelles Lernvermögen und unterschiedliche motivationale Voraussetzungen sollten besser berücksichtigt und je individuell weiterentwickelt werden (Glaser, 1977). Das Recht eines jeden auf optimale Förderung sollte besser verwirklicht werden, insbesondere was die hochbegabten Schülerinnen und Schüler anbelangt, die in regulären Klassen unterrichtet werden. Unterschiede in den Lernvoraussetzungen, im Lernfortschritt, in den Lernschwierigkeiten und in Bezug auf das Anspruchsniveau des Lernziels usw. bilden beim adaptiven Lehren den Regelfall. Probleme beim Lernen werden nicht als Misserfolg, sondern als Herausforderung aufgefasst, die angegangen werden kann. Allen Schülerinnen und Schülern sollte ein Lernen ermöglicht werden, das ihren Bedürfnissen, Voraussetzungen und Möglichkeiten entspricht, ohne dies mit negativen Konnotationen zu verbinden, weil Schüler/-innen in besonderen Klassen unterrichtet werden oder anderen sozialen und erzieherischen Stigmatisierungen ausgesetzt sind.

Während adaptives Lehren als Konzept weit herum auf Akzeptanz stieß, stellt seine praktische Realisierung nicht nur eine Herausforderung dar, sondern ließ auch die Grenzen dessen sichtbar werden, wie sich adaptives Lehren in einem klassenweise durchgeführten Unterricht umsetzen lässt. Es sind vornehmlich die folgenden Herausforderungen, die sich (nach Wang, 1980) der Lehrperson stellen:

a)   das Diagnostizieren der Lernvoraussetzungen der Lernenden in Bezug auf den betreffenden Unterrichtgegenstand und das fortlaufende diagnostizierende Monitoring ihrer Lernprozesse,

b)   die sich daraus in Bezug auf das Unterrichtsziel ergebenden curricularen Entscheidungen,

c)   das didaktische Arrangement, das den ermittelten Lernvoraussetzungen und dem zu erreichenden Lernziel passend Rechnung trägt und die individuellen Lernprozesse in geeigneter Weise herausfordert (aktives Lernen) sowie

d)   die Klassenführung, die förderlich für a) bis c) erfolgen sollte.

Weiterführend geht mit adaptivem Lehren ein grundlegend anders verstandener Unterricht einher als mit dem traditionellen: „(Therefore,) effective implementation of adaptive instruction will require some fundamental changes not only in the nature and the structure of the curricular material but also in school organizational patterns, the teaching and learning processes, and in teacher and student roles" (Wang, 1980, S. 123).

Für Wang (1980) verbindet sich in zentraler Weise mit adaptivem Lehren:

a)   das Diagnostizieren und das Monitoring des Lernfortschrittes der Schülerinnen und Schüler,

b)   das Vermitteln von Selbst-Management-Fertigkeiten,

c)   die organisatorische Unterstützung der Lehrperson bei der Implementation von adaptivem Lehren sowie

d)   der Einbezug der Familien der Schüler/-innen.

Diagnose und Monitoring des Lernfortschritts
Die Diagnose der Lernvoraussetzungen und das Überwachen (Monitoring) des Lernfortschrittes sind zentrale Elemente von adaptivem Lehren. Die Lehrperson muss ihre Einschätzungen kriteriumsbezogen vornehmen können, d.h. über Indikatoren verfügen, die erkennen lassen, ob eine bestimmte Kompetenz vorhanden ist oder nicht. Die so ermittelten Einschätzungen bilden für die Lehrperson die Grundlage für die Gestaltung des (weiteren) Unterrichts: „Criterion-referenced assessments (...) provide teachers with the necessary information to determine skills and knowledge already possessed by students so that their appropriate entrance into the learning sequence can be insured. (...) Such process-oriented assessments for dia-

gnosing and monitoring student learning are likely to result in the optimization of instruction which adaptive instruction is designed to achieve" (Wang, 1980, S. 123). Von großem Vorteil für die Lehrperson ist es, wenn sie im Zusammenhang mit adaptivem Lehren auf ein Repräsentationssystem (record-keeping system) zurückgreifen kann, mit dem sie für jeden Schüler die Ergebnisse ihrer Diagnosen einfach, rasch und übersichtlich festhalten kann. Ebenso müssen die Ergebnisse längerfristiger Beurteilungen des Lernens eines Schülers leicht repräsentiert werden können.

Selbst-Management-Fertigkeiten
Anwendungsfähiges metakognitives Wissen, einschließlich Strategiewissen, sowie ein Lernverständnis, das Lernen als aktive Auseinandersetzung des Lernenden mit dem Lerngegenstand versteht, spielt beim adaptiven Lehren eine wichtige Rolle. Diese Selbst-Management-Fertigkeiten der Lernenden bilden die Grundlage für ihr weitgehend autonomes Lernen. Die neuere Lehr-Lernforschung hat inzwischen empirisch unwiderlegbar aufgezeigt, dass Lernende mit gutem metakognitivem Wissen, das sie auch anwenden können (prozedurales metakognitives Wissen), die besseren Lernenden sind. Die aktive Auseinandersetzung mit dem Lerngegenstand bricht auch bei auftretenden Lernschwierigkeiten nicht ab, sondern die bestehenden Schwierigkeiten werden zu überwinden versucht (Persistenz beim Lernen und Problemlösen). Schülerinnen und Schüler, die über geringes anwendungsfähiges metakognitives Wissen verfügen, werden durch adaptives Lehren veranlasst und unterstützt, entsprechende Kompetenzen aufzubauen: „An essential characteristic of adaptive instruction is the student's active involvment in the instructional-learning processes and the resulting acquisition of increased competence in self-directed learning" (Wang, 1980, S. 124).

Organisatorische Unterstützung
Voraussetzung für eine erfolgreiche Umsetzung von adaptivem Lehren ist die organisatorische Unterstützung der betreffenden Lehrperson. Dazu gehört auch das Zur-Verfügung-Stellen von entsprechenden Unterrichtsgrundlagen und -materialien. Innovative Konzeptionen von Unterricht scheiterten in der Vergangenheit wiederholt daran, dass es an einer breiten Abstützung im Gesamtsystem Schule und an der Unterstützung der nach neuer Konzeption arbeitenden Lehrpersonen fehlte. Support von anderen Lehrpersonen und durch Verantwortliche im näheren (Schulleitung, Schulverwaltung) und weiteren (Behörden, staatliche Erziehungsinstanzen) schulischen Umfeld stellt nach Wang eine wichtige Voraussetzung für den Erfolg von adaptivem Lehren dar. Für eine erfolgreiche Implementation sind nach Wang vor allem die folgenden zwei Aspekte von Bedeutung: die altersdurchmischte

Schulklasse (multi-age grouping oder ungraded classroom design) und das Team Teaching.

Wang sieht in der altersdurchmischten Schulklasse vor allem Vorteile für die flexible Nutzung von Raum, Zeit und Lernressourcen durch Lehrperson und Lernende. Besonders günstig wirkt sich dies ihrer Auffassung nach für hoch- und niedrigleistungsfähige Schülerinnen und Schülern aus, da deren Stärken und Schwächen in einer Klasse mit altersdurchmischten Schülerinnen und Schüler weniger augenfällig sind.

Team Teaching
Interessant sind die von Wang aufgeführten Untersuchungen, wonach Schüler/ -innen in Schulen mit viel Team Teaching bzw. Zusammenarbeit unter den Lehrpersonen mehr Lernzeit aufwenden als Schüler/-innen in Schulen, wo dies nicht der Fall ist (vgl. Cohen, 1976; Schmuck, Paddock & Packard, 1977). In Schulen mit viel Team Teaching stehen den Schülerinnen und Schülern auch mehr Lernalternativen offen und es entwickeln sich die besseren Lehrer-Schüler-Beziehungen.

Einbezug der Familie
Auf Bronfenbrenner (1974) zurück geht die Erkenntnis, dass erzieherische Vorkehrungen aller Art dann am effektivsten sind, wenn die Eltern der Schüler/-innen einbezogen sind. Der Einbezug der Familie beim adaptiven Lehren sollte deswegen minimal darin bestehen, Eltern und Geschwister darüber ins Bild zu setzen, welche Art von Lernen erwartet wird. Die so intensivierte Kommunikation zwischen Schule und Elternhaus wirkt sich günstig auf das Lernen der Schüler/-innen aus.

Zusammenfassend nennt Wang die folgenden Aspekte als kennzeichnend für adaptive Lehr-Lern-Arrangements (Wang 1980, S. 126): „a prescriptive learning component made up of a series of highly structures and hierarchically organized curricula for basic skills development; a more open-ended exploratory learning component that includes a variety of activities designed to adapt to student interests and needs as well as the constraints of classroom physical space and other school resources; systematic classroom management procedures to facilitate effective implementation of both the prescriptive and the exploratory components, and a classroom organizational plan that maximizes the use of available classroom and school resources (i.e. curricular supports as well as students' and teachers' time); a family involvement program that attempts to reinforce the integration of school and home experience; and a multi-age and team-teaching organization to increase flexibility in the use of teacher, student, and time resources."

Im Adaptive Learning Environment Model (ALEM), auf das wir unten eingehen, sieht sie eine erfolgreiche Umsetzung der obigen Überlegungen in den Unterricht.

2.2.2 Adaptivität im Zusammenhang mit E-Learning

Shute und Towle (2003) betrachten das sogenannte Adaptive E-Learning als logische Fortsetzung der Aptitude-Treatment-Interaction-Forschung (ATI) der sechziger und siebziger Jahre des 20. Jahrhunderts (vgl. Cronbach & Snow, 1977). Wie bereits dargestellt (vgl. Kapitel 1.1.2) ging die ATI-Forschung davon aus, dass jedes Individuum auch in Bezug auf Lernen vom anderen verschieden ist und je eigene Bedürfnisse, Voraussetzungen und Möglichkeiten hat. Die Wirkung von Lernen und Erziehung – so die wegleitende Annahme der ATI-Forschung – könnte wesentlich verbessert werden, wenn die für jedes Individuum günstigen Bedingungen ermittelt und hergestellt werden könnten. Damit wurde die Suche nach der idealen Passung von Aptitude (Fähigkeit, Tauglichkeit, Eignung, Begabung, Talent) und Treatment (Beeinflussung, Behandlung) zur Fragestellung zahlloser Untersuchungen. Zu ermitteln versucht wurde die ideale Interaktion von Aptitude und Treatment. Nach Hunderten von Untersuchungen zeigte sich jedoch, dass der günstige Effekt, den eine ideale Interaktion von Aptitude und Interaktion haben könnte, durch unkontrollierbare Faktoren, wie etwa die Persönlichkeit der Lehrperson, äußere Bedingungen des Schulzimmers oder das Lernmaterial überlagert oder verdeckt werden.

Indessen – so Shute und Towle (2003) – findet sich seit kurzem dank inzwischen fortgeschrittener Computertechnologie im computerunterstützten Lernen eine logische Fortsetzung des ATI-Ansatzes. Dies trifft allerdings nur dann zu, wenn es sich bei den verwendeten Computern um Intelligente Tutorielle Systeme (ITS) handelt, die anspruchsvollere Funktionen ausführen können als dass bloß ein Text statt auf Papier gedruckt über Bildschirm präsentiert wird oder Links im Internet hergestellt werden. Das Potenzial der neuen Technologie kommt allerdings erst dann zum Tragen, wenn sie sich zu Gunsten optimaler Passung von Lernangebot und Lernunterstützung, Bedürfnissen, Voraussetzungen und Möglichkeiten seitens des Lernenden nutzen lässt, anders gesagt, wenn sie für (mehr) Adaptivität verwendet werden kann.

2.2.3 Adaptivität im Zusammenhang mit Schülerinnen und Schülern, die besonderer pädagogischer Unterstützung bedürfen

Der Begriff Adaptivität wird häufig im Zusammenhang mit Schülerinnen und Schülern verwendet, die besonderer pädagogischer Unterstützung bedürfen, aber in normalen Jahrgangsklassen unterrichtet werden (Wang, Rubenstein & Reynolds, 1985). Zu ihnen gezählt werden nicht nur Schüler/-innen mit überdurchschnittlichen Lern- und Leistungsdefiziten, sondern auch solche mit besonderen Begabungen. Wang, Rubenstein und Reynolds (1985) beschreiben ein Unterrichtsmodell, Adaptive Learning Environment Model (ALEM) genannt, das am Learning Research and Development Center (LRDC) der Universität Pittsburgh über den Zeitraum eines Jahrzehnts entwickelt wurde. Das Programm eignet sich sowohl für Normalschüler/innen wie für Schüler/-innen, die in einer Normalklasse zur Schule gehen, aber besonderer pädagogischer Unterstützung bedürfen. Seine Wirksamkeit wurde mit Schülerinnen und Schülern, die besonderer pädagogischer Unterstützung bedürfen und in Normalklassen zur Schule gehen, wie auch mit den übrigen Schüler(inne)n der Klasse evaluiert.

„Das Ziel von ALEM ist, in der Schule eine Lernumgebung zu schaffen, in der es allen Schülerinnen und Schülern möglich ist, die grundlegenden akademischen Fertigkeiten zu erwerben. Zudem sollen sie Vertrauen in ihre eigenen Fähigkeit entwickeln können und lernen, die sozialen und intellektuellen Ansprüche der Schule zu meistern. Das Programm enthält sowohl Teile für angeleitetes wie für eigenständiges Lernen. Seine Wirksamkeit wurde bereits vor seiner breiten Implementation mehrfach überprüft (Bloom, 1976; Glaser, 1977; Rosenshine, 1979). Ebenso wurden die positiven Auswirkungen des Programms in Bezug auf eigenständiges Lernen, Selbstverantwortung und soziale Kooperationsfähigkeit ermittelt" (Johnson, Maruyama et al., 1981; Marshall, 1981).

Die Schüler/-innen einer ALEM-Klasse wissen, dass sie ihr Lernen (weitgehend) selber planen können und müssen, ebenso, dass sie selber im Auge zu behalten haben, wie sie beim Lernen vorankommen (monitoring). Sie sind auch – nach gemeinsamer, Absprache nicht zuletzt in Bezug auf die zur Verfügung stehende Zeit – selber verantwortlich für Planung, Ausführung und rechtzeitige Fertigstellung der Bearbeitung der Lernaufgaben. Die Schüler/-innen arbeiten oft kooperativ, helfen einander und überprüfen gegenseitig ihren Lernerfolg. Stets jedoch werden die Aktivitäten der Schüler/-innen sorgfältig von der Lehrperson überwacht. Die Lehrpersonen sind auch – alleine oder im Team – da, wo es sinnvoll oder notwendig ist, für die unterrichtliche oder organisatorische Unterstützung verantwortlich. Zusätzlich können speziell ausgebildete Lehrpersonen oder Personen mit einer wichtigen Unterstützungsfunktion beigezogen werden, um diagnostische Abklärungen vorzunehmen, eine intensive Lernbegleitung für Schüler/-innen, bei denen dies erforderlich ist, sicherzustellen, um sich mit dem hauptverantwortlichen Lehrer des Schülers zu besprechen oder mit seinen Eltern in Kontakt zu treten.

Zahlreiche Untersuchungen haben gezeigt, dass ALEM-Unterricht durchwegs positive Trends und Effekte zur Folge hat und zwar sowohl in Bezug auf seine Durchführbarkeit als auch seine Auswirkung auf die Leistungsergebnisse der Schülerinnen und Schüler sowie ihr soziales Verhalten und ihre Haltung dem Lernen gegenüber. Günstige Wirkungen zeigten sich auch bezüglich seines Einsatzes in Schulen mit sehr verschiedenen demographischen Voraussetzungen sowie in Bezug auf geografisch unterschiedlich (in städtischen und ländlichen Umgebungen) gelegene Schulen (Wang, Peverly & Randolph, 1984). Es zeigte sich auch, dass es leichter wurde, ALEM-Unterricht einzuführen, wenn in den Vorbereitungsveranstaltungen für Lehrpersonen mit ausreichend konkretem Arbeitsmaterial gearbeitet wurde (Wang, & Gennari, 1983; Wang, Vaughan & Dytman, 1985).

Die Einführung des Programms wirkte sich auch auf weitere im Unterricht ablaufende Prozesse günstig aus. Schüler/-innen, die nach ALEM unterrichtet wurden, lagen mit ihren Leistungen über den üblichen Leistungsnormen und schnitten in nationalen Vergleichen besser ab als vor Einführung von ALEM (Wang & Walberg, 1983). Bemerkenswert ist, dass sich das Programm nicht „nur" auf die Schülerinnen und Schüler, die besonderer pädagogischer Unterstützung bedürfen, günstig auswirkte, sondern auch auf alle anderen.

Wang, Rubinstein et al. (1985, S. 63) verweisen auf zahlreiche Untersuchungen, die über eine Zeitspanne von zehn Jahren hinweg durchgeführt immer wieder gezeigt haben, „(...) that adaptive instruction greatly improves student learning".

Interessant ist dabei, dass „None of these variables had an especially strong impact on the association with the positive results. Program had generally positive results regardless of type of adaptiveness, social content, study characteristics or type of students..." und dass „Adaptive programs produced positive results in student achievement, but had even stronger effects on attitudes and behavior" (Wang, Rubinstein et al., 1985, S. 63). ALEM-Schülerinnen und -Schüler, die besonderer pädagogischer Unterstützung bedürfen, können in Normalklassen (mainstreamed education) unterrichtet werden. Die besondere pädagogische Unterstützung erfolgt integriert und das Etikett „Sonderpädagogik" entfällt damit.

2.2.4 Adaptivität in der Wahrnehmung der Schülerinnen und Schüler

Interessant ist schließlich die Frage, wie Schülerinnen und Schüler selber Adaptivität wahrnehmen? Wenn mit Wang, Rubinstein et al. (1985) feststeht, dass sich Adaptivität beim Unterrichten günstig auf die Leistungen und das (Lern-)Verhalten von Schülerinnen und Schülern auswirkt, sagt dies noch nichts darüber aus, wie die Schülerinnen und Schüler Adaptivität ihrerseits wahrnehmen. Wird Adaptivität von ihnen ebenfalls positiv beurteilt, wie plausiblerweise angenommen werden kann?

Dieser Frage gingen Vaughn, Shay Schumm, Johnson Niarhos und Daugherty (1993) in einer Befragung von über 800 Schülerinnen und Schülern nach. Mittel- und Oberstufenschüler/-innen bevorzugen im Allgemeinen Lehrpersonen, die den individuellen Bedürfnissen von Schüler/-innen adaptiv Rechnung tragen. In diesem Sinne zogen die Schülerinnen und Schüler den adaptiven Lehrer A dem nicht adaptiven Lehrer B deutlich vor. Indessen ziehen es die Mittel- wie die Oberstufenschüler/-innen klar vor, dass Lehrpersonen allen Schülerinnen und Schülern einer Klas-

se dieselben Tests vorlegen, alle mit den gleichen Schulbüchern und Lernmateria-
lien arbeiten lassen und allen die gleichen Hausaufgaben erteilen.

In Bezug auf die Arbeit in Gruppen, auf didaktische Vorkehrungen und auf die Art,
wie Lehrpersonen den unterschiedlichen Schülerinnen und Schülern begegnen,
schätzen sie es sehr, wenn Lehrpersonen den individuellen Umständen und Bedürfnissen adaptiv Rechnung tragen.

Mittel- und Oberstufenschülerinnen und -schüler unterscheiden sich in Bezug auf
die Wünschbarkeit von Adaptivität insofern, als Adaptivität umso weniger ge-
wünscht wird, je älter die Schüler/-innen sind. Weit mehr Schüler/-innen bevorzugen
die adaptive Lehrperson A gegenüber der nicht adaptiven Lehrperson B. Sowohl für
die Mittel- wie die Oberstufe ist dies besonders bei den Schüler/-innen der Fall, die
bessere Leistungen im Lesen aufweisen. Bei der Mittelstufe trifft dies auch auf die
Schüler/-innen mit besseren Mathematikleistungen zu. Entgegen den Erwartungen,
wonach es die weniger leistungsfähigen Schüler/-innen sind, die sich Adaptivität
wünschen, bevorzugen somit auch (hoch-)leistungsfähige Schüler/-innen Adaptivität
beim Unterrichten mehr als weniger leistungsfähige Schüler/-innen.

Obschon weit weniger Schüler/-innen die nicht adaptive Lehrperson B bevorzugen, hielten diejenigen, die es trotzdem taten, die nicht adaptive Lehrperson für
urteilsfähiger und fairer, weil sie niemanden bevorzuge. Zudem waren sie der Auffassung, dass ein/e Schüler/-in, die dem Unterricht nicht zu folgen vermag, in einer
speziellen Klasse besser unterrichtet werden kann. Sie glaubten auch, dass eine
nicht adaptive Lehrperson die Schüler/-innen besser auf das „wirkliche Leben"
vorbereitet.

Die Hypothese, dass Schüler/-innen, die sich sozial weniger integriert fühlen, eine adaptive Lehrperson eher bevorzugen, wurde bestätigt. Lehrpersonen, die adaptiv sind, wurden als leichter annäherbar, freundlich und als fähig, zu Schülerinnen
und Schülern eine persönliche Beziehung aufzubauen, bezeichnet. Allgemein wurden adaptive Lehrpersonen als sich mehr um die Schüler/-innen kümmernd beurteilt. Eine adaptive Lehrperson wird von allen Schüler/-innen der Mittel- und
Oberstufe, die sich sozial weniger integriert fühlen, bevorzugt, vor allem jedoch
von den entsprechenden Schüler(inne)n der Mittelstufe.

Nach dieser (unvollständigen) Übersicht über den Begriff Adaptivität und seiner
unterschiedlichen Verwendung kommen wir im nächsten Kapitel auf den Begriff
der Adaptivität zu sprechen, wie wir ihn in unserer eigenen Untersuchung erarbeitet
und verwendet haben. Um unser Verständnis von Adaptivität vom oben dargestellten zu unterscheiden, sprechen wir von adaptiver Lehrkompetenz. Wir kennzeichnen damit auch den Umstand, dass wir Adaptivität als Voraussetzung auf der Seite
der Lehrperson verstehen, welche es ihr ermöglicht, adaptiven Unterricht zu planen
und durchzuführen.

2.3   Adaptive Lehrkompetenz

2.3.1   Adaptiver Unterricht

Schulisches Lernen erfolgt in einem Setting, in dem die Lehrperson und die lernenden Schülerinnen und Schüler in einer besonderen Form der Interaktion mit Zielen wie Wissenserwerb, Erwerb von Fertigkeiten oder Entwicklung von Kompetenzen an Unterrichtsinhalten arbeiten.

Wenn dieses Lehr-Lern-Geschehen für möglichst viele Schülerinnen und Schüler mit verschiedenem Vorwissen, unterschiedlichen Lernvoraussetzungen und je unterschiedlich verlaufenden Lernprozessen erfolgreich abläuft, sprechen wir von einem guten Unterricht mit der dafür kennzeichnenden Qualität, dass das Gelernte nicht nur erworben, sondern auch verstanden worden ist. Nachhaltig wirken sich die Lernprozesse dann aus, wenn sie zu anwendbarem Wissen führen, das dem Handeln und Problemlösen dient und Voraussetzungen für den Erwerb und die Differenzierung von neuem Wissen schafft.

Eine Lehrperson, die es schafft, das Lehr-Lern-Geschehen unter bestmöglicher Berücksichtigung

– der inhaltlichen Anforderungen des Unterrichtsinhaltes (Sachkompetenz),
– der Vielfalt der Wissens- und Lernvoraussetzungen und der Lernverläufe der Schülerinnen und Schüler sowie der situativen Aspekte des Lernens (diagnostische Kompetenz),
– der Möglichkeiten und Chancen der didaktischen Gestaltung der Lernsituation (didaktische Kompetenz),
– der pädagogischen Maßnahmen zur Steuerung, Führung und Begleitung einer Schülergruppe oder Klasse (Klassenmanagement)

erfolgreich zu orchestrieren, verfügt über eine gut entwickelte und differenzierte „adaptive Lehrkompetenz", wie sie in der Charakterisierung des „reflective practitioner" (Schön, 1983) oder des „guten Lehrers" (Aebli, 1997; Weinert & Helmke, 1996) in Ansätzen beschrieben worden ist. Bezug genommen auf Abbildung 3 besteht adaptive Lehrkompetenz aus dem Zusammenspiel der vier Dimensionen

– Sachkompetenz
– diagnostische Kompetenz
– didaktische Kompetenz und
– Klassenführungskompetenz

Ausgerichtet auf das Ziel, den Lernenden das Verstehen des Unterrichtsgegenstandes zu ermöglichen, werden diese vier Dimensionen von der Lehrperson geeignet koordiniert. Wegleitend dabei ist, bei den Lernenden die eigene (aktive) Auseinandersetzung mit dem Unterrichtsgegenstand Erfolg versprechend in die Wege zu

leiten und in Gang zu halten. Eine Lehrperson mit adaptiver Lehrkompetenz hat
wie der Dirigent eines großen klassischen Orchesters die Möglichkeit, die notwendigen Elemente für die gelungene Aufführung eines Werkes so zu orchestrieren,
dass sich die einzelnen Komponenten zu einem Ganzen fügen, das mehr ist als die
Summe der einzelnen Teile.

Auf die Schulsituation übertragen bedeutet dies, dass es der mit hoher adaptiver
Lehrkompetenz ausgestatteten Lehrperson gelingt,

– bei aller Individualität und Heterogenität der Schülerinnen und Schüler,

– in genauer Kenntnis der Sachverhältnisse des Unterrichtsinhaltes,

– unter Ausschöpfung eines reichhaltigen didaktischen Repertoires und

– durch sensible Führung und beratende Begleitung, des Lernenden, einer Lern-
  gruppe oder Schulklasse den Unterricht so zu gestalten, dass möglichst viele
  Schülerinnen und Schüler ihren Voraussetzungen und Möglichkeiten entsprechend lernen und verstehen können (Beck, Brühwiler & Müller, 2007). Eine
  Lehrperson mit adaptiver Lehrkompetenz schafft optimale Voraussetzungen für
  einen „guten Unterricht".

Sind die einzelnen Komponenten oder Dimensionen von adaptiver Lehrkompetenz
zu gleichen Teilen für das Gelingen eines guten Unterrichts mit dem Ziel des verstehenden Lernens verantwortlich? Ist es das besondere Zusammenspiel dieser Dimensionen, das zu optimalen Lehr-Lern-Prozessen im schulischen Lernen führt?
Welche Auswirkungen haben Schwächen in den einzelnen Dimensionen? Können
sie durch Stärken in anderen Dimensionen der Lehrkompetenz kompensiert werden? Haben diese Dimensionen in jeder Phase des Unterrichts dieselbe Bedeutung,
oder sind sie etwa in den für die Lehrerausbildung als relevant unterschiedenen
Phasen des Planens von Unterricht und des Handelns im Unterricht unterschiedlich
stark beteiligt (z.B. Alter, Berufserfahrung, Schulstufe)? Welche weiteren Faktoren
beeinflussen diese Dimensionen? Können die Kompetenzen in all diesen Dimensionen erhoben und erweitert werden? Wenn ja, wie kann das etwa in der Aus- und
Weiterbildung von Lehrpersonen Erfolg versprechend gefördert werden? Solche
und noch viel mehr Fragen stellen sich im Zusammenhang mit der begrifflichen
Definition adaptiver Lehrkompetenz und damit natürlich auch mit der Frage, wie
diese Kompetenz erworben und erweitert werden kann. Es sind Fragen, auf welche
die vorliegende Studie empirisch begründbare Antworten gesucht hat.

Das Attribut „adaptiv" im Begriff der adaptiven Lehrkompetenz zeigt den Pro-
zesscharakter an. Eine adaptive Lehrperson ist sensibilisiert für die Wahrnehmung
von Verschiedenartigkeit bei den Lernvoraussetzungen, den Lern- und Problem-
löseverhaltensweisen ihrer Schülerinnen und Schüler. „Adaptiv-Sein" bedeutet,
Unterschiede bei den Lernenden und Schlüsselmomente in Lehr-Lern-Prozessen

wie Nicht-Verstehen, Abschweifen oder Störungen sensibel wahrzunehmen und mit angemessenen didaktischen Maßnahmen darauf zu reagieren.

„Adaptiv-Sein" bedeutet aber auch, Situationsmomente und Handlungsalternativen im Lehr-Lern-Geschehen – sowohl in der Unterrichtsplanung als auch während des Unterrichts – zu antizipieren und bereit zu sein zu reagieren, wenn eine Handlungsanpassung an eine neue Situation erwünscht bzw. erforderlich ist. Maßgebend für solche Anpassungen ist jeweils das Lernen der Schüler als Individuen. Ihrem Lernen Erfolg, d.h. Verstehen zu ermöglichen und es auf das Erreichen dieses Zieles hin in die Wege zu leiten, zu unterstützen, zu begleiten und lernförderlich zu beurteilen, ist bei der Vorbereitung und Durchführung von Unterricht die wegleitende Vorstellung einer Lehrperson mit adaptiver Lehrkompetenz.

Adaptive Lehrkompetenz ist somit die Grundlage für alle pädagogischen, psychologischen und didaktischen Maßnahmen vor, während und nach dem Unterrichten, die von der Lehrperson für das Lernen der Schülerinnen und Schüler in der Klasse getroffen werden. Sie ist es auch für die Vorkehrungen der Lehrperson zur Führung der Klasse. Durch sie schafft sie auf die Klasse, die Gruppe, die Lernpartnerschaft und den Einzelschüler bezogen günstige Rahmenbedingungen. Adaptive Lehrkompetenz ist die fachübergreifende Voraussetzung für eine subjektorientierte Betrachtungs- und Handlungsweise der Lehrperson beim Unterrichten.

2.3.2 Neues Verständnis von Lernen mit dem Ziel des Verstehens

Adaptiver Lehrkompetenz liegt ein kognitiv-konstruktivistisches Verständnis von Lernen zugrunde. Danach ist Lernen ein aktiver Prozess des In-Beziehung-Setzens. Auf der Basis seiner Vorkenntnisse baut der Lernende neues Wissen auf (strukturelles Lernen), konsolidiert und automatisiert es (verstärkendes Lernen) und wendet es schließlich auch an (Aebli, 1997; Aebli, 2001). Zusammen mit den zunehmend heterogen zusammengesetzten Schulklassen wird es für einen erfolgreichen Unterricht immer wichtiger, dass die Lehrperson bei der Planung und bei der Durchführung des Unterrichts ständig die unterschiedlichen Lernvoraussetzungen und -möglichkeiten der Schülerinnen und Schüler und ihre individuellen Konstruktionsprozesse für den Wissensaufbau im Auge behält. Solches kognitives Lernen beruht – wie bereits eine frühe Publikation aus den fünfziger Jahren des 20. Jahrhunderts aufzeigt (vgl. Aebli, 1951) – in der Anwendung von passenden (Denk-)Operationen des Lernenden auf den Lerngegenstand, mit denen dieser in das je individuelle kognitive Wissens- und Denksystem integriert wird.

Um zu verstehen, müssen sich alle Lernenden aktiv mit dem Unterrichtsgegenstand auseinandersetzen können. Der Unterricht muss deshalb stets individuell an die vorhandenen Möglichkeiten und Grenzen der Lernenden angepasst werden. Ebenso muss er geeignete Verfahren für die aktive Auseinandersetzung mit dem Unterrichtsgegenstand zur Verfügung stellen oder selber zu wählen ermöglichen. Immer ist es das Ziel des Lernens, dass der Sachverhalt, der mit dem betreffenden Unterrichtsgegenstand vorliegt, von allen Lernenden verstanden wird. Bei der Planung und der Durchführung des Unterrichts setzt die Lehrperson deshalb immer wieder ihre diagnostischen und didaktischen Kompetenzen ein. Sie sorgt dafür, dass möglichst alle Schüler/-innen der Klasse dank aktiver Auseinandersetzung mit dem Unterrichtsgegenstand das Lernziel erreichen können. Übereinstimmend mit dem kognitiv-konstruktivistischen Verständnis von Lernen kann es vorkommen, dass das Lernziel angepasst wird, um individuellen Lernerfolg wahrscheinlich zu machen.

Die Rolle der Lehrperson besteht auf diese Weise nicht mehr ausschließlich in der Vermittlung von Wissen. Im interaktiven Lehr-Lern-Geschehen hat sie vielmehr eine steuernde und beratende Funktion. Gleichwohl wird die Rolle der Lehrperson als Vermittlerin von Wissen nicht ausgeschlossen, wo dies für die Lernenden Erfolg versprechend ist. In der einen und in der anderen Rolle veranlasst die Lehrperson durch ihre adaptive Lehrkompetenz bei den Schüler/-innen jene handlungsbezogenen und geistigen Aktivitäten, deren Ausführung durch die Lernenden zu Lernen führt oder dieses zumindest wahrscheinlich macht. In beiden Fällen begleitet, unterstützt und beurteilt die Lehrperson die jeweiligen individuellen Lernprozesse und -rgebnisse so individuell und so lernförderlich wie immer möglich.

2.3.3 Adaptive Lehrkompetenz und Metakognition

Das Wissen, auf das die Lehrperson für ihr adaptives Unterrichten zurückgreift, kann als metakognitives Wissen über das Lernen der Klasse als ganze und der Schülerinnen und Schüler in der Klasse als Individuen bezeichnet werden. Es ist diese Metakognition, die es der Lehrperson möglich macht, die vier Dimensionen (a) Sachkompetenz, (b) diagnostische, (c) didaktische Kompetenz und (d) Klassenführungskompetenz untereinander zu koordinieren, dass bei den Schülerinnen und Schülern das Verstehen einer Sache möglich wird.

Stellvertretend für den noch nicht oder erst teilweise eigenständig lernenden Schüler übernimmt es der Lehrer, dessen Lernen metakognitiv zu steuern und zu überwachen (Monitoring). Ziel der Lehrperson ist jedoch, dass die Schülerinnen und Schüler für ihren weiteren Wissensaufbau (Sachkompetenz) zunehmend selber das bei ihnen vorhandene Vorwissen einschätzen und dass sie mehr und mehr auch ihre Lernfortschritte nach erfolgter aktiver Auseinandersetzung mit dem Lerngegenstand selber beurteilen können (diagnostische Kompetenz). Zudem sollen sie zunehmend in der Lage sein, selber Lernsettings einzurichten, die Lernerfolg erwarten lassen (didaktische Kompetenz). Zum eigenen metakognitiven Wissen gehört auch, dass die Schülerinnen und Schüler einer Klasse immer eigenständiger die geeigneten Rahmenbedingungen für ihr Lernen herstellen und aufrechterhalten. Dieser Selbstmanagementkompetenz entspricht auf der Seite der Lehrperson die Klassenführungskompetenz.

2.3.4 Planungs- und Handlungskompetenz

Adaptive Lehrkompetenz umfasst verschiedene Arten und Funktionen des Wissens. Neben dem inhaltlichen Wissen (pedagogical content knowledge) wird zwischen dem Planungs- und dem Handlungswissen unterschieden. Das inhaltliche Wissen repräsentiert die Wissensbasis, wie sie beispielsweise als Theorie vermittelt wird. Bei der Unterrichtsvorbereitung ist auf der Grundlage des inhaltlichen Wissens in Bezug auf den antizipierten Unterricht Planungswissen erforderlich. Diesem adaptiven Planungswissen kommt beim unterrichtlichen Handeln eine handlungssteuernde Funktion zu. Dabei antizipiert das Planungswissen idealtypische Unterrichtsverläufe. Diese werden bei der Unterrichtsdurchführung entsprechend der unterrichtlichen Situationsauffassung und dem Handlungswissen (z.B. Routinen) der Lehrperson modifiziert, d.h. situationsgebunden angepasst. Bei der gezielt lern- und verstehensorientierten gedanklichen oder schriftlich festgehaltenen Unterrichtsvorbereitung sprechen wir von *adaptiver Planungskompetenz*. Entsprechend bezeichnen wir das im Unterricht verwendete gezielt lern- und verstehensbezogene Wissen zur situationsbezogenen Anpassung des Unterrichts an die aktuellen Lerngegebenheiten als *adaptive Handlungskompetenz*.

2.3.5 Voraussetzungen einer adaptiven Lehrkompetenz

Von einer Lehrperson mit hoher adaptiver Lehrkompetenz werden entsprechend den unterschiedenen vier Dimensionen unterschiedliche Kompetenzen vorausgesetzt:

– reichhaltiges, flexibel nutzbares eigenes Sachwissen, in dem sich die Lehrperson leicht und rasch geistig bewegen kann (Sachkompetenz);
– die Fähigkeit, bezogen auf den jeweiligen Unterrichtsgegenstand die Lernenden bezüglich ihrer Lernvoraussetzungen und -bedingungen (Vorwissen, Lernweisen, Lerntempo, Lernschwächen usw.) sowie ihrer Lernergebnisse zutreffend einschätzen zu können (diagnostische Kompetenz);
– reichhaltiges methodisch-didaktisches Wissen und Können, wozu auch gehört, dass die Lehrperson die Vor- und Nachteile der einsetzbaren didaktischen Möglichkeiten und die Bedingungen kennt, unter denen diese Erfolg versprechend eingesetzt werden können (didaktische Kompetenz) sowie

– die Fähigkeit, eine Klasse so zu führen, dass sich die Lernenden – als Grundvoraussetzung für Lernfortschritt und Lernerfolg – aktiv, anhaltend und ohne ein
Zuviel an störenden Nebenaktivitäten (hohe time on task-Werte) mit dem Unterrichtsgegenstand auseinandersetzen können (Klassenführungskompetenz).

Bedeutung der Sachkompetenz
Jemand, der sich in einer Sache sehr gut auskennt, ist besser in der Lage, die Sache
gegenüber Lernenden flexibel zu „vertreten" und sich beim Wissensaufbau adaptiv
auf die Lernenden mit ihren Stärken und Schwächen zu beziehen. Reichhaltiges,
differenziertes und klar strukturiertes, transparent gewordenes Sachwissen mit hoher operativer Beweglichkeit (im Sinne Piagets und Aeblis) ist deshalb eine notwendige Voraussetzung für die adaptive Planungs- und die adaptive Handlungskompetenz. Für Weinert, Schrader und Helmke (1990, S. 190/191) umfasst dieses
Sachwissen die Kenntnis des zu vermittelnden Stoffes und entspricht damit dem
bereichsspezifischen Wissen, über das Experten des jeweiligen Inhaltsbereichs verfügen. Es umfasst deklarative wie prozedurale Anteile, d.h. sowohl die Kenntnis
von Konzepten und Fakten als auch von Algorithmen und Heuristiken (Leinhardt &
Smith, 1985). Darüber hinaus enthält es Annahmen über die Lehrziele, die Schwierigkeiten des Stoffes und den curricularen Aufbau der zu vermittelnden Inhalte
(Shulman, 1986; Tamir, 1988). Das Sachwissen des Lehrers unterscheidet sich von
dem des eigentlichen Sachexperten (etwa des Wissenschaftlers) normalerweise dadurch, dass es nur einen stark verengten, dafür aber in didaktisch sinnvoller Weise
organisierten Ausschnitt des potenziell verfügbaren Wissens darstellt.

Diagnostische Kompetenz
Auf Grund ihrer diagnostischen Kompetenz ist es der Lehrperson möglich, die
Lernvoraussetzungen seitens der Schüler (Vorwissen, allgemeine kognitive Fähigkeiten, fachspezifische Fähigkeiten) zu ermitteln. Je zutreffender die Diagnose ist,
desto adaptiver kann das anschließende unterrichtliche Angebot gestaltet und desto
angepasster kann das Lernen begleitet und unterstützt werden. Mit ihrer diagnostischen Kompetenz ist die Lehrperson auch in der Lage, die Lernfortschritte der
Schüler adaptiv zu beurteilen. Abhängig von dieser Beurteilung gestaltet sich der
weitere didaktisch adaptive Unterricht.

Weinert, Schrader und Helmke (1990, S. 191) verstehen unter diagnostischem
das personenbezogenem Wissen, d.h. „die Kenntnis, die der Lehrer über seine
Schüler hat. Es umfasst sowohl das allgemeine Wissen über Schüler bestimmter
Alters- und Schulstufen, deren typische Leistungsfähigkeiten und die bei ihnen zu
erwartenden Schwierigkeiten als auch das Wissen über Besonderheiten, Stärken
und Schwächen der eigenen Klasse und der einzelnen Schüler (Clark & Petersen,

1986). Auch das diagnostische Wissen lässt sich durch Schemata unterschiedlichen Allgemeinheitsgrades charakterisieren, die von Schemata über Schüler im Allgemeinen bis hin zu ganz speziellen Personenschemata reichen. Die Art und Weise, wie diese Schemata organisiert sind, dürfte eine wesentliche Bedingung für die Effizienz der Wissensnutzung sein. Die Schemata steuern nämlich die Informationsaufnahme im Unterricht, beeinflussen die Interpretationen und Schlussfolgerungen des Lehrers über das Verhalten der Schüler und sind damit eine wichtige Determinante seiner Urteilsbildung und deren Genauigkeit."

Der hier definierte Begriff der diagnostischen Kompetenz wird auch in neueren Ansätzen der heilpädagogischen Einzelförderung wie etwa im Konzept der qualitativen Lernförderdiagnostik (Eggert, 1997, S. 116) vertreten. Kennzeichnend dafür sind Merkmale wie die Verfahren der qualitativen Methoden in der Diagnostik, Individualisierung der Förderung, Suche nach der für den Lernenden günstigsten Lernsituation und Orientierung an pädagogischem Handlungswissen.

Einer der möglichen Zusammenhänge zwischen Sachkompetenz und diagnostischer Kompetenz lässt sich wie folgt kennzeichnen: Wer einen Sachverhalt sehr gut kennt, kann besser voraussagen, wie sich bei jemandem, für den der Sachverhalt neu ist, der Wissensaufbau vollziehen wird. Ebenso kann jemand, der die Voraussetzungen der Lernenden hinsichtlich Interesse, allgemeine kognitive (Intelligenz) und bereichsspezifische (fachliche) Fähigkeiten und vorhandenes Vorwissens kennt, Schwierigkeiten im Lernprozess antizipieren. Fachdidaktische Kenntnisse lassen fachspezifisch förderliche und hinderliche Voraussetzungen und Bedingungen für das Lernen erkennen. Dank solcher Diagnosen kann der Lernprozess durch entsprechend adaptiv gestaltete didaktische Arrangements besser gefördert werden. Die Lernenden können in ihren Lernprozessen gezielter begleitet und unterstützt werden. Zu erwartende fachspezifische Schwierigkeiten der Lernenden lassen sich voraussehen und es ist möglich abzuschätzen, wie viel Zeit für das Lernen voraussichtlich beansprucht wird usw. Je besser jemand die Eigenschaften eines Lernenden kennt und aus allgemeiner kognitiver und metakognitiver sowie fachbezogener Perspektive beurteilen kann, desto besser kann er im Voraus abschätzen, wo das Verstehen der Sache schwer und wo es leicht fallen kann. In der Folge vermag er Sachverhalt und Lernenden adaptiver und damit lernförderlicher aufeinander zu beziehen.

Nach Schrader (1997, S. 675/676) gibt die Diagnose Aufschluss darüber, welche der vermittelten Lehrziele beherrscht und welche noch nicht beherrscht werden. Diese Information zeigt dem Lehrer, welche Ziele im Unterricht erneut behandelt werden müssen, geben also gewissermaßen Aufschluss über den Standort eines Schülers innerhalb des Curriculums. Sie informieren den Lehrer darüber, *was* zu unterrichten ist, geben aber keinen gezielten Aufschluss darüber, *wie* zu unterrichten ist (Zigmond & Miller, 1986; vgl. auch Cronbach & Snow, 1981; Gagne, 1985; Lloyd, 1984). Zu diesem Zweck müssen Informationen über allgemeine Lernvoraussetzungen und Eignungsmerkmale, die den Lernerfolg in bestimmten Lernsituationen und bei bestimmten Unterrichtsformen determinieren (aptitudes), vorhanden sein. Solche allgemeinen Lernvoraussetzungen sind vor allem allgemeine und spezifische kognitive Fähigkeiten, motivationale Merkmale und kognitive Stile (Corno & Snow, 1986; Snow, 1989a).

Auf nochmals andere Weise zeigen sich die Bedeutung der diagnostischen Kompetenz und ihr Zusammenhang zur didaktischen Kompetenz im nachfolgend wiedergegebenen Zitat (Schrader, 1997, S. 678): „Die Bedeutung der Diagnosegenauigkeit von Lehrern für den Unterricht wurde im Rahmen einer Studie zur Effektivität des Unterrichts im Fach Mathematik untersucht (Helmke & Schrader, 1987; Schrader & Helmke, 1987; Schrader, 1989). Ausgangspunkt war die Annahme, dass Lehrereinschätzungen das unterrichtliche Handeln des Lehrers beeinflussen und dass die Genauigkeit dieser Einschätzungen bedeutsam für die Qualität des unterrichtlichen Handelns ist (Broeckmanns, 1990; Coladarci, 1986; Forgarty, Wang & Creek 1983; Wang & Lindvall, 1984). Zur Überprüfung dieser Annahme schätzten Lehrer die Leistungen ihrer Schüler in einem Mathematiktest ein. Die Genauigkeit, mit der die Lehrer die Leistungen ihrer Schüler beurteilten, wurde als Indikator für die diagnostische Kompetenz der Lehrer betrachtet. Die so definierte diagnostische Kompetenz variierte erheblich zwischen den Lehrern. Sie hing allerdings nicht, wie zunächst angenommen, mit dem Leistungszuwachs der Klasse (über einen Zeitraum von einem Jahr) zusammen. Dafür waren im Hinblick auf den Leistungszuwachs signifikante Wechselwirkungen zwischen der diagnostischen Kompetenz und zwei didaktischen Unterrichtsmerkmalen zu verzeichnen: der Strukturiertheit des Unterrichts und der individuellen fachlichen Unterstützung einzelner Schüler während Stillarbeitsphasen. Der Lernerfolg der Klasse war dann besonders hoch, wenn sowohl die diagnostische Kompetenz des Lehrers als auch das jeweilige Unterrichtsmerkmal hoch ausgeprägt war. Bestimmte Unterrichtsverhaltensweisen sind also offenbar nur dann erfolgreich, wenn sie von einem diagnostisch kompetenten Diagnostiker eingesetzt waren."

Didaktische Kompetenz

Ziel didaktischer Maßnahmen ist es, Lernenden (Sach-)Einsicht bzw. den (eigenständigen) Aufbau von Handlungs-, Wissens- und Denkstrukturen zu ermöglichen, denen qualitativ die folgenden vier Gütemerkmale (Reusser, 1995, S. 101) entsprechen:

– Transparenz der aufgebauten Strukturen
– geistige Beweglichkeit in den aufgebauten Strukturen

– Stabilität und
– Anwendungsfähigkeit.

Lehrpersonen, die über ein reichhaltiges Repertoire an didaktischen Formen zur Förderung angeleiteten und eigenständigen Lernens verfügen und die viel reflektierte Unterrichtserfahrung haben, können ihren Unterricht adaptiver gestalten als solche mit weniger Wissen um das didaktische Repertoire. Für Weinert, Schrader und Helmke (1990, S. 190) betrifft dieses Wissen „den methodischen Aspekt der Stoffvermittlung. Darunter fällt das implizite und explizite Wissen des Lehrers, wie der Unterricht aufgebaut und gestaltet werden sollte, um bestimmte Ziele zu erreichen. Nach Leinhardt und Greeno (1986) ist die zugrunde liegende Wissensstruktur als eine Menge von Schemata über Unterrichtsaktivitäten unterschiedlicher Allgemeinheit aufzufassen. Angenommen wird, dass die erfolgreiche Durchführung einer Unterrichtsstunde auf Grund eines mentalen Plans erfolgt. Dieser setzt sich aus verschiedenen Aktivitätsstrukturen oder Episoden zusammen, die die zentralen Segmente des Unterrichts markieren. Die schemaartige Organisation dieser Handlungselemente bedeutet u.a., dass die zugrunde liegende Wissensstruktur Leerstellen aufweist, die zur Realisierung eines konkreten Handlungsablaufs gefüllt werden müssen (z.b. durch geeignetes Sach- und Personenwissen). Eine wichtige Rolle für effektives Handeln spielen dabei Unterrichtsroutinen, die eine effiziente Bewältigung häufig auftretender Situationen und Anforderungen gestatten und den Handelnden mental entlasten (Bromme, 1985)."

Nach vorliegenden Forschungsergebnissen, hat sich – wenn es darum geht, alle Schüler einer Klasse so gut wie möglich zu fördern und hohe Durchschnittsleistungen mit geringen interindividuellen Varianzen zu erreichen – das auf den ersten Blick im Widerspruch zu reformpädagogischen Idealen stehende Unterrichtsverfahren der direkten Instruktion bewährt. Entgegen kritischen Einwänden geht es um „das Gegenteil eines bornierten Paukunterrichts" (Helmke & Weinert, 1997, S. 135), wenn das Lernen der Schüler stark durch den Lehrer gesteuert wird.

„Er gibt die Ziele vor; zerlegt den Unterrichtsstoff in kleine überschaubare Einheiten; vermittelt das notwendige Wissen; stellt Fragen unterschiedlicher Schwierigkeit, so dass der jeweils antwortende Schüler die richtige Lösung mit großer Wahrscheinlichkeit finden kann; er sorgt für ausreichende Übung; kombiniert in zweckhafter Weise Klassen-, Gruppen- und Individualarbeit; kontrolliert beständig die Lernfortschritte der einzelnen Kinder und hilft in möglichst unauffälliger Art bei der Vermeidung oder Überwindung von Lernschwierigkeiten" (Helmke & Weinert, 1997, S. 136).

Im Kontrast dazu steht der offene, schülerzentrierte Unterricht: „Die Lernenden selbst bestimmen weitgehend die Ziele und die Mittel zu ihrer Erreichung; sie organisieren gemeinsam die Lernaktivitäten und bewerten in vielen Fällen auch selbständig die erreichten Ergebnisse. Als eine optimale Form dieses Unterrichtsverfahrens haben sich kleine, heterogen zusammengesetzte Gruppen bewährt" (Helmke & Weinert, 1997, S. 136).

Als empirisch belegte erfolgreiche Form von eigenständigem und kooperativem Lernen hat sich das Reciprocal Teaching erwiesen (Brown & Palincsar, 1989; Palincsar & Brown, 1984; Palincsar, Randsom & Derber, 1989; Rosenshine & Meister, 1994), bei dem die Schüler in kleinen überblickbaren Gruppen mit variabler Rollenverteilung abwechslungsweise die Funktionen des Lehrers und der Schüler wahrnehmen, nachdem die entsprechenden Funktionen zunächst modelliert wurden. Die Ergebnisse des Reciprocal Teaching wie auch die Befunde zum offenen, schülerzentrierten Unterricht insgesamt (z.B. Beck, Guldimann & Zutavern, 1991) „sind pädagogisch sehr ermutigend", denn sie „belegen zumeist günstige Auswirkungen auf die Lernleistungen und sehr starke positive Effekte auf die Motivation, das soziale Verhalten und die persönliche Selbständigkeit (Cohen, Lottan & Leecer, 1989; Johnson, Maruyama et al., 1981; Ross & Raphael, 1990; Slavin, 1983; Slavin, 1990; Webb, 1983)" (Helmke & Weinert, 1997, S. 136f.).

Adaptive Lehrkompetenz bedeutet in didaktischer Hinsicht eine empiriegestützte Beurteilung von unterschiedlichen Unterrichtsverfahren und ihre darauf abgestützte adaptive Verwendung im Unterricht, je nach den vorhandenen Bedingungen und den angestrebten Zielen.

Klassenführungskompetenz

Mit der Kompetenz, eine Klasse zu führen, schafft eine Lehrperson die Grundvoraussetzungen und setzt die Rahmenbedingungen damit systematisches Lernen im Unterricht überhaupt möglich ist. Untersuchungen zur Klassenführung von Berufseinsteigenden und erfahrenen Lehrpersonen zeigen in Bezug auf die Klassenführung die Wechselwirkung zwischen adaptiver Planungs- und adaptiver Handlungskompetenz: Während sich die Noviz(inn)en in ihrer Klassenführung auf disziplinarische Maßnahmen konzentrieren, gelingt es den erfahrenen Lehrpersonen auf Grund ihrer adaptiven Planungskompetenz, Konflikte in der Klassenführung gar nicht erst aufkommen zu lassen, weil der Unterricht durch sorgfältige Planung sachlich und in Bezug auf die Lernenden gut strukturiert ist, adäquates Lernmaterial bereitgestellt ist und rechtzeitig und konsequent die erwünschten Verhaltensregeln in der Klasse etabliert wurden (Helmke, 2002).

Weinert, Schrader und Helmke (1990, S. 190) sprechen von klassenführungsbezogenem Wissen: „Die Klassenführung betrifft die Organisation des Unterrichts, das heißt die Sicherstellung von Rahmenbedingungen für eine effektive Stoffvermittlung. Dabei geht es besonders um die Herstellung einer störungsfreien Unterrichtsatmosphäre und um die schnelle Beseitigung aufgetretener Störungen. Bei dem dafür erforderlichen Managementwissen dürfte es sich um hochgradig prozeduralisierte Wissensbestände handeln, die über kognitive Auslöseschemata für typische Ereignisse und Ereignisabfolgen im Klassenzimmer handlungsrelevant werden (Doyle, 1979). Explizites deklaratives Wissen dürfte dabei von untergeordneter Bedeutung sein. Konkret handelt es sich um Wissen darüber, welche förderlichen und beeinträchtigenden Ereignisse bei bestimmten Unterrichtsformen und -abläufen mit welcher Wahrscheinlichkeit zu erwarten sind, welche Konsequenzen sie vermutlich haben, ob Anzeichen für Störungen enthalten und wie die damit verbundenen Probleme am besten gelöst werden können (vgl. Doyle 1986; Kounin, 1976)."

Orchestrierung der Dimensionen Sachkompetenz, diagnostische und didaktische Kompetenz sowie der Klassenführungskompetenz
Zusammenfassend kann gesagt werden, dass adaptive Lehrkompetenz die Fähigkeit einer Lehrperson bezeichnet, ihren Unterricht so auf die individuellen Voraussetzungen und Möglichkeiten der Lernenden anzupassen, dass möglichst günstige Bedingungen für individuell verstehendes Lernen entstehen und beim Lernen aufrecht erhalten bleiben. Dafür braucht es die situations- und kontextsensitive Orchestrierung der vier dargestellten Dimensionen. Im Fokus der Aufmerksamkeit der Lehrperson stehen die individuellen Lernprozesse der Schülerinnen und Schüler, die optimal in Gang gesetzt, in Gang gehalten, unterstützt und in Bezug auf ihr Ergebnis möglichst förderlich für das weitere Lernen beurteilt werden.

Mit dieser hohen Subjektorientierung, ausgerichtet auf den einzelnen Lernenden mit dem Anspruch des verstehenden Lernens, stellt adaptive Lehrkompetenz eine Idealvorstellung für die Planung und Durchführung von Unterricht dar. Dieses Ideal ist für die Lehrperson beim konkreten Planen und bei der Durchführung des Unterrichts wegleitend. Die praktische Umsetzung kann jedoch selten in der vollen Ausprägung der Idealvorstellung erfolgen. Unter Berücksichtigung der vorhandenen realen Gegebenheiten des Lehrens und Lernens in der Schule ist die Lehrperson mit hoher adaptiver Lehrkompetenz darum bemüht, diesem Ideal möglichst nahe zu kommen.

2.4 Veränderbarkeit von adaptiver Lehrkompetenz und fachspezifisch-pädagogisches Coaching

2.4.1 Theoretische und empirische Grundlagen

Wie Lehrpersonen ihr berufliches Wissen erwerben sollen, ist seit langem Gegenstand teils heftig geführter Diskussionen (Schüpbach, 2005, S. 7ff.). In der Schweiz gehen die Anfänge der Auseinandersetzung zu dieser Frage bis ins 19. Jahrhundert zurück. Gestritten wurde damals darüber, ob Lehrpersonen ihr Wissen in einem Seminar oder sogar an der Hochschule vermittelt erhalten sollten oder ob es besser wäre, wenn sich die Lehrpersonen das nötige Wissen durch berufliches Handeln in einer „Muster- oder Normalschule" holen würden. Die Lösung des damaligen Streites bestand in einem Kompromiss, indem zukünftige Lehrpersonen sowohl (primär) an einem Seminar ausgebildet wurden, als auch indem sie (sekundär) gleichzeitig immer wieder in der „Musterschule" und in Praktika zum unterrichtlichen Handeln kamen. Eindeutig beantwortbar erscheint aus heutiger Sicht die Frage in Bezug auf den Erwerb von Fachwissen („Wissen über Fachinhalte"; „subject matter content knowledge" (Schulman, 1986, S. 149) oder „fachliches Wissen" (Bromme, 1992, S. 96; Bromme, 1997, S. 196), das als Basiswissen im Fachunterricht der Gymnasien bzw. der ehemaligen Lehrerseminare und als vertieftes Fachwissen in den Studienfächern der Lehrerbildungsinstitute (Pädagogische Hochschulen) oder an der Universität erworben wird bzw. wurde. Allerdings stellt sich dennoch die Frage, ob das Fachwissen, das so erworben wird, das Wissen ist, das Lehrpersonen für die Ausübung ihres Berufes brauchen. Sowohl Shulman (1986, S. 149) wie Bromme (1992, S. 96) thematisieren diesen Aspekt. Shulman spricht von pädagogischem Inhaltswissen (pedagogical content knowledge), Bromme von curricularem Wissen, über das Lehrpersonen verfügen müssen. Beide Autoren bringen damit zum Ausdruck, dass das im Fachunterricht vermittelte explizite Fachwissen (allein) nicht ausreicht, um die Inhalte eines Schulfaches unterrichten zu können. Dazu brauche es in Verbindung mit dem Fachwissen ein weiteres spezifisches Wissen „mit einer eigenen Logik" (Bromme, 1992, S. 96).

Die Frage, wo und wie zukünftige Lehrpersonen ihr erziehungswissenschaftlich-didaktisches Wissen erwerben können und sollen, bringt die oben dargestellte Kontroverse auch für die berufswissenschaftliche und die berufspraktische Ausbildung in der Lehrerbildung von heute auf den Punkt. Kann das im Theorieunterricht erworbene erziehungswissenschaftlich-didaktische Wissen in der Praxis angewendet werden? Wird vorhandenes fachdidaktisches Wissen auch angewendet oder bleibt es „träge" und wird das Handeln der Lehrperson vielmehr von „unbewusstem Wissen" gesteuert?

Klärend in diesem Zusammenhang ist die in Anlehnung an Cochran-Smith und Lytle (1999) von Messner und Reusser getroffene Unterscheidung von „drei Wissensformen, die in der Art der Gestaltung von Ausbildungsinhalten, in unterschiedlichen Bildern des beruflichen Lernens, in den Vorstellungen über die Lehrerrolle sowie in Modellen (...) zur Aus- und Weiterbildung von Lehrerinnen und Lehrern ihren Ausdruck finden", nämlich die Unterscheidung zwischen „Wissen über die Praxis", „Wissen in der Praxis" und „Wissen für die Praxis" (Messner & Reusser, 2000, S. 281-283). Der Konzeption „Wissen über die Praxis" liegt die

Vorstellung zugrunde: „dass erworbenes (...) Wissen – z.B. pädagogisch-psychologisches Wissen über Lehr-Lernprozesse und ihre kontextuellen Bedingungen – mehr oder weniger direkt zu einer besseren Lehrpraxis führt. Das Berufswissen muss zuerst in den Kopf, bevor und damit es (später) handlungswirksam wird. Explizit erworbenes Wissen stellt die Basis für professionelles Wissen dar, beziehungsweise berufliches Handeln wird als Anwendung von Wissen verstanden (Wissens-Anwendungs-Modell professioneller Kompetenz). (...). Das Ziel der Lehrerbildung besteht nach dieser Konzeption darin, das notwendige (...) Wissen unter Bezugnahme auf Wissenschaft und Lehrkunstregeln bereit zu stellen und zu vermitteln, z.B. Kriterien und Standards für die Auswahl von Inhalten und Zielen oder pädagogisch-psychologisch fundierte Strategien des Lehrens und des Klassenmanagements" (Messner & Reusser, 2000, S. 282).

Es liegt nahe zu unterstellen, dass das Wissens-Anwendungs-Modell professioneller Kompetenz (oder das Paradigma der Theorieanwendung) Gegenstand der im 19. Jahrhundert geführten Auseinandersetzung über die Ausbildung von Lehrpersonen war und dass es diese Konzeption war, die von den Befürwortern der Lehrerbildung an einem Seminar (im Gegensatz zur Lehrerbildung im Sinne einer Berufslehre in der Unterrichtspraxis der „Musterschule") verfochten wurde.

Mit dem heutigen Wissensstand erweist sich eine alleinige Umsetzung des Paradigmas der Theorieanwendung – trotz seiner weiten Verbreitung (vgl. Döring, 1974) – aus verschiedenen Gründen als problematisch (vgl. zusammenfassend Schüpbach, 2005, S. 45ff.). Radtke (1996, S. 46) erachtet es als fragwürdig, wenn von einer „höheren Rationalität (qua Dignität) wissenschaftlichen Wissens" ausgegangen wird, „das von oben nach unten ausgeteilt werden muss an eine unaufgeklärte Praxis" und es demnach „einen deutlich unilateralen Bezug zwischen Theorie und Praxis" gibt, der „im direkten Transfer der Theorie in die Praxis" besteht (Schüpbach, 2005, S. 45). Nach Dewe, Ferchhoff und Radtke (1992, S. 71-73) wird mit dem Theorieanwendungs-Paradigma der grundsätzliche Unterschied zwischen Erklärungs- und Handlungswissen verkannt. Messner und Reusser (2000, S. 282) weisen darauf hin, dass mit der Annahme einer deduktiven Beziehung zwischen Wissen und Handeln sich richtiges Handeln als eine Funktion von angewandtem richtigem Wissen versteht. Dies jedoch komme einem technologischen Verständnis des Verhältnisses zwischen Theorie und Praxis gleich. Es impliziere zudem, „dass theoretisch vermitteltes und verstandenes Wissen, wenn nicht sofort und automatisch, so doch später und jedenfalls ohne größere Schwierigkeiten handlungswirksam wird" (ebd.).

Damit ist – wie Schüpbach (2005, S. 45) aufzeigt – die herausragendste Problematik des „Wissens über die Praxis" angesprochen, denn derartiges Wissen erweist sich in der Praxis im Gegenteil sehr oft als handlungsunwirksam, d.h. als „träges

Wissen". Wie Mandl und Gerstenmaier (2000) darstellen, ist dieser Begriff nicht neu. Bereits 1929 beklagte Whitehead, dass in der Schule „inert knowledge", also „träges Wissen", erworben werde, das außerhalb der Schule nicht angewendet wird (vgl. auch Gerstenmaier & Mandl, 1995; Gerstenmaier & Mandl, 1996; Gruber, Mandl & Renkl, 2000; Gruber & Renkl 2000). Illustriert wird das Phänomen in neuerer Zeit von Renkl (1996), der verschiedene Studien zur Alltagsmathematik zusammenfassend aufzeigt, dass Denken und Problemlösen innerhalb und außerhalb der Schule sich bei vergleichbaren Aufgaben- und Problemstellungen erheblich voneinander unterscheiden und es nur einen geringen Transfer von in der Schule gelerntem Wissen auf die Aufgaben- und Problemsituationen im Alltag gibt. Nach Gruber, Mandl und Renkl (2000, S. 139) ist träges, handlungsunwirksames Wissen „ein leider alltägliches Problem", das sich etwa dann zeigt, wenn Menschen „trotz sicheren Wissens über gesundheitsschädigendes Verhalten diesem Wissen zuwider handeln oder wenn viel vorhandenes und für richtig gehaltenes Wissen über umweltgerechtes Handeln nicht handlungsleitend wird."

In Beantwortung der Frage, warum es dazu kommt, vorhandenes Wissen nicht anzuwenden, verweist Renkl (1996, S. 78) auf Defizite in Bezug auf Metawissen (vgl. auch Gruber & Renkl, 2000, S. 163): „Metaprozesserklärungen gehen davon aus, dass das notwendige Wissen vorhanden ist, aber nicht genutzt wird, da Metaprozesse (z.B. metakognitive Steuerungsprozesse) defizitär sind. Strukturdefiziterklärungen sehen die Defizite im Wissen selbst angesiedelt, d.h. das Wissen ist nicht in einer Form vorhanden, die eine Anwendung desselben erlauben würde. In Situiertheitserklärungen wird der traditionelle Wissens- und Transferbegriff der kognitiven Psychologie in Frage gestellt. Die Grundannahme lautet dabei, dass Wissen prinzipiell situativ gebunden sei."

Auch nach Wahl (Wahl, 1991, S. 59; Wahl, 2000, S. 156; Wahl, 2001, S. 157; Wahl, Wölfing et al., 1991) zeigt sich aus der Perspektive der Lehrerbildung gesehen ein ‚weiter Weg vom Wissen zum Handeln' und vor allem beim ‚Handeln unter Druck' findet erworbenes Theoriewissen in den in der Schule üblichen Situationen keine Anwendung und es ist eine Resistenz gegen Veränderung wider besseren Wissens beobachtbar. Das beobachtete Handeln der in der Lehrerbildung aus- und weitergebildeten Personen verändert sich trotz vorhandenem (Theorie-)Wissen kaum oder „nur in ganz wenigen (Ausnahme-)Fällen" (Wahl 2001, S. 158).

Wenn erworbenes Wissen über die Praxis – vergröbernd zusammenfasst gesagt – „totes Lehrbuchwissen" oder „Bescheidwissen über die Praxis" (Messner & Reusser, 2000, S. 282) darstellt, das zwar im Theorieunterricht vermittelt, rational begründet und akademisch gelernt werden kann, jedoch trotz seiner Richtigkeit für die Praxis (häufig) subjektiv als unnütz und nicht verhaltenswirksam wahrgenommen wird und dies auch objektiv bestätigt werden muss, stellt sich akut die

Frage „wie (denn) Wissen so vermittelt werden kann, dass es auch handlungs-wirksam wird" (Dann, 1989, S. 89; Dann, 1994, S. 163) und es nicht zum Aufbau ‚abstrakten Inselwissens' kommt. Die zweite oben unterschiedene Konzeption – „Wissen in der Praxis" oder Wissen durch Handeln, mit dem zugrunde liegenden Konzept der „subjektiven Theorien" – versucht hier weiter zu kommen. Grund-legend bei dieser Konzeption ist, dass sich das professionelle Wissen kompetenter Lehrpersonen in ihren Entscheidungen und Urteilen, in ihren Überlegungen und Begründungen des unterrichtlichen Handelns, in ihren Fragestellungen und Wahr-nehmungen zum Unterrichtsverlauf spiegelt, kurz: in ihrem praktisch gewordenen pädagogischen Handlungswissen (Inhärenzmodell des professionellen Wissens) (Messner & Reusser, 2000, S. 282).

Nach dieser Auffassung manifestiert sich Wissen im Handeln und in der Praxis und es erwächst aus dem Handeln bzw. aus der Praxis. Allenfalls kann es nach-träglich durch eine reflexive Auseinandersetzung mit der Erfahrung explizit formu-liert werden, auf jeden Fall aber besteht ein enger induktiver Bezug zwischen Han-deln und Wissen, wie Schüpbach (2005, S. 47/48) aufzeigt: „Derartiges Wissen wird in der Lehrerbildung nicht im Theorieunterricht in einem Hörsaal vermittelt und gelernt, sondern durch (eigenes) unterrichtliches Handeln im Schulzimmer in der Praxis erworben; formal ist es ein Nachahmungs- oder ein Erfahrungslernen. Der Unterschied zwischen „Wissen über die Praxis" wird als grundlegend verstan-den und zeigt die Gegensätzlichkeit der beiden Metaphern: Während das (...) „Wis-sen über die Praxis" eher als ein explizites, deklaratives, sprachlich gefasstes und vermitteltes Wissen charakterisiert werden kann, wird beim „Wissen in/aus der Praxis" eher von einem impliziten Wissen oder – im ausdrücklichen Gegensatz zum Wissen – von Können gesprochen. Allerdings ist die Begrifflichkeit für diese Art von Wissen sehr vielfältig und teilweise auch uneinheitlich (Radtke, 1996; Baumgartner, 2000; Neuweg, 2000; Haider, 2000)."

Unterlegt ist das Bild des handelnden und seine Handlungen reflektierenden Menschen, wie es auch im Forschungsprogramm Subjektive Theorien (Groeben, Wahl et al., 1988) betont wird: „Lehrerinnen und Lehrer werden gesehen als auto-nom und verantwortlich Handelnde, d.h. als Personen, die nicht ausschließlich auf äußere Reize oder innere Antriebe reagieren, sondern aktive Agenten sind bei der Erfüllung ihrer beruflichen Aufgaben wie auch in der Fortentwicklung ihrer per-sönlichen Praxis (Dann 1994, S. 165). Menschen bilden und verwerfen demnach Hypothesen, sie entwickeln Konzepte und kognitive Schemata; diese internen Pro-zesse und Strukturen steuern ihr Handeln. (...) Das Subjektmodell des handlungsfä-higen Menschen enthält daher Merkmale wie Intentionalität, Entscheidungsfähig-keit zwischen Handlungsalternativen, Planung von Handlungsabläufen, Sprach- und Kommunikationsfähigkeit (Schlee, 1988, S. 13 bzw. 15)."

Nach Dann (1994, S. 166/167) sind die diesem Handeln zugrunde liegenden sogenannten Subjektiven Theorien

–   relativ stabile kognitive Strukturen (mentale Repräsentationen), die jedoch
    durch Erfahrung veränderbar sind, die teilweise implizit sind (wie z.b. nicht
    bewusstseinsfähige Selbstverständlichkeiten oder unreflektierte Überzeugun-
    gen), teilweise aber dem Bewusstsein des Handelnden zugänglich, so dass darü-
    ber berichtet werden kann,

–   wissenschaftlichen Theorien ähnlich, insofern sie ähnliche strukturelle Eigen-
    schaften haben wie wissenschaftliche Theorien, indem sie eine zumindest impli-
    zite Argumentationsstruktur haben,

–   geeignet, analog den wissenschaftlichen Theorien verschiedene Funktionen zu
    erfüllen wie Situationen definieren, eingetretene Ereignisse nachträglich erklä-
    ren (und rechtfertigen), künftige Ereignisse vorhersagen und Handlungsentwürfe
    generieren.

Mit dieser ‚Strukturparallelität' wird die Äquivalenz der subjektiven Theorien mit
wissenschaftlichen Theorien betont und zum Ausdruck gebracht, dass Lehrer mit
ihrem Alltagswissen beziehungsweise mit ihren Alltagstheorien oder „Subjektiven
Theorien" genau so umgehen wie Wissenschaftler mit wissenschaftlichen Theorien" (Schüpbach, 2005, S. 49). „Laie und Wissenschaftler lassen sich bei ihrer
Praxis von ihren jeweiligen Theorien leiten" (Radtke, 1996, S. 54).

Dann (1994, S. 72) betont, dass auch beim Erwerb von Wissen eine Wechselwirkung zwischen Handeln und Wissen besteht, indem „in einem fortlaufenden So-
zialisationsprozess kulturelle und institutionelle Einflüsse ebenso wie Handlungen
und ihre Folgen zu bestimmten Theorien führen, die ihrerseits das Handeln regulieren und damit wieder auf kulturelle Bedingungen einwirken." Dies führt dazu, dass
sich durch unterschiedliche Praxiserfahrung unterschiedliche Subjektive Theorien
herausbilden. Lehrpersonen beispielsweise, „die in ihrem Konfliktmanagement erfolgreicher sind, haben sowohl komplexere als auch besser organisierte Subjektive
Theorien, die ihnen ein realitätsangemessenes und schnelles Reagieren ermöglichen" (Dann, 1994, S. 172). Ein weiterer interessanter Zusammenhang besteht insofern, als erfolgreichere Lehrpersonen eine größere Konsistenz zwischen Subjektiver Theorie und Handeln und ein höheres Bewusstsein dieser Theorien haben, etwa in Bezug auf das Erreichen eines Handlungsziels. Umgekehrt besteht aus dem
gleichen Grund der Nachteil, dass Subjektive Theorien „ganz außerordentlich
schwer veränderbar" und „nur schwer reflexiv zugänglich sind (Wahl, 2000,
S. 157). Dies hat Wahl (2000; 2001) zur Konzipierung eines sogenannten ‚großen
und kleinen Sandwiches' zur Veränderung der bei (angehenden) Lehrpersonen vor-

handenen Subjektiven Theorien geführt (siehe unten). Nach Dann lassen sich die Subjektiven Theorien (nur) verändern, wenn

- vorhandenes Wissen zuerst so weit wie möglich expliziert wird (was bei Wahl den Bewusstmachungsprozessen, beispielsweise durch Verbalisierung, entspricht),
- durch ko-konstruktiven Austausch, etwa mit anderen Lehrpersonen oder die Konfrontation der eigenen Subjektiven Theorien mit Wissen aus dem wissenschaftlichen pädagogisch-psychologischen Wissensbeständen unausweichlich ist,
- die so provozierten Veränderungsprozesse in einem Handlungszusammenhang ablaufen, in dem „das neu entstehende Wissen besser zur Problembewältigung geeignet ist als das alte" (Dann, 1994, S. 174),
- in Bezug auf den eben geschilderten dritten Schritt ausreichend die Möglichkeit besteht, die erworbenen Erkenntnisse in die Praxis umzusetzen (Wahl, 2001, S. 169).

Es ist also praktisches Handeln erforderlich, das die Anwendung des neuen Wissens ermöglicht, und zwar so, dass dessen Brauchbarkeit auch persönlich erfahren wird (Dann, 1994, S. 174).

Sehr interessant ist, dass für die Veränderung der Subjektiven Theorien sowohl nach Wahl wie nach Dann dem objektiven wissenschaftlichen Wissen eine konkrete und spezifische Funktion zukommt: „Dieses Grundlagenwissen kann für den Praktiker Hintergrundwissen darstellen, mit dem er Probleme in seinem Arbeitsfeld besser durchschauen und daraufhin Lösungen zuführen kann. Es ist also insbesondere als Reflexionshilfe zur Hypothesenbildung und Hypothesenüberprüfung geeignet. (...) Das ‚objektive' Wissen liegt zum anderen als technologisches Wissen vor, das unmittelbar zur Optimierung praktischen Handelns geeignet ist (...) Beim Prozess der Integration des neuen Wissens mit dem Vorwissen vollzieht sich pädagogisches Verstehen" (Dann, 1994, S. 175).

Die sowohl von Wahl wie von Dann herausgestellte Verbindung zum wissenschaftlichen Wissen zeigt auch auf, dass Subjektive Theorien bei Lehrpersonen mehr darstellen müssen als nur kollektives „Deutungs- oder gar Rechtfertigungswissen im Rahmen von pädagogischen Konventionen für das unterrichtliche Handeln" zu generieren (Schüpbach, 2005, S. 50). „Es gibt demnach keine Entwicklung, Erweiterung, Vertiefung und Differenzierung von Handlungswissen sui generis – auch nicht durch Reflexion. Für die Genese von professionellem Lehrerwissen ist der wechselseitige Bezug von Alltags- oder Praxiswissen und erziehungswissenschaftlichem Wissen eine Conditio sine qua non. (...) Wenn sich Lehrer bei der Reflexion ihres beruflichen Handelns nicht ‚im Kreis drehen wollen' ohne weiterzukommen, wenn die Reflexion nicht ad infinitum zirkulär und repetitiv bleiben soll, dann braucht es abgestützte und verlässliche ‚Anstöße von außen'; sonst wird Reflexion zum ‚Sesam öffne dich' für verworrene Köpfe, oder wie Schön (1991, S. 10) es formuliert, „never-ending land where anything goes". Das Theoriewissen ist für den Praktiker, der sein Lehrerwissen entwickeln und professionalisieren will, unverzichtbar" (Schüpbach, 2005, S. 51).

Genau gleich sieht es Staub (2001, S. 178): „Auch reflexives Lernen aus Erfahrung ist abhängig von den verfügbaren begrifflichen Gesichtspunkten und kognitiven Werkzeugen. Das Lernen von reflektierenden Lehrern in einer geschlossenen Gruppe ohne Unterstützung durch externe Experten bleibt abhängig vom Wissen wie vom Nichtwissen der Gruppenmitglieder."

Die Konzeption „Wissen für die Praxis" schließlich stellt den Versuch dar, die Konzeption „Wissen über die Praxis" und „Wissen in der Praxis" miteinander zu verbinden, aus der Absicht heraus, dass für professionelles Lehrer(-handlungs)-wissen einerseits die fundamentalen erziehungswissenschaftlichen Theorien, Modelle und Begriffe erarbeitet sein müssen, andererseits dass durch Verbindung von Praxis und Theorie das Reflektieren erlernt werden muss – im Sinne des Theoretisierens als Verwendung von Theorien, Modellen und Begriffen zur Erhellung von Praxis und zur handlungsleitenden Orientierung in der Praxis. Dies geht nicht ohne konkrete, konzeptuell durchdachte Verbindung der berufstheoretischen und der berufspraktischen Ausbildung. Diese Gedanken bringen Messner und Reusser (2000, S. 283) wie folgt auf den Punkt: „Aus der Perspektive des Erwerbs von theoretischem Wissen über Lehr-Lernprozesse bedeutet dies, dass pädagogisches Inhaltswissen nur dann verhaltenswirksam wird, wenn es tief assimiliert, d.h. in die Verhaltensstrukturen einer Person integriert und damit personalisiert worden ist. Aus der Perspektive der Entwicklung beruflicher Kompetenzen durch praktische Erfahrung und ihrer individuellen Verarbeitung bedeutet diese Integration, dass produktives Lernen in anspruchsvollen Berufen auch begrifflicher Mittel, d.h. überindividuell abgesicherten, wissenschaftlichen Wissens, bedarf. Ein Theorie- und Praxiselement, Regeln und Situationsbezüge, allgemeine Form und spezifische Kontextbedingungen gleichermaßen integriertes professionelles Wissen bildet nicht nur die Basis für ein situativ flexibles berufliches Handeln, sondern auch den Rahmen zum Verständnis des eigenen Handelns und seiner Einordnung in größere Zusammenhänge." Ansätze neueren Datums, die diese integrative Verbindung zu konkretisieren versuchen sind:

– Situiertes Lernen
– Anchord Instruction
– Cognitive Flexibility Theory
– Cognitive Apprenticeship

Spezifisch auf die Lehrerbildung bezogen ist in diesem Zusammenhang auch der Ansatz des „Content-Focused Coachings" (Staub, 2001; West, & Staub, 2003) zu nennen (siehe unten).

Situiertes Lernen

Das Situierte Lernen beruht auf dem Paradigma der ‚Situated Cognition' (Resnick, 1987; Greeno, 1989; Rogoff, 1990; Lave, 1991) und geht davon aus, dass Wissen immer als Ergebnis einer individuellen Konstruktion und Lernen als ein aktiver, konstruktiver Prozess in einem spezifischen Handlungskontext und im Rahmen sozialer Transaktionen zu sehen ist. Gegenüber der Konzeption „Wissen in der Praxis" ist nicht nur die Praxis in Form von authentischen Lernsituationen sowie die Eigenkonstruktion von inhärentem Wissen zentral. Um beim Erwerb von Wissen nicht an den Problemkontext gebunden, situationsspezifisch und praxisverhaftet zu bleiben, „sollen Problemlöseprozesse artikuliert und reflektiert werden. Damit soll abstrahiertes Wissen erworben werden, das sich von abstraktem Wissen dadurch unterscheidet, dass es vom Individuum in einer Anwendungssituation selbst aufgebaut wurde (Gruber, 1999, S. 172). Obwohl Wissen eigenkonstruiert wird, ist eine Lehrperson auch beim situierten Lernen unverzichtbar: „Ein Schüler, der allein seiner „Konstruktions-Kompetenz" überlassen bleibt, wird auf Grund der geforderten Komplexität der Lernumgebung vermutlich scheitern, wenn er nicht durch geeignete instruktionale Maßnahmen unterstützt wird. Unterricht soll die Konstruktions-Aktivität von Schülern ermöglichen und anregen, muss dafür aber auch Orientierung, Anleitung, Unterstützung und Hilfe geben. Jeder Lernprozess ist interaktiv, und es ist eine weitere zentrale Aufgabe des Unterrichts, Lernende unterstützend zu begleiten und ihnen hilfreiche Instruktionen anzubieten. Ziel muss es folglich sein, eine Balance zwischen expliziter Instruktion durch den Lehrenden und konstruktiver Aktivität des Lernenden zu finden (Linn, 1990)" (nach Gruber, 1999, S. 173).

Abgestützt auf Gräsel (1997, S. 32-35) kennzeichnet Schüpbach (2005, S. 53) das Situierte Lernen in nachfolgend wiedergegebener Weise:

1. Lernen ist situations- und kontextgebunden und entsteht als Verbindung von Person und Situation – dies ist zentrale Grundannahme der Wechselbeziehung zwischen der handelnden Person und dem situativen Kontext, die dem Konzept den Namen gab. Dabei ist wichtig, dass sowohl die Lernsituation, die Lernprobleme und die Lernformen möglichst realitätsnah sind, also beispielsweise nicht komplexitätsreduziert werden, und allenfalls auch Widersprüche und mehrere Lösungen sowie für die Lösung Unwichtiges enthalten.

2. Lernen ist ein aktiver, konstruktiver Prozess und nicht nur passive Aufnahme von Information. Die für das Lernen benötigten Informationen werden aus verschiedenen Wissensbereichen auf eine aktuelle Problemstellung bezogen und si-

tuationsspezifisch miteinander in Verbindung gebracht. „Die Lernenden sind darin zu unterstützen, ihre Erfahrungen und ihr Vorwissen auf einen bedeutungshaltigen und authentischen Lerngegenstand zu beziehen" (Gräsel, 1997, S. 34).

3. Lernen ist letztlich immer ein selbstgesteuerter Prozess. Die Kontrolle des eigenen Handelns und damit die Anwendung metakognitiver Strategien wird betont.

4. Lernprozesse beziehen immer soziale Prozesse ein. Eine individuelle Konstruktion von Wissen ist beeinflusst vom sozialen Umfeld („community of practice", Lave, 1991), in welchem dieses Lernen geschieht. Wissen hat demnach immer genuin einen „sozialen Charakter, d.h. es wird ko-konstruiert und sozial geteilt (‚socially shared knowledge') und beruht auf Austausch und Verständigung mit anderen Personen" (Messner & Reusser, 2000, S. 285).

5. Für das Situierte Lernen, respektive für die aktive Konstruktion von Wissen ist die (intrinsische) Motivation eine zentrale Bedingung.

Anchored Instruction

Auch für Anchored Instruction ist der Ausgangspunkt und die Basis für das Lernen eine komplexe, möglichst authentische Problemsituation, die als ‚narrativer Anker' dient. Nach Gräsel (1997, S. 35/36) und Reinmann-Rothmeier und Mandl (2001, S. 617/618) zeichnet sich Anchored Instruction durch die folgenden Merkmale aus:

– Ein(e) Problem(-situation) wird in Form einer Erzählung oder Beschreibung dargeboten (narrative Struktur).

– Durch Präsentation von Filmen, die Arbeit mit Videos oder an Computern werden Problemstellung und die Auseinandersetzung mit dem Lerngegenstand visualisiert.

– Die Lernenden können (und müssen) die Lösung des Problems selbständig entwickeln (generatives Lernformat).

– Die Darstellung der Problemsituation enthält alle wichtigen Aspekte und Daten, die es für die Problemlösung braucht.

– Es besteht eine angemessene Problemkomplexität.

– Indem es zwei Problemgeschichten/-darstellungen gibt, bestehen zwei (unterschiedliche) kontextuelle Einbettungen, womit sichergestellt wird, dass das beim Lernenden entstehende Wissen dekontextualisiert ist.

– Die Problemgeschichten/-darstellungen sind so gestaltet, dass sie aus unterschiedlichen Disziplinen und Fächern betrachtet und bearbeitet werden können.

Wie verschiedene empirische Untersuchungen zeigen, können Schüler/-innen, die nach dem Ansatz von Anchored Instruction arbeiten konnten, im Vergleich zu einer Kontrollgruppe komplexe Probleme strukturierter und schneller lösen. Das Lernen findet „im sozialen Austausch" (Gräsel & Mandl, 1999, S. 172) statt, d.h. es findet kooperatives Lernen und Problemlösen in Lerngruppen statt und es sind nicht „nur" Schüler/-innen bzw. Studierende, die zusammenarbeiten, sondern Lernende und verschiedene Experten (beispielsweise in der Lehrer/-innenbildung Dozierende der erziehungswissenschaftlichen Fächer, Lehrpersonen der Volksschule, Praktikumslehrer/-innen) bearbeiten eine (Problem-)Situation gemeinsam, z.B. Unterricht vorbereiten. Damit eignet sich die Anchored Instruction auch für die Aus- und Weiterbildung von Lehrpersonen.

Cognitive Flexibility Theory
Auch beim Lernen nach dem Ansatz der Cognitive Flexibility Theory soll in fallbasierter Umgebung komplexes Wissen erworben werden. Dies geschieht (vgl. Gruber 1999, S. 174), indem
- multiple Wissensrepräsentationen verwendet werden,
- abstrakte Begriffe mit konkreten Fällen verknüpft werden,
- konzeptuelle Verbindungen aufgezeigt werden, um die Vernetzung von komplexem Wissen zu verdeutlichen,
- komplexes Wissen frühzeitig eingeführt und
- aktives Lernen gefördert wird.

Grundlegend ist, dass die Lernenden von allem Anfang an mit den Komplexitäten und Irregularitäten des realen Geschehens konfrontiert werden, um Übervereinfachungen zu vermeiden und den (motivationalen und emotionalen) Umgang mit solchen Situationen zu trainieren. Das Lernen soll „multidirektional und multiperspektivisch" erfolgen, so dass „das erworbene Wissen facettenreich ist und flexibel angewendet wird" (Reinmann-Rothmeier & Mandl 2001, S. 618). Dies erinnert an das sogenannte Durcharbeiten innerhalb der von Aebli (2001) unterschiedenen Phasen des Lernprozesses (Problemstellung, Aufbau, Durcharbeiten, Üben, Anwenden). Da das Lehrerhandeln nicht regelgebunden, sondern bestenfalls regelgeleitet erfolgt (Herrmann & Hertramph 2000, S. 176), können Lehrstudierende, aber auch Lehrpersonen in der Weiterbildung in einer nach der Cognitive Flexibility Theory gestalteten Lernsituationen eigenes Wissen erwerben, das sich auch im Unterricht handlungswirksam anwenden lässt.

Cognitive Apprenticeship
Der Ansatz Cognitive Apprenticeship schließlich entspricht in vielerlei Hinsicht dem oben bereits Gesagten. Das Konzept hat jedoch eine deutliche Ausrichtung auf Lernen durch Beobachten und Nachahmen, wie es für das (praktische) Lernen in einer Berufslehre charakteristisch ist, bei der der Lehrling oder die Lehrtochter

durch schrittweises Annähern an das Können und Wissen eines Vorbildes (Lehrmeister/-in) auf natürlichste Weise und mit allen Vorteilen des Situierten Lernens lernen kann: „Even today, many complex and important skills (...) are learned informally through apprenticeship-like methods – that is, methods not involving didactic teaching, but observation, coaching, and successive approximation" (Collins, Brown & Newman, 1989, S. 453). „Apprenticeship embeds the learning of skills and knowledge in their social and functional context" (Collins, Brown & Newman, 1989, S. 454).

Im Gegensatz zum primär handwerklichen Tun in einer Berufslehre geht es beim Ansatz der Cognitive Apprenticeship um kognitive Tätigkeitsbereiche, d.h. um kognitive Prozesse, die innerhalb einer Person ablaufen. Damit ist eine Beobachtung dessen, was für das Lernen zentral ist, schwierig, und man spricht deshalb auch von einer ‚kognitiven Lehre'. Mit der Aussage, dass im Gegensatz zum geschickten Handwerker ein Professioneller nicht nur weiß „wie es geht, sondern auch, was geht und warum es geht" und Lehrpersonen begründen können müssen „warum etwas so gemacht wird, wie es gemacht wird" (Shulman, 1986, S. 158), macht Shulman darauf aufmerksam, dass beim Wissenserwerb durch Nachahmen eines Vorbildes unter Umständen bloß fertige Handlungsmuster übernommen werden und es deshalb allenfalls zu uneinsichtigem, d.h. nicht verstehendem Lernen kommen kann.

Um diese Nachteile zu vermeiden, schlagen Collins, Brown und Newman (1989) für Cognitive Apprenticeship vor, dass die Lernenden nicht nur einem Experten zuschauen, sondern dass sie sich auch mit seinem Vorgehen auseinandersetzen können müssen, indem sie die handlungsleitenden Überlegungen und Denkstrategien des Experten nachvollziehen. Indem sie dies tun, verbinden sie verschiedene Arten von Wissen miteinander und bringen zudem das (zu lösende) Problem mit dem Handeln und dem (Handlungs-)Kontext in Beziehung: „This is the essence of what we mean by situated learning (...) and the reason why the cognitive apprenticeship method, with its modeling-coaching-fading paradigm, is successful and perhaps indispensable" (Collins, Brown 1989, S. 481).

Bevor wir auf die inzwischen weiterhum bekannten sechs Stufen von Cognitive Apprenticeship zu sprechen kommen, stellen wir als weiteres zentrales Merkmal dieses Ansatzes dar, dass die Lernenden zum einen integriertes Wissen erwerben, das sie befähigt, eigenständig zu handeln, zugleich lernen sie jedoch auch – zusätzlich – den Anwendungskontext dieses Wissen kennen und über diesen Weg die sozial geprägte und prägende Kultur des Arbeits- und Handlungsumfelds des Experten. Wie wichtig dieser Aspekt ist, zeigt das nachfolgende Zitat von Collins, Brown und Newman (1989, S. 488): „A culture of practice helps situate and support learning in several ways. First, a culture focused on expert practice provides learners with readily available models of expert-in-use; (...) the availability of such models helps learners to build and refine a conceptual model of the task they are trying to carry out. However, a learning environment in which experts simply solve problems and carry out tasks, and learners simply watch, is inadequate to provide effective models for learning, particularly in cognitive domains where many of the relevant processes and inferences are tacit and hidden. Thus, if expert modeling is to be effective in helping students internalize useful conceptual models, experts must be able to identify and represent to students the cognitive processes they engage in as they solve problems. Drawing students into a culture of expert practice in cognitive domains involves teaching them how to ‚think like experts'.“

Daraus ergibt sich zwingend, dass Lernen zu unterrichten und die Weiterentwicklung dieser Kompetenz „nicht einfach durch Beobachten und Nachmachen, d.h. durch ein Übernehmen der vom Lehrmeister oder Meisterlehrer erfolgreich praktizierten Handlungsmuster gelernt werden kann. Das Artikulieren und Reflektieren als ein präzises In-Worte-Fassen dessen, was man denkt und tut und als ein Beziehungen herstellendes Nachdenken über dieses Tun sind zentrale Komponenten dieses anspruchsvollen Lernprozesses“ (Schüpbach 2005, S. 59).

Denselben Gedanken drücken Messner und Reusser (2000, S. 286) wie folgt aus: „Das Nachdenken und Sprechen über die eigene berufliche Tätigkeit gilt in der neueren Diskussion (...) als Schlüssel des professionellen Lernens und der beruflichen Entwicklung.“

Dies bedeutet auch, dass ein Experte, um wirklich ein Experte im oben genannten Sinne zu sein, nicht nur wissen muss, was er wie tut und warum er es so tut, sondern dass er dies einem Novizen auch nachvollziehbar einsichtig und verständlich machen können muss. Dies erfordert in aller Regel eines spezifischen und zusätzlichen Trainings wie wir in Kapitel 3.5.2 zeigen werden.

Abschließend skizzieren wir kurz die bereits erwähnten sechs Stufen von Cognitive Apprenticeship. Aufs knappste zusammengefasst sollen Lernende durch Cognitive Apprenticeship kognitives und metakognitives Wissen und Können erwerben und in ihre entsprechenden, bereits bestehenden Wissens- und Handlungskompetenzen integrieren. Die Komponenten ‚Modeling', ‚Coaching' und ‚Scaffolding', die den Kern des Ansatzes ausmachen, zielen auf Kognition und Metakognition im engen Sinne ab. Die Komponenten ‚Articulation' und ‚Reflection' lassen den Lernenden darüber hinaus die Problemlösestrategien des Experten erkennen und machen ihm seine eigenen Problemlösestrategien bewusst. Die Komponente ‚Exploration' schließlich veranlasst den Lernenden, Probleme selbst zu definieren und eigenständig zu lösen und nicht „bloß“ die Problemlöse-Muster des Experten zu übernehmen.

Modeling: Der Experte zeigt in dieser ersten Phase durch Demonstration mo-
dellhaft vor, wie er an die vorliegende Aufgabe oder das zu lösende Problem he-
rangeht und wie er die Aufgabe oder das Problem bearbeitet. Normalerweise innerlich ablaufende kognitive Prozesse, besonders die heuristischen und kon-
trollierenden Prozesse (im Sinne von Monitoring), bei denen es auf vorhandenes
begriffliches und prozedurales Wissen ankommt, werden den Lernenden durch lau-
tes und erläuterndes Denken zugänglich gemacht.

Coaching: Der Experte beobachtet den Lernenden bei seinem Handeln und unterstützt ihn gezielt durch Anregungen, Hinweise und Rückmeldungen. Zusätzlich
konfrontiert er ihn mit seinem eigenen (bisherigen) Handeln und lenkt seine Aufmerksamkeit auf wichtige, bisher unter Umständen nicht beachtete Aspekte.

Scaffolding mit anschließendem allmählichen Fading: Unter Beurteilung der
beim Lernenden vorhandenen Voraussetzungen (Diagnose seines ‚Lernstandes'),
einschließlich vorhandene Lern-Schwierigkeiten, und mit Blick auf das zu errei-
chende Ziel unterstützt der Experte den Lernenden in einer ihm angemessenen
Form und in einem ihm entsprechenden Ausmaß. Indem der Experte Vorschläge
macht, Hilfe anbietet oder sogar selbst eingreift und mit dem Lernenden kooperiert,
stellt er gleichsam ein „Gerüst" (engl. Scaffold) zur Verfügung. Mehr und mehr
gewinnt der Lernende die Kompetenz und das Vertrauen, selbständig zu handeln.
Entsprechend nimmt der Experte seine Unterstützung sukzessive zurück und blen-
det diese immer mehr aus (Fading).

Articulation: Der Lernende fasst wiederholt und auf verschiedene Weise seine
Denkprozesse und Problemlösestrategien und das von ihm eingesetzte Wissen in
Worte. Damit wird dem Umstand Rechnung getragen, dass die wesentlichen Prozesse des Lernens und seiner Steuerung (Monitoring) innerlich ablaufen und es
deshalb der Versprachlichung bedarf, um einerseits über sie zu kommunizieren und
andererseits – und fast noch wichtiger – sie sich selber bewusst zu machen.

Reflexion: Das Vorgehen und die ihm zugrunde liegenden Überlegungen diskutiert der Lernende mit dem Experten und vergleicht seine Vorstellungen mit den
Vorgehensweisen und wegleitenden Überlegungen des Experten und/oder von anderen Lernenden. Hilfreich dabei sind Videoaufzeichnungen, die es erlauben, das
eigene Handeln nachträglich anzuschauen und dazu die Überlegungen, die zu ihm
geführt haben, zu formulieren.

Exploration: Der Lernende ist weitgehend oder sogar ganz auf sich selbst gestellt und löst die vorgegebene Aufgabe oder das sich stellende Problem nicht nur,
indem er die Muster des Experten übernimmt, sondern indem er die Aufgabe oder
das Problem selber definiert und ein eigenes Vorgehen erarbeitet. Dies bedingt,
dass der Lernende zuvor gelernte Lern- und Problemlösestrategien nutzen kann.
Letztlich soll der Lernende sich für die sich ihm stellenden Herausforderungen inte-

ressieren und sie auf der Grundlage des von ihm erarbeiteten Wissens und Könnens selbständig bewältigen.

2.4.2 Aufbau von „Wissen für die Praxis" – Wissen als Verstehen des Handelns durch Content-Focused Coaching oder fachspezifisch-pädagogisches Coaching

Für die in unserer Untersuchung unter der Fragestellung II durchgeführte Intervention relevant war die Konzeption „Wissen für die Praxis" – Wissen als Verstehen des Handelns. Wie beschrieben wird mit der Konzeption „Wissen für die Praxis" versucht, die einander gegenüber stehenden Konzeptionen „Wissen über die Praxis" und „Wissen in der Praxis" miteinander zu verbinden. Um dies zu ermöglichen, bedürfte es einer konzeptuell durchdachten Verbindung von berufstheoretischer und berufspraktischer Ausbildung. Für die Ausrichtung unseres Forschungsprojektes auf die Förderung von adaptiver Lehrkompetenz bei Lehrpersonen, die bereits – mehr oder weniger lang – im Beruf stehen und täglich unterrichten, war auch ausschlaggebend, für und während der Intervention einen zweiten Gesichtspunkt zu berücksichtigen, jenen der Adaptivität. Da anzunehmen war, dass die Lehrpersonen der Experimentalgruppe über ziemlich unterschiedliche Voraussetzungen in Bezug auf die zu fördernde Kompetenz verfügen, sollte die Intervention innerhalb der bestehenden Rahmenbedingungen möglichst adaptiv auf die jeweilige Lehrperson bezogen gestaltet werden. Zudem sollte sie auch konkret auf aktuellen Unterricht bzw. seine Vorbereitung bezogen erfolgen. Auch diesbezüglich musste das Interventionsverfahren hohe Adaptivität erlauben.

Grundsätzlich kamen für die genannten Zwecke verschiedene Ansätze in Frage, nämlich:
– Supervision,
– „großes und kleines Sandwich" nach Wahl (2000),
– „Standardbasiertes und handlungsbezogenes Mentoring" nach Niggli (2003) und
– Content-Focused Coaching bzw. fachspezifisch-pädagogisches Coaching nach Staub (2001) bzw. West und Staub (2003).

Supervision: Die aus der nordamerikanischen Sozialarbeit stammende Supervision umfasst „eine zeitlich begrenzte fachliche Auseinandersetzung über die praktische Arbeit im Sinne reflektierender Auseinandersetzung (Pallasch, 1992, S. 10), wobei sich Supervisor und Supervisand als gleichwertige und gleichberechtigte Partner verstehen. Es geht nicht um „Überwachung einer Tätigkeit durch Vorgesetzte" – wie das Wort Supervision nahe legen könnte – sondern „um ein Sich-Übersicht-Verschaffen über die eigene Tätigkeit mit Hilfe eines Experten (Einzelsupervision) und/oder im Kreis von gleichen (Peer-Supervision) (Rolff, Buhren & Lindau-Bank, 1999, S. 237). „Unter pädagogischer oder unterrichtlicher Supervision verstehen wir die vorurteilsfreie und wert-offene Reflexion über das berufliche Tun auf der Basis symmetrischer Kommunikation. Wir verstehen Supervision als eine berufsbegleitende Arbeitsform, in der bereits Ausgebildeten der Raum und die Möglichkeit geschaffen wird, über das berufliche Tun mit einem fachlichen Experten zu reflektieren" (Pallasch, 1992, S. 202).

Ziel ist „a) das berufliche Wissen zu erweitern, b) das methodisch-didaktische Können zu verbessern und c) pädagogische und persönliche Zielvorstellungen, Perspektiven, Einstellungen, Haltungen, Verhaltensweisen und Verhaltensmuster zu korrigieren. Neben fachlichen Aspekten werden auch persönlichkeitsspezifische Fragen bzw. Probleme einbezogen, wenn sie direkt oder indirekt die berufliche Arbeit beeinflussen oder beeinträchtigen" (Pallasch, Reimers et al., 1993, S. 21).

Entsprechend wird zwischen (1) der methodisch-didaktischen Ebene (der Unterricht, das unterrichtliche Handeln der Lehrperson), (2) der ziel- und berufsspezifischen Ebene und (3) der persönlichkeitsorientierten Ebene unterschieden. Obwohl der ‚unmittelbare Praxisbezug' betont und die ‚konkrete unterrichtliche Praxis' in die Supervision einbezogen werden, sind „Unterricht und Supervision zwei zeitlich voneinander getrennt ablaufende Ereignisse, die miteinander in Einklang gebracht werden müssen" (Pallasch, Reimers et al., 1993, S. 23). Dabei besteht das langfristig angelegte Ziel darin, eine Praxisberatung zu implementieren, „die den Lehrern Raum und die Möglichkeit schafft, wieder mit sich selbst in Kontakt zu treten" (Pallasch, 1992, S. 212).

„*Großes und kleines Sandwich*": Ausgehend vom Eindruck des ‚weiten Weges zwischen Wissen und Handeln' (Wahl, 1991a) und der ‚Kluft zwischen Wissen und Handeln' (Mandl & Gerstenmeier, 2000), wonach das in der Aus- und Weiterbildung von Lehrpersonen erworbene Wissen sich selten in beobachtbares Handeln umsetzt, entwickelte Wahl (1991b; 2000; 2001) auf der Suche nach nachhaltig wirksamen Wegen vom Wissen zum Handeln das Konzept des „großen und des kleinen Sandwiches". Mit diesem Konzept ging er das Problem an, dass die handlungssteuernden Strukturen von Lehrpersonen zwar „eine sichere Orientierung im beruflichen Handlungsfeld erlauben", sich aber „als ganz ausserordentlich stabil", d.h. veränderungsresistent erweisen, weshalb Lehrpersonen wider besseres Wissen so handeln wie ehedem: „Versäumt man es, in Ausbildung, Fortbildung und Weiterbildung Sorge dafür zu tragen, dass im Bereich dieser impliziten Handlungsstrukturen Veränderungen stattfinden, dann kommt es zu diesem eigenartigen, uns alle deprimierenden Effekt, dass trotz aufwändiger Kurs- und Seminararbeit die Lehrpersonen zwar kognitiv bereichert und emotional wohlgestimmt die Maßnahme verlassen, ihr Handeln aber nach wie vor in den gleichen Bahnen verläuft" (Wahl, 2001, S. 160).

Mit dem Konzept des „großen und des kleinen Sandwiches" versucht Wahl vermitteltes theoretisches Wissen mit gezielten Maßnahmen zu persönlichen Einsichten zu transformieren und mit den „individuellen und einzigartigen, fein gerasterten Situations- und Reaktionsprototypen" (Wahl, 2001, S. 160) in Verbindung zu bringen. Genau diese sollten durch diesen individuell verlaufenden Lernprozess verändert werden. Dieser mehrteilige Lernprozess umfasst die drei Schritte (vgl. Wahl, 2001, S. 157-174):

(1) handlungsleitende subjektive Theorien durch vielfältige Formen des Bewusstmachens, des Problematisierens und der Konfrontation bearbeitbar machen,

(2) Verändern handlungsleitender subjektiver Theorien, indem Expertenwissen hinzugefügt wird und neue Problemlösungen entwickelt werden,

(3) Überführung neuer Handlungsalternativen in die implizite Handlungssteuerung, indem das theoretische Wissen auf konkrete Situationen bezogen und in neue handlungsleitende Strukturen implementiert wird.

„Kleines Sandwich" bezeichnet das von Experten geleitete Vermitteln von Theoriewissen, während unter „großem Sandwich" die von Tandems und Kleingruppen ausgeführten flankierenden Transferphasen zu verstehen sind. Auf diese Weise werden (1) die handlungsleitenden Strukturen in Bewusstmachungsprozessen bearbeitbar gemacht, (2) neue Handlungsalternativen auf der Basis von wissenschaftlichem Wissen entwickelt und (3) diese Alternativen in neue handlungsleitende Strukturen übergeführt. (1), (2) und (3) werden von Wahl mit der Kurzformel (1) Außer Kraft-Setzen, (2) (Um-)Lernen und (3) Verdichten zusammengefasst (Wahl, 1991b, S. 74).

„Standardbasiertes und handlungsbezogenes Mentoring": In dem von Niggli (2001; 2003) ausgearbeiteten Mentoring-Modell für die Lehrerbildung wird Mentoring als Begleitung der Studierenden als unverzichtbar angesehen, wobei gemeinsam und explizit formulierte Standards die Basis für das Mentoring bilden. Das Modell will zum einen der „strukturellen Offenheit des pädagogischen Handelns Rechnung tragen", zum anderen die Möglichkeit eröffnen, „theoretisches Wissen in eine Problemsituation einzubinden" (Niggli, 2003, S. 9). (1) Fokussiert wird zunächst auf einer ersten Ebene die beobachtbare Unterrichtstätigkeit, zu der in einem Feedback-Gespräch, das sich an explizit definierten Standards orientiert, Rückmeldungen erfolgen. (2) Auf einer nächsten Ebene wird durch ein ‚reflexives Praxisgespräch' mit Hilfe von Elementen der ‚Beschreibung, Analyse und Synthese' das Hintergrundwissen geklärt und differenziert. Referenzpunkt sind dabei die verschiedenen Arten und Formen von Wissen, die insgesamt ein individuelles Konglomerat von theoretisch und praktischen Hintergrundtheorien bilden (Niggli,

2003, S. 9-11). (3) Auf der dritten Ebene wird in einem Coaching-Gespräch das berufliche Selbstverständnis thematisiert. In dieser Phase werden die Lernenden mit Hilfe eines persönlichen Coachs und Mentors zum Gegenstand der Selbstwahrnehmung. Die Gespräche auf den drei Ebenen sind eingebettet in ein ethisches Balancekonzept zwischen Fürsorge – Wahrhaftigkeit – Gerechtigkeit: „Die Herausforderung (für die Lehrerbildung) wird darin zu sehen sein, auf den drei vorgeschlagenen Wegen Unterstützung bei der Bewältigung kognitiver Verunsicherung einerseits zu gewähren, andererseits kognitives Ungleichgewicht aber auch auszulösen. Das angemessene Pendeln zwischen diesen Polen könnte letzten Endes eine Kunst sein, welche hohe diagnostische Sensibilität voraussetzt. Es ist eingebettet in ein Coaching, das ein Bemühen unterstützt, welches der Selbstentwicklung Gestalt geben soll. Feedback annehmen, reflektieren, sich beruflich entwickeln zu müssen, stellt für Lernende immer auch eine Zumutung dar, nämlich die Zumutung, ‚die Welt, meine Tätigkeit und mich selber anders zu sehen und zu deuten als ich es gerne möchte'. (...) Mentoren begleiten die Lernenden dabei als kritische Freunde" (Niggli, 2001, S. 249).

Content-Focused Coaching bzw. fachspezifisch-pädagogisches Coaching: Unserer Auffassung nach enthält der Ansatz des fachspezifisch-pädagogischen Coachings (Content-Focused Coaching, West & Staub, 2003; Staub, 2001) wesentliche Elemente der oben dargestellten Ansätze und verbindet diese zu einem Ganzen. Der Ansatz zeichnet sich durch drei zentrale Aspekte aus: (a) die Fokussierung auf die Lernprozesse der Lernenden im Unterricht, (b) die Mitverantwortung und Mitgestaltungsmöglichkeit des Coachs bei der Vorbereitung und Durchführung von Unterricht und (c) die Ausrichtung auf die jeweiligen spezifischen fachlichen und fachdidaktischen Inhalte des betreffenden Unterrichts. Aus diesen Gründen haben wir Fritz Staub, als einer der beiden Autoren des Content-Focused Coachings als Form der durchzuführenden Intervention zur Förderung von adaptiver Lehrkompetenz gewählt.

Der Ansatz entspricht in zentraler Weise der oben dargestellten Konzeption „Wissen für die Praxis" und enthält zudem in hohem Maß Potenzial für Adaptivität, d.h. die Anpassung des fachspezifisch-pädagogischen Coachings an die Voraussetzungen und Entwicklungspotenziale der jeweiligen Lehrperson der Experimentalgruppe – und dies jeweils bezogen auf die mit dem Unterricht bei den Schülerinnen und Schülern auszulösenden (Unterrichtsplanung) oder ausgelösten (Unterrichtsreflexion) Lernprozesse, die betreffenden fachlichen und fachdidaktischen Inhalte sowie die Mitgestaltungsmöglichkeit und Mitverantwortung des Coachs bei der Vorbereitung, Durchführung und Reflexion des Unterrichts. Besonders wichtig bei diesem Ansatz ist, dass das individuell ausgerichtete Coaching einer Lehrperson mittels aktiver Teilnahme und Mithilfe des Coachs sich einerseits auf die konkreten Unterrichtstätigkeiten vor, während und nach der Lektion bezieht und dass andererseits die spezifischen fachlichen und fachdidaktischen Inhalte fokussiert werden. Form und Inhalt verbinden sich damit zu einem Ganzen. Zudem spricht der Coach nicht nur mit der Lehrperson über ihren Unterricht, sondern ist direkt im Unterricht beteiligt und hilft der Lehrperson auf diese konkrete und handlungswirksames Wissen und Können generierende Weise, ihren Unterricht und ihr Wissen über unterrichtliches Handeln zu entwickeln bzw. weiter zu entwickeln. Entsprechend der Konzeption „Wissen für die Praxis" bestand die Intervention zudem sowohl aus der Vermittlung von Theorien, Modellen und Begriffen als auch aus ihrer Verwendung zur theoretischen Erhellung von unterrichtlicher Praxis und zur Handlungsanleitung bei der Vorbereitung und Durchführung von Unterricht. Indem der Coach auch an der Unterrichtsvorbereitung und -durchführung beteiligt ist, findet das Coaching vor allem vor und während des Unterrichtens statt und nicht – wie in der Lehrerbildung bisher die Regel – nach dem Unterricht und somit auf eine unterrichtliche Situation bezogen, die genau so, wie sie war und anschließend besprochen wird, nie wieder stattfinden wird.

3 Ziele und Hypothesen

3.1 Ziel der Studie

Wie in Kapitel 2 ausgeführt, verstehen wir unter adaptiver Lehrkompetenz die situations- und individuumsspezifische Kompetenz einer Lehrperson, ihren Unterricht unter Beachtung der jeweiligen Lehrziele den individuellen Fähigkeiten der Lernenden anzupassen, so dass möglichst optimale Lernbedingungen für möglichst alle Lernenden geschaffen werden.

Das Forschungsprojekt zielt auf folgende Erkenntnisse:
– Beschreibung der adaptiven Lehrkompetenz von Lehrerinnen und Lehrern im naturwissenschaftlichen Unterricht
– Konstruktion und Evaluation von Messinstrumenten zur Erfassung von adaptiver Lehrkompetenz im naturwissenschaftlichen Unterricht
– Intervention zur Förderung adaptiver Lehrkompetenz durch ein fachspezifisch-pädagogisches Coaching
– Erfassung der Wirkung des fachspezifisch-pädagogischen Coachings auf die adaptive Lehrkompetenz der Lehrpersonen
– Erfassung der Wirkung der adaptiven Lehrkompetenz auf die Verstehensleistungen der Schülerinnen und Schüler

Diese Ziele wurden in zwei Fragestellungen (I und II) in einem quasi-experimentellen Forschungsdesign unter Feldbedingungen überprüft. Das Setting der beiden Fragestellungen wurde in einer quasi-experimentellen Feldstudie integriert und mit denselben Probanden durchgeführt:

Fragestellung I: Analyse der Struktur und Wirkung adaptiver Lehrkompetenz

Fragestellung II: Überprüfung der Veränderbarkeit der adaptiven Lehrkompetenz durch die Intervention und deren Wirkung auf die Leistungen der Schülerinnen und Schüler

3.2 Hypothesen

3.2.1 Fragestellung I: Analyse der Struktur und Wirkung adaptiver Lehrkompetenz

Die Fragestellung I zielt auf die Klärung des Konstrukts ‚adaptive Lehrkompetenz' durch die Überprüfung folgender Hypothesen:

Hypothesen

A *Die Klassen, welche von Lehrpersonen mit hoher adaptiver Lehrkompetenz unterrichtet werden, haben einen höheren Lernerfolg als die Klassen von Lehrpersonen mit niedriger adaptiver Lehrkompetenz.*

B *Lehrpersonen mit hoher adaptiver Lehrkompetenz erreichen mit leistungsheterogenen Klassen größere Lernfortschritte als Lehrpersonen mit geringer adaptiver Lehrkompetenz.*

C *Die Dimensionen Sachkompetenz, didaktische Kompetenz, diagnostische Kompetenz und Klassenführungskompetenz korrelieren mehrheitlich positiv.*

Systematisch lassen sich die Hypothesen zu C wie folgt darstellen:

	Sach- kompetenz	Didaktische Kompetenz	Diagnost. Kompetenz	Klassen- führungs- kompetenz
Sachkompetenz	---	C2	C1	---
Didaktische Kompetenz		---	C3	C5
Diagnostische Kompetenz			---	C4
Klassenführungs- kompetenz				---

Zwischen Sachkompetenz und Klassenführungskompetenz wird kein Zusammenhang erwartet. Von den sechs möglichen Korrelationen werden also fünf explizit formuliert (C1–C5):

C1 *Die Dimensionen Sachkompetenz und diagnostische Kompetenz korrelieren miteinander.*

C2 *Die Dimensionen Sachkompetenz und didaktische Kompetenz korrelieren miteinander.*

C3 *Die Dimensionen didaktische und diagnostische Kompetenz korrelieren miteinander.*

C4 *Die Dimensionen didaktische Kompetenz und Klassenführungskompetenz korrelieren miteinander.*

C5 *Die Dimensionen diagnostische Kompetenz und Klassenführungskompetenz korrelieren miteinander.*

D *Die adaptive Planungskompetenz der Lehrpersonen korreliert mit ihrer adaptiven Handlungskompetenz.*

E *Lehrpersonen mit hoher adaptiver Lehrkompetenz haben ein stärker konstruktivistisches Lehr-Lernverständnis als Lehrpersonen mit niedriger adaptiver Lehrkompetenz sowie einen positiven Umgang mit Fehlern der Schülerinnen und Schüler.*

F *Schülerinnen und Schüler, die von einer Lehrperson mit hoher adaptiver Lehrkompetenz unterrichtet werden, schätzen die Leistungsanforderungen als angepasster ein als Schülerinnen und Schüler einer Lehrperson mit niedrigerer adaptiver Lehrkompetenz.*

G *Lehrpersonen mit hoher adaptiver Lehrkompetenz unterscheiden sich von Lehrpersonen mit niedriger adaptiver Lehrkompetenz insofern, als ihre Schülerinnen und Schüler eine positivere Selbsteinschätzung des selbstregulierten Lernens zeigen.*

H *Erfahrene Lehrpersonen haben eine höhere adaptive Lehrkompetenz als Junglehrpersonen.*

I *Lehrpersonen der Primarstufe und Lehrpersonen der Oberstufe unterscheiden sich nicht in der adaptiven Lehrkompetenz.*

J *Lehrerinnen und Lehrer unterscheiden sich nicht in der adaptiven Lehrkompetenz.*

Methoden

Die Hypothesen werden durch verschiedene Erhebungsmethoden bei den Lehrpersonen und den Schülerinnen und Schülern überprüft. Die Erhebungsinstrumente wurden teilweise selber konstruiert (z.B. Vignette, Videotest, Tests ‚Keimung von Samen'), teilweise von bestehenden Instrumenten angepasst. Folgende Methoden wurden zur Erhebung der Fragestellung I eingesetzt:

Tabelle 2: Überblick über die Methoden und die Erhebungsziele zur Analyse der Struktur und Wirkung adaptiver Lehrkompetenz

Lehrpersonen	Fragebogen	Angaben zur Person und zur Klasse, Diagnose-fähigkeiten (Leistungsstand, Interesse und Über-/Unterforderung der Schüler/-innen), Einstellung zum Lernen, Umgang mit Fehlern, Beurteilung von Konfliktsituationen, Unterrichtsklima, Unterrichts-formen
	Vignette	Beurteilung von Planungssituationen
	Videotest	Beurteilung von Handlungssituationen
	Test ‚Keimung von Samen'	Wissensstand zum Bereich ‚Keimung von Samen'
Schüler / Schülerinnen	Fragebogen	Familiäre Herkunft, selbstreguliertes Lernen (fach-spezifische Interessen, Lernstrategien, Selbstkon-zept), Wahrnehmung des Unterrichts (Unterrichts-formen, Fehlerkultur, Klassenklima)
	Test in Natur-wissenschaften	Naturwissenschaftliche Grundbildung
	Vor- und Nach-test ‚Keimung von Samen'	Leistungszuwachs im Bereich ‚Keimung von Sa-men' auf Grund der Unterrichtsreihe

3.2.2 Fragestellung II: Veränderbarkeit der adaptiven Lehrkompetenz durch die Intervention und deren Wirkung auf die Leistungen der Schülerinnen und Schüler

Die Hypothesen zur Fragestellung II zielen auf die Überprüfung der Wirkung des fachspezifisch-pädagogischen Coachings. Dabei geht es um die Veränderbarkeit des Verhaltens der Lehrpersonen und des Lernens der Schülerinnen und Schüler.

Hypothesen

K *Die Lehrpersonen der Interventionsgruppe (Primar- und Oberstufenlehrperso-nen) entwickeln ihre adaptive Lehrkompetenz stärker als diejenigen der Kon-trollgruppe.*

L *Die Schülerinnen und Schüler der Interventionsgruppe zeigen nach der Inter-vention im Leistungstest Naturwissenschaften einen größeren Leistungszuwachs als diejenigen der Kontrollgruppe.*

Methoden

Die Hypothesen der Fragestellung II wurden durch verschiedene Erhebungsmethoden bei den Lehrpersonen und den Schülerinnen und Schülern der Experimental- und der Kontrollgruppe überprüft. Folgende Methoden wurden eingesetzt:

Tabelle 3: Überblick über die Methoden und die Erhebungsziele zur Überprüfung der Veränderbarkeit adaptiver Lehrkompetenz

Lehrpersonen	Fragebogen	Diagnosefähigkeiten (Leistungsstand, Interesse und Über-/Unterforderung der Schüler/-innen), Einstellung zum Lernen, Umgang mit Fehlern, Beurteilung von Konfliktsituationen, Unterrichtsklima, Unterrichtsformen, Weiterbildungskurse
	Vignette	Beurteilung von Planungssituationen
	Videotest	Beurteilung von Handlungssituationen
Schüler / Schülerinnen	Fragebogen	Selbstreguliertes Lernen (fachspezifische Interessen, Lernstrategien, Selbstkonzept), Wahrnehmung des Unterrichts (Unterrichtsformen, Fehlerkultur, Klassenklima)
	Test in Naturwissenschaften	Naturwissenschaftliche Grundbildung

4 Anlage

4.1 Forschungsdesign

In einem Vorprojekt wurde im Rahmen einer Fallstudie das Konstrukt ‚adaptive Lehrkompetenz' konkretisiert und die Erhebungsinstrumente zur Erfassung des Konstrukts entwickelt und evaluiert.

Um die beiden Fragestellungen ‚Analyse der Struktur und Wirkung adaptiver Lehrkompetenz' (Fragestellung I) und ‚Veränderbarkeit der adaptiven Lehrkompetenz durch die Intervention und deren Wirkung auf die Leistungen der Schülerinnen und Schüler' (Fragestellung II) beantworten und die daraus abgeleiteten Hypothesen überprüfen zu können, wurde das folgende Forschungsdesign entwickelt.

Tabelle 4: Überblick über das Forschungsdesign

	Interventionsgruppe (32 Klassen)	Kontrollgruppe (18 Klassen)
2 Monate	Vortests	
	Videotest, Vignettentest, Fragebogen für Lehrpersonen, Fragebogen für Schülerinnen und Schüler, Leistungstest in Naturwissenschaften	
7 Monate	Intervention	Individuelle Weiterbildung
	Kurs ‚Adaptive Lehrkompetenz' (2 Tage) und fachspezifisch-pädagogisches Coaching (9 Termine à je ca. 3 Stunden)	
2 Monate	Nachtests	
	Unterrichtsreihe mit vorgegebenen Lernzielen (zum Thema ‚Keimung von Samen') mit Messung des Leistungszuwachses bei den Schülerinnen und Schülern sowie des Fachwissens und der Diagnosekompetenz bei den Lehrpersonen	
1 Monat	Videotest, Vignettentest, Fragebogen für Lehrpersonen, Fragebogen für Schülerinnen und Schüler, Leistungstest in Naturwissenschaften	

Anmerkungen: 27 Lehrpersonen unterrichten auf der Primarstufe (4. und 5. Klassenstufe); 23 Lehrpersonen auf der Sekundarstufe I (7. und 8. Klassenstufe). Eine Lehrperson der Kontrollgruppe hat nur die Vortests durchgeführt.

Der Versuchsplan sieht also allgemein wie folgt aus:

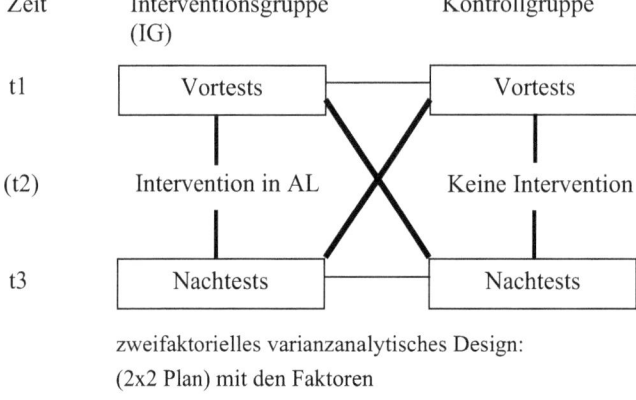

zweifaktorielles varianzanalytisches Design:
(2x2 Plan) mit den Faktoren
„Gruppe" und „Messzeitpunkt"
Vergleiche Haupteffekte IV-KG (—)
Vergleiche Haupteffekte Vortests – Nachtests (▬)
Überblick über die Wechselwirkungen (**X**)

Abbildung 5: Varianzanalytischer Versuchsplan

Durchführung der Unterrichtsreihe: Das Thema für die Unterrichtsreihe wurde aus dem Fachbereich Naturwissenschaften ausgesucht. Die Wahl fiel auf das Thema ‚Keimung und Entwicklung von Samen', da dies für die Primarstufe wie für die Oberstufe lehrplankompatibel ist und zum Zeitpunkt der Durchführung (Frühjahr) gut passte. Die Lehrpersonen mussten sich verpflichten, das Thema vorher nicht zu behandeln.

Auf Grund der Erfahrungen in der Fallstudie (vgl. Zwischenbericht) wurden in der Durchführung einige Anpassungen gemacht. Für die Durchführung der Unterrichtsreihe wurden drei (für die Primarstufe) bzw. sechs (für die Oberstufe) stufengerechte Lernziele vorgegeben, die mit der eigenen Klasse in vier Doppellektionen erreicht werden sollten. Die didaktische Umsetzung dieser Lernziele war den einzelnen Lehrpersonen überlassen worden.

4.2 Auswahl und Zusammensetzung der Lehrpersonen und der Klassen der Experimental- und Kontrollgruppe

Auf Grund von öffentlichen Ausschreibungen in den amtlichen Schulblättern in den Kantonen der Ostschweiz wurden interessierte Lehrpersonen zu einer Informationsveranstaltung über die Ziele, das Design, die Rahmenbedingungen und den Auftrag für die teilnehmenden Lehrpersonen eingeladen. Ziel war die Rekrutierung von insgesamt 50 Lehrpersonen mit ihren Schülerinnen und Schülern, davon 32 Lehrpersonen für die Experimental- und 18 Lehrpersonen für die Kontrollgruppe. Die Experimental- und die Kontrollgruppe sollten je zur Hälfte wie folgt zusammengesetzt werden:

– Frauen und Männer,

– Primarlehrpersonen (4./5. Schuljahr) und Oberstufenlehrpersonen (7./8. Schuljahr) und

– Junglehrpersonen (2.–5. Dienstjahr) und erfahrene Lehrpersonen (ab 10. Dienstjahr)

Alle Lehrpersonen mussten den Fachbereich „Naturwissenschaft", gemäß St. Galler Lehrplan ‚Mensch und Umwelt' bzw. ‚Natur und Technik' während den nächsten zwei Jahren unterrichten. Gleichzeitig wurde über das halbjährige fachspezifisch-pädagogische Coaching und dessen Setting informiert. Nach der Veranstaltung haben 40 Lehrpersonen ihr Interesse an der Mitarbeit im Projekt angemeldet. Die Zuteilung zur Experimentalgruppe bzw. zur Kontrollgruppe erfolgte auf Grund der Variablen Geschlecht, Schulstufe, Dienstalter, Schulort und besonders der zeitlichen Verfügbarkeit für die Intervention (Tabelle 4). Eine randomisierte Zuteilung der Lehrpersonen zur Experimental- bzw. Kontrollgruppe war auf Grund der zahlreichen Feldvariablen nicht möglich. Die zehn fehlenden Lehrpersonen für die Kontrollgruppe wurden durch individuelle Anfragen rekrutiert.

Tabelle 4: Stichprobe der Experimental- und Kontrollgruppen-Lehrpersonen nach Stufe, Geschlecht und Dienstalter

| | | Junglehrperson | | erfahrene Lehrperson | | |
		♀	♂	♀	♂	Total
Experimental-gruppe	Primarstufe	2	2	6	6	16
	Sekundarstufe	2	4	3	7	16
Kontroll-gruppe	Primarstufe	3	1	2	5	11
	Sekundarstufe	1	0	0	6	7
Total		8	7	11	24	50

Insgesamt nahmen 976 Schülerinnen und Schüler an der Interventionsstudie teil. 623 werden von Lehrpersonen der Experimentalgruppe unterrichtet, 353 von Lehrpersonen der Kontrollgruppe (Tabelle 5).

Tabelle 5: Stichprobe der Schülerinnen und Schüler der Experimental- und Kontrollgruppe nach Stufe und Geschlecht

		Schülerinnen und Schüler		
		♀	♂	Total
Experimental-gruppe	Primarstufe	154	149	303
	Sekundarstufe	163	157	320
Total Experimentalgruppe		317	306	623
Kontrollgruppe	Primarstufe	99	105	204
	Sekundarstufe	66	83	149
Total Kontrollgruppe		165	188	353
Total		482	494	976

4.3 Vergleichbarkeit der Stichproben der Schülerinnen und Schüler

Da bekannt ist, dass die Leistung von Schülerinnen und Schülern durch Merkmale wie Sprach- und Migrationshintergrund oder die soziale Herkunft der Familie beeinflusst wird, wurde geprüft, ob diesbezüglich Unterschiede zwischen der Interventions- und Kontrollgruppe bestehen.

In Bezug auf den Sprach- und Migrationshintergrund konnte zwischen den Schülerinnen und Schülern der Interventions- und der Kontrollgruppe kein signifikanter Unterschied festgestellt werden (Tabelle 6).

Tabelle 6: Sprach- und Migrationshintergrund der Schülerinnen und Schüler der Interventions- und der Kontrollgruppe.

	sprachlicher Hintergrund			
	deutsch	fremdsprachig		Total
		in der CH geboren	im Ausland geboren	
Interventions-gruppe	479	50	66	595
	81 %	8 %	11 %	100 %
Kontrollgruppe	259	25	42	326
	79 %	8 %	13 %	100 %
Total	738	75	108	921
	80 %	8 %	12 %	100 %

In der Stichprobe der Primarstufe befinden sich – im Vergleich zur Oberstufe – signifikant weniger fremdsprachige Schülerinnen und Schüler, die in der Schweiz geboren sind (1. Generation) (Pearson Chi2 = 13.81; df = 2; p = .001; Tabelle 7).

Tabelle 7: Sprach- und Migrationshintergrund der Schülerinnen und -schüler der Primar- und Oberstufe.

	sprachlicher Hintergrund			
	deutsch	fremdsprachig		Total
		in der CH geboren	im Ausland geboren	
Primarstufe	401	24	54	479
	84 %	5 %	11 %	100 %
Oberstufe	337	51	54	442
	76 %	12 %	12 %	100 %
Total	738	75	108	921
	80 %	8 %	12 %	100 %

Die soziale Herkunft der Schülerinnen und Schüler wurde über das Ausbildungsniveau der Eltern und die Anzahl der Bücher zu Hause bestimmt. Bezüglich der sozialen Herkunft zeigen sich weder zwischen den Schülerinnen und Schülern der Interventions- und der Kontrollgruppe noch zwischen den Schülerinnen und Schülern der Primar- und Oberstufe signifikante Unterschiede.

4.4 Rahmenbedingungen

Die Erhebungen bei den Lehrpersonen wurden mit Ausnahme des Videotests individuell zu Hause nach Anleitung durchgeführt. Der Videotest wurde als Einzeltest unter Anleitung einer wissenschaftlichen Mitarbeiterin an der Forschungsstelle durchgeführt. Die Erhebungen bei den Schülerinnen und Schülern wurden durch die Lehrpersonen während des Unterrichts vorgenommen. Um eine standardisierte Durchführung zu gewährleisten, erhielten die Lehrpersonen genaue Anleitungen. Das fachspezifisch-pädagogische Coaching fand im Rahmen des normalen Fachunterrichts unter Einhaltung der Stundendotation und der Lehrplanvorgaben statt. Die Mitarbeit der Lehrpersonen im Projekt wurde als ordentliche Weiterbildung angerechnet.

4.5 Intervention

Die Intervention beabsichtigte, die adaptive Lehrkompetenz durch zwei Interventionen gezielt zu steigern:

A) Kurs ‚Adaptive Lehrkompetenz' (pädagogisch-psychologisches Grundwissen)

B) Fachspezifisch-pädagogisches Coaching (West & Staub, 2003; Staub, 2001; Staub, 2006)

4.5.1 Teil A: Kurs ‚Adaptive Lehrkompetenz' (pädagogisch-psychologisches Grundwissen)

Im Weiterbildungsseminar (2 Tage) wurden die vier Dimensionen der adaptiven Lehrkompetenz, also die Sachkompetenz, die diagnostische Kompetenz, die didaktische Kompetenz und die Klassenführungskompetenz erklärt:

I   Allgemeine Einführung in das Konzept des adaptiven Unterrichts

II   Dimension Sachkompetenz an Beispielen nach den Perspektiven:

    (a)   kognitiv-konstruktivistisches Lehr-Lernverständnis: Erkenntnisse und Konsequenzen für den Unterricht

    (b)   Bedeutung der Sachkompetenz für die adaptive Lehrkompetenz

    (c)   fachdidaktische Grundprinzipien für den Bereich des naturwissenschaftlichen Unterrichts.

III/IV Dimensionen didaktische Kompetenz und diagnostische Kompetenz unter den Perspektiven:

    (d)   Merkmale guten Unterrichts

    (e)   Methoden zum Auslösen und Unterstützen von Lernprozessen

    (f)   Lernprozesse der Schüler/-innen verstehen und diagnostizieren

V   Dimension Klassenführung.

4.5.2 Teil B: Fachspezifisch-pädagogisches Coaching[1]

Auf welche Bereiche sich das Wissen von Lehrerinnen und Lehrern in der Praxis bezieht, kann nach Shulman (1986) in drei Hauptkategorien unterteilt werden: content knowledge (disziplinär-fachinhaltliches Wissen), pedagogical content knowledge (fachspezifisch-pädagogisches Wissen) und curricular knowledge (curriculares Wissen, Übersetzungen nach Staub, 2001). Fachspezifisch-pädagogisches Wissen wird als Grundlage dafür angesehen, wie Themen im Unterricht dargeboten und an die jeweiligen Voraussetzungen der Lernenden angepasst werden. Die Anpassung des Unterrichts an die Voraussetzungen der Lernenden ist ein wichtiges Thema der adaptiven Lehrkompetenz. Das fachspezifisch-pädagogische Coaching

---

1   An dieser Stelle möchten wir Prof. Dr. Fritz Staub für seine Unterstützung in seinen Funktionen als Kursleiter, Supervisor und Fachcoach herzlich danken.

ist ein Ansatz zur Weiterbildung von Lehrkräften, bei dem an die individuellen Voraussetzungen der Lehrerinnen und Lehrer angeknüpft wird. Dadurch kommt es in seiner zentralen Ausrichtung der adaptiven Lehrkompetenz sehr nahe und ist besonders geeignet als Intervention im Rahmen der Studie zur adaptiven Lehrkompetenz.

Das fachspezifisch-pädagogische Coaching (West & Staub, 2003; Staub, 2001; Staub, 2006) verbindet drei zentrale Aspekte:

a) die Fokussierung auf die Lehr-Lernprozesse im Unterricht,
b) die Mitverantwortung und Mitgestaltung des Coachs bei der Vorbereitung, Durchführung und Auswertung von Unterricht und
c) die Ausrichtung auf die jeweiligen fachspezifischen Inhalte des Unterrichts.

Im Folgenden sollen die Aspekte einzeln beschrieben werden. Bei der Fokussierung auf den Lehr-Lernprozessen stehen folgende Gesichtspunkte im Zentrum.

Klärung der Fachinhalte und Lernziele
Welches sind die Lernziele der Lektion?
Welches sind die zentralen Begriffe?
Sollen bestimmte Denk- und/oder Lernstrategien entwickelt werden?
Welche Fertigkeiten sollen in der Lektion gefördert werden?

Einordnung der Lektion in die Unterrichtseinheit und den Lehrplan
Werden die Begriffe und Fertigkeiten der Lektion noch anderswo behandelt?
Ist die Lektionsgestaltung auf das wichtigste Ziel der Lektion ausgerichtet?
Auf welche Inhalte des Lehrplans wird mit dieser Lektion hingearbeitet?

Diagnose und Antizipation von Vorwissen und Schwierigkeiten von Schüler/-innen
Welche für die Lektion relevanten Begriffe sind mit der Klasse bereits behandelt worden?
Welche Denk- und/oder Lernstrategien werden vorausgesetzt?
An welche Erfahrungen der Schüler/-innen kann angeknüpft werden?
Welche Schwierigkeiten, Unklarheiten oder falschen Begriffe kommen bei den Schülern/innen vor?

Auslösung und Unterstützung des intendierten Lernens
Welche Sozialformen werden verwendet und warum für diese Inhalte?
Wie wird der Lektionsbeginn gestaltet?
Wie lauten die Aufgabenstellungen und die Auftragsformulierungen?
Welche Modelle, visuellen Darstellungen und weiteren Materialien werden verwendet? Wie und warum?

Wie werden Möglichkeiten geschaffen, dass Schüler/-innen ihr Denken und Verstehen mitteilen können?

Wie wird dazu beigetragen, dass die Schüler/-innen wichtige Lektionsinhalte untereinander austauschen und sich gegenseitig zuhören?

Wie können zentrale neue Ideen der Schüler/-innen hervorgehoben und geklärt werden?

Wird neu aufgebautes Wissen mittels Übungen und Anwendungen konsolidiert?

Wie werden Schüler/-innen mit besonderen Schwierigkeiten unterstützt?

Welche zusätzlichen und herausfordernden Aufgaben gibt es für Schüler, welche die Anforderungen schon erfüllt haben?

Wie viel Zeit wird für die einzelnen Lektionsteile veranschlagt? (Staub 2004, S. 133ff.).

Nach Staub (2004) können diese Fragen in drei Hauptbereiche gegliedert werden:

1. Klärung der sachlichen Lernziele und deren Einordnung in die Unterrichtseinheit und den Lehrplan.
2. Durchdenken der Lektionsinhalte in Bezug auf Vorwissen und antizipierte Schwierigkeiten der Schülerinnen und Schüler.
3. Auslösung und Unterstützung der intendierten Lernprozesse.

Während des Coachings werden die Fragen nicht wörtlich formuliert, sondern geben dem Coach Gesichtspunkte für das Gespräch. Bei den Vor- und Nachbesprechungen soll der Coach zwei Hauptziele vor Augen haben:
– Die Lektion soll das Lernen der Schülerinnen und Schüler fördern.
– Das Coaching soll den Lehrpersonen helfen zu lernen, wie sie ihre Unterrichtstätigkeit reflektieren und zugleich ihr fachspezifisch-pädagogisches Wissen erweitern und verändern können.

Ein Coach, der in diesem Setting arbeitet, versteht sich selber auch als Lernender, soll er doch sein eigenes Wissen und seine Fertigkeiten auch reflektieren und weiter entwickeln (Staub, 2004). Es wird jedoch erwartet, dass der Coach mehr professionelle Erfahrung und Wissen mitbringt als die Lehrperson; dies unterscheidet das fachspezifisch-pädagogische Coaching auch klar von einer Intervision oder von kollegialer Praxisberatung.

Mitverantwortung und Mitgestaltung des Coachs: Beim fachspezifisch-pädagogischen Coaching wird der Unterricht von der Lehrperson und dem Coach gemeinsam geplant, umgesetzt und reflektiert. Die Art der Zusammenarbeit berücksichtigt die Voraussetzungen der Lehrkraft und kann sich im Lauf der Zeit verändern. Die

Grundstruktur bleibt sich jedoch gleich und setzt sich aus Vorbesprechung, Unterricht und Nachbesprechung zusammen. Die folgende Darstellung orientiert sich an West und Staub (2003).

In der Vorbesprechung soll die Lehrperson ihre Ziele für die Lektion und die geplante Umsetzung darlegen. Im Gespräch wird eine gemeinsame Sicht der Lernziele für die Schülerinnen und Schüler und der Lektionsgestaltung entwickelt (Ko-Konstruktion). Diese gemeinsame Sicht bildet die Basis für eine gelingende Zusammenarbeit während der Lektion und für die anschließende Reflexion.

Die Rolle des Coachs während des Unterrichts kann sehr unterschiedlich sein und vom Beobachten über gemeinsames Unterrichten bis hin zum Modellieren von Unterrichtsteilen gehen. Die Art und Weise der Beteiligung des Coachs am Unterricht wird jedoch immer mit der Lehrperson abgesprochen und es soll nicht darum gehen, dass der Coach die Lehrperson im Unterricht bevormundet. Coach und Lehrperson sind gemeinsam für das Lernen der Schülerinnen und Schüler verantwortlich.

Nach der Lektion wird der Unterricht reflektiert. Der Fokus liegt wieder beim Lernprozess der Schülerinnen und Schüler. Je nachdem werden auch Schülerarbeiten gemeinsam begutachtet. Unter Umständen werden daraus Folgerungen für die nächste Lektion gezogen und schon erste Abmachungen für die folgende Lektionseinheit getroffen.

Obwohl das fachspezifisch-pädagogische Coaching einer Meisterlehre näher steht als der allgemeinen Auffassung von Coaching als Prozessberatung, geht es doch auch über eine Meisterlehre hinaus, da es für die Vor- und Nachbesprechung theoriebasierte Werkzeuge zur Verfügung stellt. Dieses Werkzeug ist der Leitfaden, der von Staub für das Projekt „Adaptive Lehrkompetenz" übersetzt und angepasst wurde.

Die Ausrichtung auf die jeweiligen fachspezifischen Inhalte des Unterrichts: Das fachspezifisch-pädagogische Coaching beruht auf den Grundannahmen des situierten fachspezifischen Lernens und eines konstruktivistischen Lehr-Lernverständnisses. Das Fachwissen der Lehrperson und des Coachs bilden die notwendige Voraussetzung für die Umsetzung der Kernaspekte bei der Planung, der Durchführung und der Reflexion des Unterrichts. Staub kennzeichnet das fachspezifisch-pädagogische Coaching selber wie folgt: „In Anlehnung an die kognitiv konstruktivistische Lehr-Lerntheorie von Hans Aebli" wird „mit den Kernaspekten zur Planung und Reflexion von Unterricht (...) eine sorgfältige inhaltsspezifische Planung und rückblickende Analyse von Lernprozessen" gefördert (Staub, 2006). Entgegen der unspezifischen Forderung nach mehr Reflexion und auch entgegen der populären Auffassung von Coaching als inhaltsunabhängiger Prozessberatung beruht das

Coaching auf Wissen über Unterricht, Wissen über Lehr-Lernprozesse und Wissen über die fachspezifischen Inhalte sowie auf Wissen über Kommunikation und soziale Interaktion für die konkrete Durchführung des Coachings.

Entsprechend der Konzeption „Wissen für die Praxis" bestand die Intervention sowohl aus der Vermittlung von Theorien, Modellen und Begriffen zur adaptiven Lehrkompetenz (‚Interventionsteil Kurs ‚Adaptive Lehrkompetenz') sowie zu ihrer Anwendung im eigenen Unterricht durch das fachspezifisch-pädagogische Coaching (Interventionsteil fachspezifisch-pädagogisches Coaching).

4.5.3 Rekrutierung, Ausbildung und Begleitung

Im Rahmen des Projektes ‚adaptive Lehrkompetenz' wurden für die Mitarbeit im fachspezifisch-pädagogischen Coaching Personen ausgewählt, die über große Unterrichtserfahrung verfügen und angehende oder schon im Beruf stehende Lehrpersonen seit längerer Zeit begleiten und beraten. Insgesamt konnten für die zu betreuenden 32 Lehrpersonen 14 Coaches gewonnen werden.

Die Fachcoaches wurden im Oktober 2003 in zwei Ausbildungsblöcken auf ihre Aufgabe vorbereitet und während dem fachspezifisch-pädagogischen Coaching zwischen November 2003 und Mai 2004 durch Intervisionssitzungen begleitet.

Erster Ausbildungsteil – Kurs ‚Adaptive Lehrkompetenz': Durch die Vermittlung von ausgewählten Bezugssystemen zu den einzelnen Adaptivitätsdimensionen reflektierten die Coaches ihr persönliches Erfahrungswissen, um es später gegenüber den betreuten Lehrpersonen begründen zu können. Die Ausbildung erfolgte in folgenden Themenschwerpunkten und umfasste eineinhalb Tage:

Sachkompetenz	Bedeutung für den adaptiven Unterricht
Didaktische Kompetenz	Lehr- und Lernprinzipien für den naturwissenschaftlichen Unterricht
Diagnostische Kompetenz	Bedeutung, Möglichkeiten und Herausforderungen des Diagnostizierens und Handelns auf Grund der Diagnose
Klassenführung	Bedeutung und Strategien

Zweiter Ausbildungsteil – Fachspezifisch-pädagogisches Coaching: In zwei Ausbildungstagen bereiteten sich die Coaches unter Leitung von F. Staub auf ihre Beratungsaufgabe mit folgenden Schwerpunkten vor:

- Vermittlung von Erkenntnissen aus der kognitiv-konstruktivistischen Lehr-Lernforschung
- Die Bedeutung von Lerntheorien und fachspezifisch-pädagogischem Wissen für den Unterricht

- Das Coaching im Kontext der ‚kognitiven Meisterlehre'
- Die Gestaltung von Unterrichtsbesprechungen
- Kernaspekte für die Planung und Reflexion der Lektionsgestaltung

Dritter Ausbildungsteil – Begleitung – Reflexion der eigenen Coaching-Tätigkeit durch Intervision: An drei Intervisionssitzungen klärte F. Staub Fragen rund um die Coaching-Tätigkeit und machte die Beteiligten weiter mit seinem Ansatz vertraut. Die Form der kollegialen Praxisberatung (Intervision) bot hier gute Möglichkeiten, die unterschiedlichen und vielfältigen Ressourcen der einzelnen Coaches in einem ko-konstruktiven Klima zu nutzen.

Zuteilung und Arbeitsweise: Die Zuteilung der Fachcoaches zu den Lehrpersonen wurde in einem ersten Durchgang nach den Kriterien gleiche Zielstufe, ähnliches Dienstalter und regionale Nähe vorgenommen. Es zeigte sich aber, dass bei der Zuteilung die Präsenzzeit des Fachcoaches und der Stundenplan der entsprechenden Lehrperson oft ausschlaggebend waren. Vor Beginn des fachspezifisch-pädagogischen Coachings wurden die 16 Primar- und 16 Oberstufenlehrkräfte den 14 Coaches zugeteilt. Die Intervention fachspezifisch-pädagogisches Coaching dauerte insgesamt sechs Monate. In diesen 20 Schulwochen fanden bei jeder Lehrperson im Minimum neun Coaching-Einsätze von je vier Stunden statt. Die Arbeit wurde in einem speziell dafür entwickelten Logbuch in folgenden Bereichen dokumentiert:
- Beschreibung des Unterrichts / Führung von Besprechungs- und Beobachtungsprotokollen
- Konkretisierung der Besprechungen auf die vier Dimensionen des Projekts ‚adaptive Lehrkompetenz'
- Fokussierung der Erkenntnisse auf die Kernaspekte des fachspezifisch-pädagogischen Coachings nach Staub
- Dieses Logbuch stellt eine zusätzliche Datenquelle für die Erfassung der Wirksamkeit der Intervention dar.
- Das fachspezifisch-pädagogische Coaching wurde durch einen gemeinsamen Erfahrungsaustausch mit Unterstützung von F. Staub abgeschlossen.

5 Beschreibung der Instrumente

5.1 Videotest

5.1.1 Erstellung des Videotests

Videoaufzeichnungen von Unterricht geben verschiedene Verhaltensformen und Aktivitäten wieder und erlauben es dadurch, Unterricht zu beschreiben und zu reflektieren (Seidel & Prenzel, 2003). Diese Möglichkeiten wurden für unsere Studie genutzt, indem allen Lehrpersonen dieselben Videoaufzeichnungen von Unterricht gezeigt wurden mit dem Auftrag, sich in die Rolle der Lehrperson im Video hineinzuversetzen und ihre eigenen Handlungsalternativen zu äußern. Die Analyse dieser Handlungsvorschläge diente der Einschätzung der adaptiven Handlungskompetenz von Lehrpersonen. Mit Hilfe dieses eigens für das Projekt erstellten Videotests soll die adaptive Handlungskompetenz möglichst unterrichtsnah und konkret, aber dennoch standardisiert und damit vergleichbar erfasst werden.

Das dem Videotest zugrunde liegende Drehbuch wurde von den Mitgliedern des Forschungsteams geschrieben. Bei der Erstellung des Drehbuchs wurden auf der Grundlage des theoretischen Konstrukts „adaptive Lehrkompetenz" bewusst nicht adaptive Handlungen oder Äußerungen der Lehrperson eingebaut, um ihnen die Gelegenheit zu bieten, diese als nicht-adaptiv zu erkennen und eine adaptive Handlungsoption vorzuschlagen. Außerdem wurden Situationen oder Fragen von Schülerinnen und Schülern vorgegeben, welche eine Reaktion der Lehrperson auslösen sollten.

Weiter wurde darauf geachtet, dass sich die eingebauten nicht adaptiven Handlungen der Lehrperson bzw. die eine Reaktion auslösenden Situationen sich einer oder mehreren von drei Dimensionen der adaptiven Lehrkompetenz nämlich diagnostische Kompetenz, didaktische Kompetenz oder Klassenführungskompetenz zuordnen lassen und alle Dimensionen ausreichend vertreten waren. Die Unterrichtsszenen wurden von einer Primarklasse (5./6. Klasse) und deren Lehrperson gespielt und von einem professionellen Filmteam aufgenommen.

5.1.2 Aufbau und Ziele

Der endgültige Videotest besteht aus einer rund 13 Minuten dauernden, zusammenhängenden Unterrichtssequenz. Es geht thematisch um das Verständnis und die Durchführung von physikalischen Versuchen im Unterricht. Diese Testform besteht aus zwei Teilen. Die Ziele der beiden Teile sowie die jeweiligen Anweisungen an die Lehrpersonen variieren:

Im ersten Teil des Videotests (längere Unterrichtssequenz) wurden die Lehrpersonen aufgefordert, das Video immer dann zu stoppen, wenn sie anders als die

Lehrperson im Video handeln würden. Diese alternative Reaktion musste erläutert und begründet werden. Die Lehrpersonen äußerten somit ihre Handlungsoptionen zu selbst gewählten Zeitpunkten. Dies erlaubt es herauszufinden, welche Handlungsweisen der Lehrperson im Video als ungeeignet bzw. nicht adaptiv identifiziert werden und welche alternativen Handlungsoptionen die Teilnehmenden vorschlagen.

Für den zweiten Teil des Videotests wurden zwölf kurze Einzelsituationen aufgenommen. Diese endeten jeweils an einer Stelle, bei der eine Reaktion der Lehrperson erfolgen musste. Die Lehrpersonen wurden aufgefordert anzugeben, wie sie in der jeweiligen Situation weiterfahren bzw. reagieren würden und mussten ihre Antwort begründen. Im Gegensatz zum ersten Teil gaben im zweiten Teil alle Lehrpersonen zur selben Situation ihre Reaktion bzw. die bevorzugte Handlungsoption an, da die Unterbrechungen durch den Video vorgegeben waren. Dies erhöht die Vergleichbarkeit der Aussagen, da gewährleistet wird, dass sich alle Lehrpersonen zu denselben Stellen und damit in Bezug auf dieselben Dimensionen äußern.

5.1.3 Durchführung

Der Videotest wurde einzeln und unter Anleitung einer dafür geschulten Versuchsleitung mit den Studienteilnehmenden zu zwei Zeitpunkten (Vor- und Nachtest) an der Pädagogischen Hochschule St. Gallen durchgeführt. Die Durchführung des Videotests dauerte zwischen einer und zwei Stunden. Die den gezeigten Unterrichtssequenzen und -situationen zugrunde liegenden Sachinformationen (Versuchsbeschreibungen) wurden den Lehrpersonen vor dem Abspielen des Videos in schriftlicher Form vorgelegt. Zusätzlich erhielten sie Vorinformationen zu den Zielen und Inhalten der gezeigten Lektion sowie Hinweise über die in der vorangegangenen (fiktiven) Lektion durchgenommenen Inhalte. Diese Informationen waren als Schautafeln im Vorspann des Videos eingebaut.

5.1.4 Auswertung

Das Vorgehen bei der Auswertung ist für die beiden Teile des Videotests unterschiedlich. Es wird daher für jeden Teil separat beschrieben.

Auswertung Teil I des Videotests (längere Unterrichtssequenz, Versuchsperson stoppt):
Die Auswertung der Aussagen zum Teil I verlief in drei Phasen, welche im Folgenden kurz beschrieben werden (eine detaillierte Beschreibung des Auswertungsvorganges findet sich im Manual, siehe Anhang A).

Phase A – Transkription und Codierung der Aussagen: Die aufgenommenen Aussagen der Lehrpersonen wurden transkribiert. Die gezeigte Unterrichtssequenz (Teil I) wurde für die Analyse in 16 Sequenzen (Sequenzen A–P) unterteilt, wobei diese Sequenzierung entlang von Unterrichtsphasen (z.b. Versuchseinführung, Vertiefung) und von Unterrichtsgeschehnissen (z.b. Reaktion der Lehrperson auf bestimmtes Schülerverhalten oder auf Frage einer Schülerin) erfolgte. Die Aussagen der Lehrpersonen wurden von zwei Mitgliedern des Forschungsteams diesen Sequenzen zugeordnet, entsprechend von A–P codiert und zusammengezogen (mit Hilfe Software-Programm Atlas/ti).

Phase B – Erstellung des Ratinginstruments: Bei der Erarbeitung des Drehbuchs für die Unterrichtssequenz wurden auf der Grundlage des theoretischen Konstrukts „adaptive Lehrkompetenz" Indikatoren für adaptives Handeln definiert mit dem Ziel, die Aussagen der Lehrpersonen diesen gegebenenfalls zuordnen und entsprechend einschätzen zu können. Es zeigte sich beim ersten Auswertungsdurchgang, dass Handlungsvorschläge geäußert wurden, welche zwar als adaptiv einzuschätzen waren, für welche aber im Vornherein kein Indikator bestimmt worden war. Die Indikatorenliste wurde daher unter Berücksichtigung der erhobenen Daten ergänzt und erweitert. Indikatoren, die auf Grund theoretischer Gesichtspunkte zusammen passen, wurden im Sinne eines Oberbegriffes einem entsprechenden Kriterium zugewiesen, welche wiederum einer der vier Dimensionen von adaptiver Lehrkompetenz zugeordnet wurden. Jedes Kriterium und jeder Indikator wurden mit je einem Ankerbeispiel veranschaulicht. Pro Sequenz sind Indikatoren zu verschiedenen Dimensionen möglich.

Phase C – Rating der Aussagen: Die codierten Aussagen wurden von zwei geschulten Personen gemäß der Anleitungen im Manual gemeinsam eingeschätzt. Bei fehlender Übereinstimmung wurde ein Konsens gesucht. Konnten die Aussagen zu einer Sequenz einem oder mehreren Indikator(en) zugeordnet werden, wurde pro Indikator (für den adaptiven Handlungsvorschlag) sowie pro Kriterium (für das Erkennen des Problems) je ein Punkt vergeben. Immer, wenn eine Aussage einen adaptiven Handlungsvorschlag enthielt und damit bei einem Indikator punktete, wurde automatisch auf der Kriteriumsebene (Erkennen) ebenfalls ein Punkt vergeben, auch wenn das Erkennen nicht explizit geäußert wurde. Dies wird damit begründet, dass aus einer geäußerten adaptiven Handlungsoption auf das Erkennen des Problems (bzw. der nicht-adaptiven Handlung der Lehrperson im Video) geschlossen werden darf. Anhand einer Beispielsequenz aus dem ersten Teil des Videotests wird das Vorgehen nachfolgend veranschaulicht (Beispielsequenz und entsprechende Rating-Anweisungen).

Beispielsequenz: Teil I

Beschreibung der Unterrichtssequenz im Video: Die Lehrperson beginnt die Lektion mit einer kurzen Repetition. Diese besteht darin, dass sich die Schülerinnen und Schüler an Versuche aus vorangegangenen Lektionen erinnern sollen. Zwei Kinder melden sich und beschreiben kurz je einen Versuch (Trennung von Pfeffer und Salz mit einem Löffel und elektrisch aufgeladene Haare wegen elektrostatischem Kunststoffmaßstab). Den Studienteilnehmenden lag die Zusatzinformation vor, dass sich der anschließend durchgenommene Versuch auf das Thema Wasser- und Luftdruck beziehen wird.

Tabelle 8: Rating-Anweisungen zur Beispielsequenz aus Videotest, Teil I (längere Unterrichtssequenz, Versuchsperson stoppt); mit Indikatoren für das Erkennen und Handeln

Dim.	Erkennen	Beispielaussage / Ankerbeispiel	Handeln	Beispielaussage / Ankerbeispiel
Diagnose	Vorwissen überprüfen	„Er will jetzt mit seiner Versuchreihe fortfahren und greift auf Altes zurück. Ich finde, er beginnt auf komische Weise, dass sie eine Reihe Versuche machen und wiederholt einen alten Versuch." (28)	Klärt durch die Wiederholung das Vorwissen	„Ich hätte sie überlegen lassen, was man mit diesen Sachen machen könnte. Wenn ich es einfach präsentiere, verschließt die Hälfte meiner Erfahrung nach sowieso schon die Ohren. Es würde mehr Spannung geben. Auch für mich als Lehrer würde ich sehen, dass die anderen Versuche schon Früchte getragen haben, dass sie es schon transferieren, dass sie sich vorstellen können, was sie machen könnten." (10)
Didaktik	Vorwissen mit einbeziehen	„Also mir fehlt hier ein wenig der Bezug zu dem, was sie schon gemacht haben." (06)	Aktiviert das Vorwissen, um das Verständnis des neuen Versuchs zu fördern	„Ich weiß jetzt nicht, wie er weitermacht, aber ich würde sehr wahrscheinlich darauf aufbauen, evtl. kann man die Versuche vergleichen. Man müsste sie wiederholen, um herauszufinden, wo Ähnlichkeiten und wo Unterschiede sind. Sonst sind diese Sachen irgendwie losgelöst. In der Primarschule finde ich es wichtig, dass sie versuchen zu spüren, wo Ähnlichkeiten sind." (10)

Didaktik	Neues Wissen erarbeiten	„Ich denke, dass die Kurve der Motivation stark mit dem Beginn einer Lektion beeinflusst werden kann. Wenn das häufig passiert, dass er so in die Lektion einsteigt, dann wissen die Kinder immer schon, was kommen wird und sie verschließen sich dadurch innerlich schon fast ein wenig." (06)	Lenkt das Interesse der Schülerinnen und Schüler auf den Sachverhalt hin	„Dieses Bezugnehmen auf was sie schon gemacht haben, finde ich keinen motivierenden Einstieg. Auch die Haltung der Schüler drückt das aus, der Junge hinten wirkt ziemlich gelangweilt. Ich würde die Begrüßung gar nicht mündlich machen, sondern mit etwas Konkretem vorne beginnen, welches Bezug nimmt." (06)

Anmerkung: Identifikationsnummer der Probandinnen und Probanden in Klammern

Auswertung Teil II (Einzelsituationen)

Die Auswertung der Aussagen zu den Einzelsituationen verlief in drei vergleichbaren Phasen wie bei Teil I. Allerdings konnten diese zum Teil sehr verkürzt werden, da die Aussagen unter anderen Bedingungen zustande gekommen sind. Im Folgenden wird diese Auswertung kurz beschrieben.

Phase A – Transkription der Aussagen und die Auswahl der Situationen: Die Aussagen der Lehrpersonen zu den einzelnen Situationen wurden nach denselben Regeln wie die Aussagen des Teil I transkribiert. Die Aussagen aller Lehrpersonen pro Situation wurden in einer Word-Datei zusammengestellt. Von den zwölf Situationen wurden sieben, welche in besonderem Maße auf verstehendes Lernen ausgerichtet waren, für die weitere Analyse ausgewählt.

Phase B – Erstellung des Erfassungsinstrumentes: Im Teil II wurden zu jeder Situation Indikatoren festgelegt, welche eine adaptive Handlungsoption beinhalten. Diese Indikatoren wurden im ersten Durchlauf vom Teil I übernommen und entsprechend angepasst. Im zweiten Durchgang wurden die von uns bestimmten Indikatoren mit den Aussagen der Lehrpersonen verglichen und angepasst, d.h. für genannte adaptive Handlungsvorschläge von Lehrpersonen, die keinem Indikator zugeordnet werden konnten, wurden zusätzliche formuliert oder bestehende entsprechend angepasst. Diese Indikatoren wurden dann auf Grund theoretischer Gesichtspunkte zusammengefasst, im Sinne eines Oberbegriffes einem entsprechenden Kriterium zugewiesen und so einer der vier Dimensionen von Adaptivität zugeordnet. Jeder Indikator wurde mit einem Ankerbeispiel konkretisiert. Pro Situation sind Indikatoren zu verschiedenen Dimensionen möglich.

Phase C – Rating der Aussagen: Da durch die Unterbrechung der Situation das ‚Problem' bereits vorgegeben war, musste das „Erkennen" in diesem Teil nicht mehr explizit formuliert werden. Die Aussagen wurden ausschließlich im Hinblick auf die geäußerten Handlungsoptionen und deren Zuordnung zu einem Indikator eingeschätzt. Das Rating wurde von zwei geschulten Personen gemeinsam anhand des Manuals vorgenommen, wobei bei fehlender Übereinstimmung ein Konsens gesucht wurde (Beispielsequenz und entsprechende Rating-Anweisungen).

Beispielsituation: Teil II

Die Lehrperson verteilt der Klasse ein Blatt, auf dem in zufälliger, sachlich nicht richtiger Reihenfolge die Versuchsanordnung eines Experimentes beschrieben ist. Die Schüler und Schülerinnen sollen die Anweisungen ausschneiden und in die richtige Reihenfolge bringen. Eine Schülerin schneidet die Anweisungen aus, ordnet sie aber ganz falsch. Die Lehrperson, die durch die Klasse geht, bemerkt dies.

Tabelle 9: Rating-Anweisungen zur Beispielsequenz aus dem zweiten Teil des Videotests (Einzelszenen, standardisierte Unterbrechung); mit Indikatoren für das Handeln
Anmerkung: Identifikationsnummer der Probandinnen und Probanden in Klammern

Dim.	Handeln (Indikator)	Beispielaussage / Ankerbeispiel
Diagnose	Überprüft Verständnis einzelner Schülerinnen und Schüler (unspezifisch oder nur auf einen Aspekt bezogen (Inhalt oder Auftrag))	„Dann vielleicht nachfragen: ‚Weißt du, was du machen musst?', um überhaupt einmal zu wissen, ob sie den Auftrag verstanden hat." (07)
Diagnose	Überprüft Verständnis einzelner Schülerinnen und Schüler in Bezug auf die beiden Aspekte Inhalt und Auftrag	„Was sie hier gemacht hat, stimmt so offensichtlich nicht, sie hat von diesem Versuch nichts mitbekommen, wenn sie sagt ‚Material wegräumen'; sie hat es einfach irgendwo hingelegt. Vielleicht hat sie nicht verstanden, dass sie es sortieren muss. Dies wäre vielleicht die erste Frage, die geklärt werden müsste. (…) Das Zweite wäre, ob sie die Sätze nicht verstanden hat. Das wäre auch eine Möglichkeit." (05)
Diagnose	Überprüft Verständnis der Klasse bzw. von weiteren Schüler/-innen (unspezifisch oder nur auf einen Aspekt bezogen (Inhalt oder Auftrag))	„Dann würde ich weiter durch die Klasse gehen und schauen, ob der gleiche Fehler wiederholt wurde. Wenn der gleiche Fehler mehrfach gemacht wurde, wäre dies für mich ein Grund, den Unterricht zu unterbrechen." (13)

Diagnose	Überprüft Verständnis der Klasse bzw. von weiteren Schüler/-innen in Bezug auf die beiden Aspekte Inhalt und Auftrag	„Ich würde sie nach vorne nehmen und allgemein schauen, wie es bei den anderen aussieht: Wer hat den Auftrag nicht verstanden oder wem muss der Versuch nochmals erklärt werden?" (fiktiv)
Didaktik	Baut zum besseren Verständnis Unterrichtsvariationen ein	„Ich würde dem Mädchen den Hinweis geben, sich einen Versuch vor Augen zu halten, etwas, was sie zusammen durchgeführt haben, was sie dort der Reihe nach gemacht haben. Sich eventuell an einen Versuch erinnern, den sie selber einmal durchgeführt hat, damit sie sich wieder daran erinnert. (…) Sie käme dann selber darauf, dass das, was sie jetzt gemacht hat, falsch sein könnte." (01)

Statistische Kennwerte des Videotestes

Nachfolgend sind die statistischen Kennwerte des ersten Teils des Videotestes (längere Unterrichtssequenz, Versuchsperson stoppt) Vortest und Nachtest zusammengestellt. Auf Grund der mangelnden Reliabilität des zweiten Teils des Videotestes (Einzelsequenzen, standardisierte Unterbrechung) wird dieser Teil des Testinstrumentes nicht in die Auswertung einbezogen. Tabelle 10 zeigt die Aufteilung aller 98 Indikatoren auf die drei Dimensionen sowie die Aufteilung zwischen Indikatoren für das Erkennen einer kritischen Situation und solchen für adaptive Handlungsvorschläge. Die Dimension ‚Sachkompetenz' wird für die weitere statistische Arbeit nicht mehr weiter verfolgt, da mit dem Videotest diese Dimension nicht oder nur ungenügend erfasst werden konnte. Am meisten Indikatoren wurden der Dimension Didaktik zugeordnet, am wenigsten der Klassenführung.

Tabelle 10: Anzahl Indikatoren und Maximalpunktzahl im ersten Teil des Videotests (längere Unterrichtssequenz, Versuchsperson stoppt)

Dimension	Erkennen	Handlungsoption	Total
Didaktik	22	33	*55*
Diagnose	12	15	*27*
Klassenführung	8	8	*16*

Anmerkung: Die Dimension Sachkompetenz wurde im Videotest nicht erfasst.

Pro Indikator wurde ein Punkt vergeben. (Beispiel für die Punktevergabe im Anhang A) Die Anzahl der Indikatoren entspricht der maximal erreichbaren Punktzahl. Bei der Äußerung eines adaptiven Handlungsvorschlags wurde beim dazugehörigen Indikator für Erkennen automatisch ein Punkt vergeben, da davon ausgegangen werden kann, dass das Äußern einer adaptiven Handlungsoption das Erkennen der entsprechenden kritischen Situation bereits voraussetzt. Damit trotz der verschiedenen Maximalpunktzahlen vergleichende Aussagen möglich sind, wurde für die statistischen Analysen bezogen auf die jeweilige Maximalpunktzahl ein Prozentscore gebildet (vgl. Tabelle 11 und Tabelle 12). Dieser entspricht jeweils dem Prozentanteil der genannten Indikatoren in Bezug auf die jeweils mögliche Gesamtpunktzahl. Als zusammenfassendes Maß wurde schließlich eine Gesamtskala *adaptive Handlungskompetenz* (ohne die Dimension Sachkompetenz) gebildet, die sich aus den drei je gleich gewichteten Mittelwerten der Dimensionen zusammensetzt.

Im vorliegenden Projekt wurde besonderen Wert auf eine hohe ökologische Validität der Messinstrumente gelegt. Um nicht zu enge Verhaltensmerkmale zu erfassen, die der Komplexität der schulischen Lehr-Lernsituation nicht gerecht werden, enthält der Videotest inhaltlich heterogene Items. Dies wirkt sich in der Regel negativ auf die interne Konsistenz aus (Bühner, 2006). Vor diesem Hintergrund und angesichts der Breite der zu erfassenden Merkmale kann die interne Konsistenz der Skalen des Videotests sowohl im Vortest (Tabelle 11) wie im Nachtest (Tabelle 12) als zufrieden stellend bezeichnet werden. Die Cronbach-α-Werte der Gesamtskala *adaptive Handlungskompetenz* sind mit Werten von .80 im Vortest und .84 im Nachtest als gut zu bezeichnen.

Der Anstieg der Mittelwerte zwischen dem Vor- und Nachtest kommt mindestens teilweise dadurch zustande, weil alle Antworten bzw. Punkte aus dem Vortest für den Nachtest übernommen wurden und neu entdeckte bzw. genannte Aspekte zusätzlich gewertet wurden. Ein gleich bleibendes Ergebnis bedeutet demnach, dass im Nachtest keine neuen Aspekte genannt wurden.

Tabelle 11: Kennwerte für den ersten Teil des Videotests-Vortest (längere Unterrichtssequenz, Versuchsperson stoppt)

| Vortest | | | | | | |
Dimension	N	Cronbachs α	M	SD	Minimum	Maximum
Didaktik	49	.79	30.91	11.43	7	62
Diagnose	49	.54	15.87	9.41	0	33
Klassenführung	49	.58	33.04	17.21	0	75
Adaptive Handlungskompetenz	49	.80	26.61	8.80	11	47

Anmerkung: Die Gesamtskala *adaptive Handlungskompetenz* entspricht dem Mittelwert aus den drei Dimensionen Didaktik, Diagnose und Klassenführung.

Tabelle 12: Kennwerte für den ersten Teil des Videotest-Nachtest (längere Unterrichtssequenz, Versuchsperson stoppt)

Nachtest

Dimension	N	Cron-bachs α	M	SD	Mini-mum	Maxi-mum
Didaktik	49	.80	47.05	12.43	20	78
Diagnose	49	.60	28.65	12.23	7	52
Klassenführung	49	.55	44.64	17.12	6	75
Adaptive Handlungskompetenz	49	.84	40.11	10.63	17	68

Anmerkung: Die Gesamtskala *adaptive Handlungskompetenz* entspricht dem Mittelwert aus den drei Dimensionen Didaktik, Diagnose und Klassenführung.

5.2   Vignettentest

5.2.1 Zielsetzung

Für die Erhebung der adaptiven Planungskompetenz der Lehrpersonen wurden Vignetten als ein Instrument entwickelt, das (a) die handlungsleitenden Kognitionen der Lehrpersonen bei der Planung erhebt, (b) die Tiefe der Reflexion in den verschiedenen Dimensionen des Konstruktes auslotet, (c) einen Vergleich zwischen den Lehrpersonen ermöglicht und (d) die Antworten in einen möglichst handlungsnahen Kontext einbettet. Vignetten ermöglichen durch die offenen Impulse, dass die Lehrpersonen ihre Überlegungen in ihren eigenen Worten formulieren. Wir zogen die Methode der Vignette einem Interview vor, da die Vignetten den Vergleich zwischen Lehrpersonen strukturierter ermöglichen und durch die Rahmensituation der Vignette ein handlungsnaher Kontext geschaffen werden kann. Zudem entspricht die schriftliche Art der Beantwortung bei den Vignetten dem ebenfalls schriftlichen Vorgehen der Unterrichtsplanung.

Vignetten eignen sich besonders in einem Multi-method Design, das qualitative und quantitative Methoden einbezieht (Mason, 1994). Vignetten werden als strukturierte Impulse verstanden, die eine hypothetische Situation beschreiben mit der Aufforderung an die Teilnehmenden, sich in diese Situation hineinzuversetzen und zu erläutern, wie sie in dieser Situation vorgehen würden. Die Vorteile dieser Methode bestehen einerseits darin, dass ein Kontext entsteht, wo handlungsleitende Kognitionen ausgedrückt werden, und andererseits in einer gewissen Distanzierung der Befragten von ihrer eigenen Praxis (Baer, 1998; Barter & Renold, 1999).

5.2.2 Aufbau der Vignetten

Die Vignetten sollen die Lehrpersonen auffordern, sich in einen konkreten Kontext zu versetzen, und eine Handlungsaufforderung enthalten. Die Situation der Praktikumslehrperson wurde als Kontext gewählt, da sie die Lehrpersonen in die Rolle versetzen, in der sie Studierenden für die Praxis Hilfen geben und dabei ihre Überlegungen transparent machen. Dieser Kontext impliziert, dass die Lehrpersonen in der Position der Expertinnen und Experten Anfängerinnen und Anfängern im Lehrberuf Ratschläge geben, also auch Gedanken verbalisieren, die unter Kolleginnen und Kollegen sonst eher als implizit vorausgesetzt gelten könnten.

Zur Entwicklung der Vignetten wurden zehn verschiedene Varianten erarbeitet, die auf die verschiedenen Dimensionen der adaptiven Planungskompetenz zielten. Diese Vignetten wurden in einem ersten Schritt mit einer Pilotgruppe einer Ausbildungsinstitution ausprobiert. In der Analyse wurde überprüft, inwieweit die Vignetten auf eine Dimension zugeschnitten sind. Für die Fallstudie wurden den Teilnehmenden drei Vignetten vorgelegt, eine offene Vignette, eine Vignette, die auf diagnostische Kompetenz zielt sowie eine, die ein Dilemma zwischen Stoff- und Verstehensorientierung induziert. Die Analyse der Antworten der Fallstudienlehrpersonen zeigte, dass die offene und die diagnostische Vignette eine Breite von Antworten auslösten, während die Dilemmasituation nicht differenzierte. Festgestellt wurde, dass die Vignetten nicht dazu geeignet sind, die Dimension Klassenführung zu messen. Von insgesamt 256 codierten Aussagen betrafen nur vier die Klassenführung. Dies ist nicht überraschend, da eher davon ausgegangen werden muss, dass in der Planung Vorkehrungen zur Führung der Klasse auf der Ebene der Didaktik gelöst werden. Zudem wurde ein leichter Effekt der Reihenfolge deutlich. Für die Interventionsstudie wurden deshalb nur zwei Vignetten ausgewählt, mit der Absicht, adaptive Planungskompetenz in den Bereichen Diagnose, Didaktik und Sachkompetenz zu messen. Eine offene Vignette zur Unterrichtsplanung und eine Vignette, welche auf die diagnostische Kompetenz zielt (da diese nicht durchgängig eingesetzt wurde, wird diese hier nicht vorgestellt):

Vignette

Reto Wagner ist beim Vorbereiten von Unterricht immer wieder unsicher, ob die Schülerinnen und Schüler die zentralen Lernziele erreichen. Besonders im Bereich Natur und Technik[2] zweifelt er daran, ob seine Vorbereitungen professionell genug sind. Schildere ihm, wie er bei der Unterrichtsvorbereitung in Natur und Technik

---

2　‚Natur und Technik' umfasst auf der Oberstufe der st. gallischen Volksschule die Inhalte des integrierten naturwissenschaftlichen Unterrichts. Die analogen Inhalte auf der Primarstufe sind im Bereich ‚Mensch und Umwelt' enthalten.

vorgehen könnte. Gehe bitte auf sämtliche Vorbereitungsschritte ein und begründe diese.

5.2.3 Durchführung

Die beiden Vignetten wurden schriftlich und elektronisch abgegeben bzw. den Lehrpersonen zugestellt. Es gab keine zeitliche Einschränkung für die Beantwortung der Vignetten. Beim Vortest und beim Nachtest wurden die Lehrpersonen mit den identischen Vignetten konfrontiert.

5.2.4 Auswertung

Das theoretische Konstrukt der adaptiven Lehrkompetenz bildete die Grundlage für die Entwicklung der Kriterien und Indikatoren. Auf Grund der Daten wurden die Kriterien und Indikatoren ergänzt. Die Indikatoren wurden zu sechs Kriterien zusammengefasst (vgl. Tabelle 13). Diejenigen Kriterien, die mit einem Stern gekennzeichnet sind, stimmen mit dem Videotest überein. Inhaltlich setzen sich die einzelnen Kriterien folgendermaßen zusammen:

Tabelle 13: Kriterien mit Kurzbeschreibung genannter Inhalte im Vignettentest

Kriterium	Zusammenfassung der genannten Inhalte
Bedeutung der Sachkompetenz (S)	
Über Sachkenntnisse verfügen*	Die Lehrperson wählt das Thema und die spezifischen Lerninhalte auf Grund des eigenen Sachwissens und eignet sich das fehlende Sachwissen an.
Diagnose (Dg)	
*Vorwissen überprüfen	Die Lehrperson klärt schulisch und außerschulisch erworbenes Vorwissen ab.
Lernvoraussetzungen abklären	Die Lehrperson klärt die Interessen, Denk-/Lernstile und die sozialen Voraussetzungen der Schülerinnen und Schüler ab.
Verständnis überprüfen	Die Lehrperson nimmt Hinweise bezüglich des Verständnisses der Schülerinnen und Schüler aufmerksam wahr (z.B. deren Mimik und Gestik, sowie spontane Äußerungen), fordert diese auf, neues Wissen in eigene Worte zu fassen oder stellt eigene Verständnisfragen. Im Weitern regt sie die Schülerinnen und Schüler zur Selbstevaluation an und überprüft deren Verständnis mit Lernkontrollen.
Didaktik (Did)	
Unterricht vorbereiten	Unter Berücksichtigung des Lehrplanes plant die Lehrperson den Unterricht langfristig, richtet ihn auf Lernziele aus und stellt die Themenbereiche und Unterrichtseinheiten in sinnvolle Zusammenhänge. Sie reflektiert Planungsideen mit anderen Fachleuten, testet gewisse Unterrichtseinheiten vorgängig aus, wobei sie auf eine effektive und schonungsvolle Nutzung der eigenen Ressourcen achtet.

Kriterium	Zusammenfassung der genannten Inhalte
Neues Wissen erarbeiten*	Zur Erarbeitung des neuen Wissens wählt die Lehrperson geeignete Sozialformen und verschiedene didaktische Methoden, veranschaulicht den Inhalt an Modellen, ermöglicht konkrete Handlungserfahrungen und initiiert vernetztes Denken. Sie teilt den Schülerinnen und Schülern die Lernziele mit, nimmt deren Fragestellungen auf, regt Vermutungen an und passt die Planung dem Unterrichtsgeschehen an.
Erarbeitetes Wissen vertiefen und fixieren*	Zur Vertiefung des Wissens hält die Lehrperson die wichtigsten Erkenntnisse mit der Klasse fest, regt die kognitive Aktivität der Schülerinnen und Schüler an, indem sie den Unterricht auf Grund deren Fähigkeiten und Interessen differenziert und ihnen Möglichkeiten zur freien Verarbeitung oder Übung des Stoffes bietet. Im Weiteren fordert sie die Schülerinnen und Schüler dazu auf, das neue Wissen in eigene Worte zu fassen. Um diese Ziele zu erreichen, ermöglicht sie den Schülerinnen und Schülern, in Lernpartnerschaften zu arbeiten, anderen Erklärungshilfen zu bieten oder ihr Wissen der Klasse darzubieten. Bei mangelndem Verständnis plant sie Repetitionen.
Klassenführung	
Organisationsform initiieren*	Die Lehrperson führt die Klasse, indem sie die Organisation der Klasse anpasst und sinnvolle Zeiteinheiten für einen möglichst störungsarmen Unterrichtsverlauf plant.

Anmerkung: Kriterien, die denjenigen des Videotests entsprechen, sind mit * gekennzeichnet.

Das Rating der Vignettenantworten wurde von zwei Mitarbeitenden gemeinsam durchgeführt, die individuell das Rating vornahmen und sich dann im Gespräch auf eine Bewertung einigten. Die verschiedenen Aussagen wurden zunächst den Kriterien zugeordnet. Für die Bewertung wurden alle Aussagen innerhalb einer Vignette, die zu einem Kriterium zugeordnet wurden, einbezogen.

Die Aussagen zu einem Kriterium wurden entweder als *Erwähnung* oder als *adaptive Planungskompetenz* eingeschätzt. Die Erwähnung eines Kriteriums bedeutet, dass ein Aspekt von gutem Unterricht aufgeführt wurde. Für ein Rating von adaptiver Planungskompetenz musste mindestens eines der folgenden Merkmale gegeben sein:

– Orientierung am verstehenden Lernen
– Orientierung auf die individuell verschiedenen Lernprozesse der Schülerinnen und Schüler
– Differenziertheit in der Begründung
– Differenziertheit der Umsetzungsvorschläge

Für die Aussagen einer Vignette konnten demnach bei jedem Kriterium die folgenden Punkte vergeben werden: 0 (= nichts erwähnt), 1 (= erwähnt), oder 2 (= adaptive Antwort). Dies ergab für die Dimension Sachkompetenz maximal 2 Punkte und für die Dimensionen Didaktik und Diagnose maximal je 6 Punkte oder total maximal 14 Punkte. Tabelle 14 stellt die Kennwerte der Skala adaptive Planungskompetenz für den Vignettentest dar. Berücksichtigt man, dass – wie zuvor beim Videotest (vgl. Kap. 5.1) – die adaptive Planungskompetenz mit heterogenen Items erfasst wurde, kann die interne Konsistenz (Cronbachs alpha) als ausreichend betrachtet werden (Wittenberg, 1998).

Tabelle 14: Kennwerte der Skala zur „adaptive Planungskompetenz" (Vor- und Nachtest) für Vignette A

Skala	N	Anzahl Items	Cron-bachs α	M	SD	Mini-mum	Maxi-mum
Adaptive Planungs-kompetenz (Vortest)	49	7	.55	.49	.30	.18	.90
Adaptive Planungs-kompetenz (Nach-test)	49	7	.66	.73	.26	.41	1.07

Für die Auswertung wurden nur die Daten der offenen Vignette verwendet. Die diagnostische Vignette wurde in den quantitativen Analysen nicht mit berücksichtigt, da die Reliabilität (interne Konsistenz) zu gering ausfiel. Die Gesamtskala adaptive Planungskompetenz setzt sich aus drei Dimensionen zusammen. Weggelassen wird die Klassenführung, da die gewählten Vignetten nicht darauf ausgerichtet waren. Somit wird die Gesamtskala adaptive Planungskompetenz aus den drei Dimensionen Sachkompetenz, Diagnose und Didaktik der Vignette A berechnet.

5.3   Befragung der Lehrpersonen zum naturwissenschaftlichen Unterricht

5.3.1   Zielsetzung

Die Fragebogen für Lehrpersonen erheben die Einstellungen und möglichen Einstellungsveränderungen der Lehrpersonen zum naturwissenschaftlichen Unterricht. Dieses Instrument erfasst somit weniger die adaptive Lehrkompetenz der Lehrpersonen, sondern gibt Hinweise auf die Einstellungen der Lehrpersonen zu einem verstehensorientierten, naturwissenschaftlichen Unterricht. Es soll damit überprüft werden, ob und wie solche Einstellungen mit adaptiver Lehrkompetenz zusammenhängen. Veränderungen bei den Ergebnissen der Fragebogen für die Lehrpersonen zwischen Vor- und Nachtest geben Aufschluss über die Wirkung der Intervention.

5.3.2 Aufbau der Befragung der Lehrpersonen

Der Fragebogen enthält Items zu den folgenden Konstrukten:

Diagnostische Kompetenz: Die diagnostische Kompetenz der Lehrpersonen ist in der Konzeption dieses Projekts eine der vier Dimensionen der adaptiven Lehrkompetenz. Nach der Studie von Schrader (1989) trägt die diagnostische Kompetenz der Lehrpersonen zusammen mit der Strukturiertheit des Unterrichts in einem kumulativen Effekt zum Lernerfolg der Schülerinnen und Schüler bei. Die diagnostische Kompetenz zeigt diese Wirkung jedoch nur, wenn die Diagnosen der Lehrperson zu entsprechenden Handlungen führen. Während die Vignetten das Wissen um die Bedeutung der Diagnose und der Videotest die diagnostische Kompetenz in Unterrichtssituationen erfassen, zielt der Fragebogen auf die Erfassung der Genauigkeit der Diagnose der Lehrperson im Bezug auf bestimmte Aufgaben und einzelne Schülerinnen und Schüler. Es kann zwischen aufgaben- und personenbezogener Diagnose unterschieden werden (Schrader, 1989). Im Fragebogen werden beide Aspekte berücksichtigt. In Anlehnung an erprobte Methoden (Weinert & Schrader, 1986) werden die Lehrpersonen im Fragebogen gebeten, die Schülerinnen und Schüler mit den höchsten und niedrigsten Punktzahlen im Wissenstest des Forschungsprojektes vorauszusagen.

Konstruktivistisches Lernverständnis: Adaptive Lehrkompetenz wird in Bezug auf verstehensorientiertes Lehren und Lernen untersucht. Dem Lernverständnis der Lehrperson kommt dabei möglicherweise eine zentrale Bedeutung zu. Im Bereich des mathematischen Unterrichts in der Grundschule konnte ein Zusammenhang zwischen Lernverständnis und Lernerfolg gezeigt werden (Staub & Stern, 2002). In Zusammenarbeit mit Fritz C. Staub (Pädagogisches Institut der Universität Zürich) wurde der von ihm entwickelte Fragebogen zum konstruktivistischen Lernverständnis im Bereich Mathematik für die Naturwissenschaften überarbeitet. (Beispielitems siehe Anhang B)

Umgang mit Fehlern: Verstehensorientierter Unterricht zeigt sich in einem Umgang mit Fehlern, bei dem eigenständige Lösungswege gefördert und damit auch potenziell Fehler ‚erlaubt' werden und Fehler als diagnostische Hinweise für den Lernprozess und das eigene Konstruieren von Verstehen der Schülerinnen und Schüler genutzt werden. Im Projekt „Lernen Menschen aus Fehlern? Zur Entwicklung einer Fehlerkultur in der Schule" (Oser & Hascher, 1997; Oser & Hascher, 1998; Oser, Spychiger et al., 2000) sind Instrumente zur Erhebung der Fehlerkultur entwickelt worden. Verwendet wurden einzelne Fragen des Lehrerfragebogens zum Umgang mit Fehlern in der Schule.

Unterrichtsklima: Soziale und emotionale Faktoren der Beziehungen zwischen Lehrpersonen und Schülerinnen und Schülern sowie der Schülerinnen und Schüler untereinander werden in diesem Forschungsprojekt mit seinem Fokus auf verstehensorientierten Unterricht nicht vertieft untersucht. Solche Aspekte, die oft als Unterrichtsklima konzeptualisiert werden, können den Lernerfolg jedoch entscheidend beeinflussen. Es bestehen niedrige, aber konsistente Zusammenhänge zwischen Klima und Leistung (Eder, 2001). Die Art der Interaktion und die Wirkung von ‚Unterrichtsklima‘ sind jedoch noch wenig geklärt (Helmke, 2002). Die Interventions- und Kontrollklassen unterscheiden sich möglicherweise in Bezug auf das Unterrichtsklima. Um einen solchen Einfluss zu erfassen, wird das Unterrichtsklima mithilfe eines standardisierten Instruments im Fragebogen erhoben. Als Grundlage zur Erfassung des Unterrichtsklimas wurde das Instrument von Eder und Mayr (2000) ausgewählt. Dieses besteht aus einem Fragebogen für die vierte bis achte Klasse. Als Ergänzung zur Perspektive der Schülerinnen und Schüler wurden einzelne Items ausgewählt und für die Beantwortung durch die Lehrpersonen umformuliert (Skalen: pädagogisches Engagement, Restriktivität der Lehrperson, Mitsprache der Schülerinnen und Schüler, Rivalität unter den Schülerinnen und Schülern, Lernbereitschaft und Störneigung).

Unterrichtsformen: Zur Erfassung der didaktischen Dimension wird danach gefragt, wie häufig verschiedene Unterrichtsformen verwendet werden. Die Items sind aus der Überarbeitung eines Frageteils des Dortmunder IFS Schulbarometers entwickelt worden (IFS, 1999).

Ambiguitätstoleranz: Adaptivität im allgemeinen Sinne setzt eine Bereitschaft voraus, sich mit Veränderung und Unbekanntem auseinander zu setzen. Adaptive Lehrkompetenz ist in diesem Forschungsprojekt als Kompetenz konzeptualisiert und nicht als Persönlichkeitsmerkmal. Um zu erkunden, ob möglicherweise bestimmte Stile oder Orientierungen der Persönlichkeit der Lehrperson einen Einfluss haben, wurde im Fragebogen ein Instrument zur Messung der Ambiguitätstoleranz einbezogen. Ambiguitätstoleranz, die als eine Tendenz, „Widersprüchlichkeiten, Inkonsistenzen oder mehrdeutige Informationslagen in ihrer Vielschichtigkeit wahrzunehmen und positiv zu bewerten" (Reis, 1996) verstanden werden kann, steht möglicherweise in Zusammenhang mit hoher Adaptivität im allgemeinen Sinn und hoher adaptiver Lehrkompetenz, wie wir sie untersuchen. Die folgenden Bereiche des Inventars zur Messung der Ambiguitätstoleranz (Reis, 1996) wurden ausgewählt: Ambiguitätstoleranz gegenüber unlösbar erscheinenden Problemen, gegenüber sozialen Konflikten sowie Offenheit für neue Erfahrungen. Zur Erfassung der Ambiguitätstoleranz wurden für jede Skala sechs Items ausgewählt.

5.3.3 Durchführung

Jeweils zu den Zeitpunkten des Vor- und Nachtests wurde den Lehrpersonen der Fragebogen per Post zugestellt, mit der Bitte diesen innerhalb von drei Wochen ausgefüllt zurück zu senden. Die Zeit für das Ausfüllen des Fragebogens war nicht beschränkt.

5.3.4 Auswertung

Tabelle 15 stellt die Kennwerte der Skalen zum konstruktivistischen Lehr-Lernverständnis und zu den Einstellungen zu naturwissenschaftlichem Unterricht dar. Die Reliabilitätsanalysen zeigen, dass die internen Konsistenzen (Cronbachs alpha) der Skalen „Umgang mit Fehlern", „Restriktivität der Lehrperson" und „Lernbereitschaft" sehr niedrig sind. Diese Skalen wurden in den weiteren Analysen nicht weiter berücksichtigt. Die übrigen Skalen erreichen trotz meist sehr wenigen Items und bei geringer Stichprobengröße ein Cronbachs α zwischen .49 und .87. Dabei erreicht nur die Skala Rivalität zu beiden Messzeitpunkten einen Wert < .60.

Tabelle 15: Kennwerte der Skalen zum konstruktivistischen Lehr-Lernverständnis

Skala	Zeit- punkt	N	Anzahl Items	Cron- bachs α	M	SD	Mini- mum	Maxi- mum
Konstruktivisti- sches Lehr- Lernverständnis	Vortest	47	24	.86	3.75	.47	2.50	4.88
	Nachtest	49	24	.86	3.83	.44	3.00	4.96

Tabelle 16: Kennwerte der Skalen zum naturwissenschaftlichen Unterricht

Skala	Zeit-punkt	N	Anzahl Items	Cron-bachs α	M	SD	Mini-mum	Maxi-mum
Umgang mit Fehlern*	Vortest	48	12	.59	3.30	0.30	3.00	4.00
	Nachtest	49	12	.39	3.29	0.23	2.75	3.75
Restriktivität der Lehrper-son*	Vortest	48	2	.44	3.31	1.05	1.00	5.00
	Nachtest	49	2	.33	3.20	0.95	1.00	5.00
Mitsprache der Schüler/-innen	Vortest	48	3	.60	3.56	0.74	2.00	5.00
	Nachtest	49	3	.57	3.57	0.56	2.67	4.67
Rivalität	Vortest	48	3	.56	1.94	0.62	1.00	4.00
	Nachtest	49	3	.55	1.99	0.54	1.00	3.67
Störneigung	Vortest	48	3	.87	2.15	1.05	4.00	5.00
	Nachtest	49	3	.82	2.22	1.04	1.00	5.00
Lernbereit-schaft*	Vortest	48	3	.33	3.64	0.53	2.00	5.00
	Nachtest	49	3	.41	3.51	0.58	2.00	4.67
Schülerbeteili-gung	Vortest	48	3	.52	3.72	0.58	2.00	5.00
	Nachtest	49	3	.62	3.81	0.59	2.33	5.00
Leistungsdruck	Vortest	48	3	.68	2.95	0.80	1.00	5.00
	Nachtest	49	3	.67	3.04	0.81	1.00	4.67
Unterrichts-druck	Vortest	48	3	.60	2.69	0.80	1.00	5.00
	Nachtest	48	3	.77	2.57	0.86	1.00	5.00
Regel-orientierung	Vortest	48	4	.49	4.05	0.48	3.00	5.00
	Nachtest	49	4	.65	3.98	0.51	2.75	4.75

Anmerkung: Mit * gekennzeichnete Skalen wurden auf Grund zu geringer Reliabilität nicht in die weiteren Analysen aufgenommen.

Tabelle 17: Kennwerte der Skalen zur Ambiguitätstoleranz

Skala	Zeit-punkt	N	Anzahl Items	Cron-bachs α	M	SD	Mini-mum	Maxi-mum
Ambiguitäts-toleranz gegen-über anscheinen-den Problemen	Vortest	48	6	.83	4.73	0.84	2.00	6.00
Ambiguitäts-toleranz gegen-über sozialen Konflikten	Vortest	48	6	.59	3.85	0.71	2.00	6.00
Offenheit für neue Erfahrungen	Vortest	48	8	.70	4.24	0.66	3.00	6.00

5.4 Befragung der Schülerinnen und Schüler zum Unterricht

5.4.1 Zielsetzung

Mittels Fragebogen wurden die Lerneinstellungen und Unterrichtswahrnehmungen der Schülerinnen und Schüler erhoben. Allfällige Einstellungs- bzw. Wahrnehmungsveränderungen zwischen Vor- und Nachtest können mit diesem Instrument überprüft werden.

Eine Befragung mittels Fragebogen war auf Grund der großen Anzahl der Schülerinnen und Schüler naheliegend.

5.4.2 Aufbau und Inhalt

Die Wahrnehmung und Einschätzung der Schülerinnen und Schüler zum Unterricht sowie weitere Merkmale wie sozio-ökonomische Variablen der Herkunftsfamilie, Interesse an naturwissenschaftlichen Themen als auch Angaben im Bereich des selbstregulierten Lernens wurden mit einem Fragebogen erfasst. Veränderungen bei den Ergebnissen der Fragebogen für Schülerinnen und Schüler zwischen Vor- und Nachtest geben Aufschluss über die Wirkung der Intervention.

Einzelne bei den Schülerinnen und Schülern erfasste Konstrukte sind mit jenen im Fragebogen der Lehrpersonen identisch und werden im Folgenden nicht nochmals ausführlich dargestellt. Die Schülerinnen und Schüler der Primar- und Oberstufe erhielten denselben Fragebogen mit wenigen begrifflichen Anpassungen.

Sozio-ökonomische Variablen: Diese werden erhoben, um allfällige Unterschiede zwischen den Interventions- und Kontrollklassen zu erfassen. Zusammenhänge zwischen sozioökonomischen Aspekten der Herkunftsfamilie und Schulerfolg wurden durch die PISA-Studie (Programme for International Student Assessment) erneut sichtbar gemacht (Baumert, Artelt et al., 2002; Baumert, Klieme et al., 2001; Baumert, Klieme et al., o.J.; Baumert & Schümer, 2002; Coradi-Vellacott & Wolter, 2002). Zur Erfassung der sozio-ökonomischen Variablen der Herkunftsfamilien der Schülerinnen und Schüler wurden Items aus dem Schülerfragebogen der PISA Studie entnommen.

Fachspezifisches Interesse und Selbstkonzept: Im Fragebogen wird erhoben, wie stark das Interesse der Schülerinnen und Schüler an Naturwissenschaften ist und wie sie sich selbst in Bezug auf dieses Fach wahrnehmen. Interesse und Leistung bzw. Leistungswahrnehmung stehen in einem Zusammenhang (Köller, Schnabel & Baumert, 2000; Krapp, 1992); wodurch Interesse determiniert ist, kann jedoch in diesem Fragebogen nicht erhoben werden. Für den Fragebogen wurden die Items der PISA-Untersuchung 2000 ausgewählt und sprachlich für die naturwissenschaftlichen Unterrichtsfächer ‚Mensch und Umwelt' bzw. ‚Natur und Technik' angepasst (OECD, 2001).

Lernstrategien: Der Fokus unserer Untersuchung auf verstehensorientiertes Lernen steht im Kontext zu früheren Projekten zum eigenständigen Lernen und der Bedeutung der Metakognition (Beck, Bachmann et al., 1992; Beck, Guldimann & Zutavern, 1995). Im Fragebogen soll deshalb erfasst werden, inwiefern die Schülerinnen und Schüler ihr Lernen selber regulieren und welche Lernstrategien sie einsetzen. Dazu wurden Items aus der PISA-Studie zum selbstregulierten Lernen (Brühwiler, Biedermann & Zutavern, 2002; Zutavern & Brühwiler, 2002) sowie Items aus dem Fragebogen des Kieler Lernstrategien Inventars (Heyn, Baumert & Köller, 1994) verwendet. Es wurden spezifische Items zu folgenden Skalen ausgewählt: Transformation, Memorieren, Elaborieren und Kontrollstrategien.

Umgang mit Fehlern: Für die Schülerinnen und Schüler wurde zunächst die Kurzform des Fragebogens zum Umgang mit Fehlern verwendet (Spychiger, 1998). Dabei werden die folgenden Dimensionen erfasst: Lehrerverhalten, Selbstfaktor kognitiv und Selbstfaktor emotional.

Unterrichtsformen: Es ist erhoben worden, wie die Schülerinnen und Schüler das didaktische Arrangement wahrnehmen. Die Items sind aus der Überarbeitung eines Frageteils des Dortmunder IFS Schulbarometers entwickelt worden (IFS, 1999).

Unterrichtsklima: Zur Erfassung des Unterrichtsklimas wurde ein Instrument von

Eder und Mayr (2000) ausgewählt, welches für die in unserem Projekt einbezogenen Alterskategorien von Schülerinnen und Schülern entwickelt wurde. Für den Fragebogen der Hauptstudie wurden die folgenden Skalen ausgewählt: Gerechtigkeit, Pädagogisches Engagement, Mitsprache, Rivalität, Störneigung, Lernbereitschaft, Schülerbeteiligung, Leistungsdruck, Vermittlungsqualität, Unterrichtsdruck,

Regelorientierung. Die Beschreibung der einzelnen Skalen findet sich in Tabelle 18.

Tabelle 18: Beschreibung der Konstrukte zum Unterrichtsklima

Gerechtigkeit	Ausmaß, in dem sich Schülerinnen und Schüler sachlich und im Vergleich zu ihren Mitschülerinnen und -schülern gerecht und fair behandelt fühlen.
Pädagogisches Engagement	Ausmaß und Häufigkeit persönlich-föderlichen, zuwendenden, sorgenden, bemühten und nicht-lenkenden Lehrerverhaltens.
Mitsprache	Ausmaß, in dem sich Schülerinnen und Schüler an Entscheidungen beteiligen können.
Rivalität	Ausmaß, in dem in einer Klasse individueller Erfolg und individuelles Leistungsstreben zu Lasten der Mitschülerinnen und -schüler dominiert.
Störneigung	Ausmaß, in dem die Schülerinnen und Schüler einer Klasse nach ihren eigenen Angaben wenig Disziplin halten bzw. absichtlich stören.
Lernbereitschaft	Ausmaß, in dem sich die Schülerinnen und Schüler einer Klasse selbst bzw. insgesamt als lernwillig und lerninteressiert beschreiben.
Schülerbeteiligung im Unterricht	Ausmaß, in dem die Schülerinnen und Schüler aktiv und eigenständig im Unterricht mitarbeiten können.
Leistungsdruck	Ausmaß der Belastung und persönlichen Überforderung der Schülerinnen und Schüler durch die schulischen Anforderungen.
Vermittlungsqualität	Ausmaß, in dem sich die Lehrer bemühen, den Unterricht interessant, anschaulich und einprägsam zu gestalten.
Unterrichtsdruck	Ausmaß, in dem der Unterricht durch hohes Tempo und fehlende Erklärungsqualität geprägt ist.
Regelorientierung	Ausmaß, in dem das Verhalten der Schülerinnen und Schüler durch Vorschriften klar geregelt ist, sowie das Ausmaß, in dem die Einhaltung von Regeln überprüft wird.

5.4.3 Durchführung

Die mit der Post zugestellten Fragebogen wurden von den Lehrpersonen administriert. Um möglichst zuverlässige Antworten zu erhalten, wurde eine Unterrichtslektion für die Beantwortung des Fragebogens reserviert. Es bestand jedoch keine Zeitbeschränkung. Zur Wahrung der Anonymität legten die Schülerinnen und Schüler nach dem Ausfüllen ihre Fragebogen direkt ins Antwortkuvert und verschlossen dieses.

5.4.4 Auswertung

Tabelle 19 bis Tabelle 21 stellen die Kennwerte der Skalen zu verschiedenen Aspekten des selbstregulierten Lernens, zum Unterrichtsklima und zum Umgang mit Fehlern dar. Die Reliabilitätsanalysen zeigen, dass die internen Konsistenzen (Cronbachs α) angesichts der meist geringen Itemanzahl ausreichend bis zufrieden stellend sind. Zudem handelt es sich um Skalen, die an großen Stichproben geeicht wurden, weshalb keine Skalen aus Gründen zu geringer interner Konsistenzen ausgeschlossen werden.

Tabelle 19: Kennwerte der Skalen zum selbstregulierten Lernen

Skala	Zeitpunkt	N	Anzahl Items	Cronbachs α	M	SD	Minimum	Maximum
Fachspezifisches Interesse	Vortest	964	5	0.78	2.91	0.61	1.00	4.00
	Nachtest	897	5	0.79	2.85	0.61	1.00	4.00
Fachspezifisches Selbstkonzept	Vortest	955	3	0.84	2.84	0.66	1.00	4.00
	Nachtest	894	3	0.86	2.77	0.69	1.00	4.00
Transformation	Vortest	961	3	0.72	2.41	0.72	1.00	4.00
	Nachtest	896	3	0.79	2.25	0.77	1.00	4.00
Memorieren	Vortest	963	4	0.72	2.91	0.64	1.00	4.00
	Nachtest	896	4	0.79	2.82	0.71	1.00	4.00
Elaborieren	Vortest	960	3	0.67	2.64	0.64	1.00	4.00
	Nachtest	897	3	0.74	2.54	0.71	1.00	4.00
Kontrollstrategien	Vortest	963	4	0.63	3.23	0.51	1.00	4.00
	Nachtest	896	4	0.61	3.20	0.51	1.00	4.00

Tabelle 20: Kennwerte der Skalen zum Unterrichtsklima in den naturwissenschaftlichen Fächern

Skala	Zeit-punkt	N	Anzahl Items	Cron-bachs α	M	SD	Mini-mum	Maxi-mum
Gerechtigkeit	Vortest	959	3	0.59	3.95	0.84	1.00	5.00
	Nachtest	896	3	0.64	4.00	0.85	1.00	5.00
Pädagogisches Engagement	Vortest	960	3	0.57	3.92	0.75	1.00	5.00
	Nachtest	896	3	0.59	3.83	0.81	1.00	5.00
Mitsprache	Vortest	957	3	0.71	3.36	0.82	1.00	5.00
	Nachtest	894	3	0.75	3.30	0.86	1.00	5.00
Rivalität	Vortest	950	3	0.72	2.20	0.93	1.00	5.00
	Nachtest	888	3	0.71	2.15	0.91	1.00	5.00
Störneigung	Vortest	960	3	0.63	2.91	0.93	1.00	5.00
	Nachtest	895	3	0.67	2.93	0.97	1.00	5.00
Lernbereitschaft	Vortest	960	3	0.46	3.55	0.73	1.00	5.00
	Nachtest	896	3	0.51	3.41	0.76	1.00	5.00
Schülerbeteiligung	Vortest	957	3	0.45	3.44	0.66	1.00	5.00
	Nachtest	893	3	0.53	3.47	0.68	1.00	5.00
Leistungsdruck	Vortest	958	3	0.55	3.82	0.80	1.00	5.00
	Nachtest	897	3	0.51	3.77	0.82	1.00	5.00
Vermittlungs-qualität	Vortest	959	3	0.72	2.91	0.93	1.00	5.00
	Nachtest	897	3	0.70	2.93	0.97	1.00	5.00
Unterrichtsdruck	Vortest	961	3	0.79	2.40	0.98	1.00	5.00
	Nachtest	895	3	0.79	2.33	0.95	1.00	5.00
Regelorientierung	Vortest	961	4	0.64	3.80	0.66	1.40	5.00
	Nachtest	895	4	0.68	3.75	0.70	1.00	5.00

Tabelle 21: Kennwerte der Skalen zum Umgang mit Fehlern

Skala	Zeit-punkt	N	Anzahl Items	Cron-bachs α	M	SD	Mini-mum	Maxi-mum
Lehrerverhalten bei Fehlern (Schülerangabe)	Vortest	962	7	0.77	3.17	0.54	1.00	4.00
	Nachtest	895	7	0.76	3.24	0.52	1.29	4.00
Schüleremotion bei Fehlern (Schülerangabe)	Vortest	962	4	0.80	1.80	0.68	1.00	4.00
	Nachtest	895	4	0.79	1.63	0.62	1.00	4.00

5.5 Leistungstest für Lehrpersonen zum Fachwissen ‚Keimung von Samen'

5.5.1 Zielsetzung

In verschiedenen Studien und theoretischen Modellen zu den Bedingungsfaktoren schulischer Leistungen (u.a. Wang, Haertel & Walberg, 1993; Helmke & Weinert, 1997) fällt auf, dass bei der Variablen ‚Lehrperson' die Klassenführung und die didaktische Kompetenz im Zentrum stehen. Die Sachkompetenz wird ab und zu erwähnt, oft einfach vorausgesetzt und deren Einfluss kaum untersucht. Demgegenüber hat Lingelbach (1994) im Rahmen der SCHOLASTIK-Studie (Weinert & Helmke, 1997) gezeigt, dass sich erfolgreiche Lehrpersonen im Kontrast zu weniger erfolgreichen nicht nur durch gute Klassenführungs-, Diagnose- und Didaktikkompetenzen unterscheiden, sondern auch über besseres curriculares Fachwissen verfügen. Beim Fachwissen wird oft zwischen curricularem, d.h. auf das Schulwissen bezogenem Wissen und Fachwissen im Sinne von fachwissenschaftlichem Wissen unterschieden. Zum Verständnis der adaptiven Lehrkompetenz ist es wichtig, auch den Einfluss des Fachwissens der Lehrpersonen auf die Diagnose-, Klassenführungs- und Didaktikkompetenz einerseits und auf die Leistungen der Schülerinnen und Schüler andererseits zu untersuchen.

5.5.2 Entwicklung

Zur Überprüfung des Fachwissens der Lehrpersonen der Versuchs- und der Kontrollgruppe wurde durch eine Naturwissenschaftlerin und einen Naturwissenschaftler, die in der Lehrerausbildung tätig sind, ein Leistungstest (inkl. Lösungsschlüssel) zum Thema ‚Keimung und Entwicklung von Samen' erstellt. Den Lehrpersonen der Primar- und der Sekundarstufe wurden dieselben Aufgaben vorgelegt. Der Leistungstest bezog sich auf das wissenschaftliche Sachwissen zur Unterrichtsreihe ‚Keimung und Entwicklung von Samen' (siehe Anhang C). Der Leistungstest bestand aus insgesamt 13 (Teil-)Aufgaben zu den sieben Themen Samenbau, Nährstoffvorrat, Keimruhe, Keimungsbedingungen, Keimungsversuche, Keimling und Verbreitungsarten.

5.5.3 Durchführung

Der Leistungstest wurde nach der Unterrichtsreihe ‚Keimung und Entwicklung von Samen' von allen Versuchs- und Kontrollklassenlehrpersonen als Einzeltest am Kompetenzzentrum durchgeführt. Die Durchführung eines Leistungstests wurde den Lehrpersonen nur sehr allgemein angekündigt, sodass keine spezielle themenspezifische Vorbereitung möglich war. Für das Lösen der Aufgaben wurde keine Zeitlimite vorgegeben. Sowohl die Lehrpersonen der Primarstufe als auch der Oberstufe hatten denselben Test zu lösen. Im Durchschnitt dauerte der Leistungstest 60 Minuten.

5.5.4 Auswertung

Die Auswertung der Leistungstests erfolgte anhand des Lösungsschlüssels durch eine unabhängige Fachlehrperson. Auf Grund der Reliabilitätsanalyse wurden zwei Teilaufgaben aus den Bereichen Nährstoffvorrat und Keimungsbedingungen nicht in die Analysen mit aufgenommen. Die verbleibenden Aufgaben decken sämtliche sieben Themen ab, wobei die Teilaufgaben so zusammengefasst wurden, dass jedes Thema einer Aufgabe entspricht. Diese sieben Items erreichen einen standardisierten Reliabilitätskoeffizienten von Cronbachs $\alpha = .63$. Obwohl die Aufgaben zu den Themen Samenbau ($r_{it} = .22$) und Verbreitungsarten ($r_{it} = .16$) Trennschärfekoeffizienten von weniger als .30 erreichen, werden die beiden Aufgaben im Test belassen, um einen möglichst breiten Wissensbereich abzudecken.

Die Testergebnisse wurden z-standardisiert und auf eine Skalenmetrik mit einem Mittelwert von 50 und einer Standardabweichung von 10 transformiert. Die Ergebnisse der Primarlehrpersonen und der Oberstufenlehrpersonen sind auf derselben Skala abgebildet und können direkt miteinander verglichen werden. Tabelle 22 stellt die Kennwerte des Leistungstests dar.

Tabelle 22: Kennwerte im fachwissenschaftlichen Test ‚Keimung von Samen' für Lehrpersonen

N	Anzahl Items	Cron-bachs α	M	SD	Minimum	Maximum
48	7	.63	50	10	31.52	76.20

Anmerkung: Cronbachs alpha für standardisierte Items.

5.6 Leistungstest in Naturwissenschaften für Schülerinnen und Schüler

5.6.1 Zielsetzung

Das fachspezifische Vorwissen der Schülerinnen und Schüler ist nicht nur eine wichtige Bedingung für weiteren Lernerfolg, sondern hat auch wesentlichen Einfluss auf das Verhalten von Lehrpersonen, etwa auf Merkmale der Instruktionsqualität (Helmke & Weinert, 1997). Aus diesem Grund werden mit einem Wissenstest die naturwissenschaftlichen Kompetenzen der Schülerinnen und Schüler erfasst. Somit können klassenspezifische Lernvoraussetzungen mit in die Analyse der adaptiven Lehrkompetenz aufgenommen werden. Im Nachtest wird überprüft, ob die Intervention einen positiven Einfluss auf den Leistungszuwachs bei den Schülerinnen und Schülern ausübt hat. Zudem sollen jene Faktoren erkannt werden, die mit erfolgreichem Lernen verbunden sind.

5.6.2 Aufbau und Inhalte

Für den naturwissenschaftlichen Test für die Schülerinnen und Schüler wurde auf Aufgaben der beiden großen internationalen Schulleistungsstudien TIMSS und PISA zurückgegriffen. So konnten testtheoretisch gut gesicherte und an großen Stichproben geeichte Aufgaben eingesetzt werden.

Der Test für die Oberstufe umfasst 26 Aufgaben, wovon 22 aus den naturwissenschaftlichen TIMSS-Aufgaben der Population 2 (7. und 8. Klasse) stammen (Beaton, Martin et al., 1996). Vier Aufgaben sind den Beispielaufgaben von PISA 2000 bzw. dem Feldtest für PISA 2003 entnommen. Der Aufgabensatz für die Primarstufe besteht aus 20 ausgewählten naturwissenschaftlichen Aufgaben der TIMS-Studie (Martin, Mullis et al., 1997). 16 Aufgaben wurden aus der TIMS-Studie 1 entnommen (3. und 4. Klasse), vier Aufgaben aus der Studie 2 (7. und 8. Klasse).

Die Aufgaben stammen aus den Fachbereichen *Erdkunde, Biologie, Physik, Chemie* und *Umwelt* (Tabelle 23). Die Aufgaben wurden so ausgewählt, dass in den Tests ein breites Schwierigkeitsspektrum abgedeckt wird.

Tabelle 23: Testaufgaben im naturwissenschaftlichen Leistungstest nach Fachbereichen

Fachbereich	Anzahl Aufgaben	
	Oberstufe	Primarstufe
Erdkunde	5	3
Biologie	7	8
Physik	9	8
Chemie	5	-
Umwelt	-	1
Total	26	20

5.6.3 Durchführung

Die Schülerinnen und Schüler der Interventionsgruppe wie auch der Kontrollgruppe lösten je einen Test vor und nach der Interventionsphase. Die Lehrpersonen führen den Test durch und erhielten genaue Anweisungen zum Ablauf. Der Test dauerte jeweils 45 Minuten.

5.6.4 Auswertung

Tabelle 24 zeigt die Kennwerte des Leistungstests ‚Naturwissenschaften Schülerinnen und Schüler', aufgeschlüsselt nach Zeitpunkt und Stufe. Beim Test für die Oberstufe wurde ein Item (zum Thema Sauerstoffnachweis) nicht mehr berücksichtigt, da sich die Korrektur dieser Aufgabe als problematisch erwies. Dieser Eindruck wurde in der Reliabilitätsanalyse durch die geringe Trennschärfe des Items bestätigt (r_{it} = .10 im Vortest bzw. r_{it} = .23 im Nachtest). Mit den verbleibenden 25 Items des Testes für die Oberstufe ergaben sich standardisierte Reliabilitätskoeffizienten von Cronbachs-α = .75 für den Vortest und .76 für den Nachtest. Beim Test für die Primarstufe liegen die Werte mit α = .60 für den Vortest und α = .59 für den Nachtest deutlich tiefer als beim Test für die Oberstufe. In den tiefen Reliabilitätskoeffizienten widerspiegelt sich zwar die Mehrdimensionalität der Testaufgaben. Um eine möglichst breite Abdeckung verschiedenster naturwissenschaftlicher Themen zu gewährleisten und weil keine Trennschärfekoeffizienten beim Vor- und Nachtest kleiner als r_{it} = .10 waren, wurden dennoch sämtliche Aufgaben im Test belassen.

Tabelle 24: Kennwerte des Leistungstests in Naturwissenschaften für Schülerinnen und Schüler

Leistungstest in Naturwissenschaften	N	Anzahl Items	Cronbachs α	M	SD	Minimum	Maximum
Vortest							
Primarstufe	502	20	.60	50	10	16.27	73.63
Oberstufe	460	25	.75	50	10	24.52	75.80
Nachtest							
Primarstufe	467	20	.59	56.05	9.75	20.09	73.63
Oberstufe	439	25	.76	55.30	11.28	24.52	80.46

Anmerkung: Cronbachs alpha für standardisierte Items.

5.6.5 Anstrengungsbereitschaft beim Lösen des Tests

Um mögliche Effekte der Intervention auf die Anstrengungsbereitschaft der Schülerinnen und Schüler beim Lösen der Tests zu prüfen, wurden die Schülerinnen und Schüler am Ende des Tests gefragt, wie sehr sie sich bei diesem Leistungstest angestrengt hätten. Damit kann auch überprüft werden, ob das zweimalige Lösen identischer Testaufgaben einen Einfluss auf die Testmotivation hat.

Die Anstrengungsbereitschaft der Schülerinnen und Schüler beim Lösen der Testaufgaben ist nach eigenen Angaben mit M = 7.63 im Vortest und M = 7.47 im

Nachtest (Skala von 0 bis 10) als ziemlich hoch zu werten (vgl. Tabelle 25). Die
etwas geringere Testanstrengung im Nachtest gegenüber dem Vortest ist statistisch
nicht signifikant.

Ebenso sind zwischen Schülerinnen und Schülern der Interventionsgruppe und
der Kontrollgruppe weder im Vor- noch im Nachtest signifikante Unterschiede in
der Testmotivation festzustellen. Diese Ergebnisse lassen darauf schließen, dass allfällige durch die Intervention hervorgerufene Erwartungseffekte keinen Einfluss
darauf hatten, wie stark sich die Schülerinnen und Schüler in der Testsituation angestrengt haben.

Tabelle 25: Anstrengungsbereitschaft im Naturwissenschaftstest nach Interventions-
und Kontrollgruppe

		M	SD	N
Vortest	Interventionsgruppe	7.67	2.00	555
	Kontrollgruppe	7.55	1.71	286
	Total	7.63	1.90	841
Nachtest	Interventionsgruppe	7.55	2.27	555
	Kontrollgruppe	7.33	2.34	286
	Total	7.47	2.29	841

5.7 Test zur Erfassung des Leistungszuwachses in der Unterrichtsreihe ‚Keimung und Entwicklung von Samen'

5.7.1 Zielsetzung

Die Unterrichtsreihe ‚Keimung und Entwicklung von Samen' fand nach der Interventionsphase des Projekts statt. Mit den Tests zur Unterrichtsreihe wurde das Ziel
verfolgt, den *Lernerfolg der Schülerinnen und Schüler* unter vergleichsweise standardisierten Bedingungen in einem eingeschränkten Sachbereich und einem begrenzten Zeitraum zu messen. Unterschiede im Lernfortschritt der Klasse können
somit hauptsächlich auf den konkreten Unterricht zurückgeführt werden. Alternative Erklärungsgrößen sind einerseits im Schülerfragebogen (z.B. der Zeitaufwand
für Hausaufgaben oder die Lernzeit für die Prüfung) und andererseits über Einschätzungen der Lehrpersonen (z.B. das Interesse der Schülerinnen und Schüler,
das eigene Interesse, die wahrgenommene Über- bzw. Unterforderung der Schülerinnen und Schüler oder der Umfang der Hausaufgaben zum Thema) erfasst worden.

Zudem wurde die Unterrichtsreihe dazu genutzt, die *diagnostischen Kompetenzen der Lehrpersonen* zur Lernzielerreichung der Schülerinnen und Schüler zu er-

fassen. Im Unterschied zur Erfassung der diagnostischen Kompetenz im Vignetten- oder Videotest wird bei der Unterrichtsreihe nicht eine allgemeine diagnostische Kompetenz, sondern das Wissen der Lehrpersonen über den Lernstand der eigenen Schülerinnen und Schüler in einem spezifischen Fachgebiet ermittelt.

5.7.2 Aufbau und Entwicklung des Tests zur Unterrichtsreihe ‚Keimung von Samen'

Die Überprüfung des Leistungszuwachses erfolgte mittels eines Tests vor der Unterrichtsreihe zur Erfassung des themenspezifischen Vorwissens der Schülerinnen und Schüler sowie eines abschließenden Tests zur Bestimmung der Lernzielerreichung. Für die beiden Stufen wurde je ein spezifischer Test entwickelt, der sich an den vorgegebenen Lernzielen orientiert. Die Testaufgaben und der Lösungsschlüssel wurden durch einen Fachdidaktik-Dozenten der Oberstufe und eine Fachdidaktik-Dozentin der Primarstufe konstruiert. Durch den Einbezug von Fachleuten, die sowohl mit den fachlichen Inhalten als auch den Lehrplanvorgaben gut vertraut sind, konnte eine hohe curriculare Validität gewährleistet werden. Der Test besteht für die Oberstufe aus insgesamt 14, für die Primarstufe aus 12 Aufgaben (siehe Anhang C). Es wurde darauf geachtet, dass sowohl geschlossene als auch offene Antwortformate entwickelt wurden.

Damit die Schülerinnen und Schüler in den beiden Tests vor und nach der Unterrichtsreihe nicht dieselben Testaufgaben lösen mussten und sich durch die Testwiederholung kein Wiedererkennungs- bzw. Lerneffekt einstellen konnte, wurde ein Testdesign mit Multi-Matrix Sampling gewählt. Die Testaufgaben wurden auf mehrere Testhefte verteilt, so dass die Schülerinnen und Schüler nicht alle Aufgaben zu lösen hatten. Die Grundidee eines Testdesigns mit Multi-Matrix Sampling besteht in der systematischen Zuordnung einzelner Aufgabeneinheiten zu verschiedenen Testheften. Die Testhefte enthalten – vergleichbar mit dem PISA-Testdesign (vgl. Adams & Wu, 2002; Baumert, Stanat & Demmrich, 2001) – teilweise dieselben, teilweise verschiedene Aufgaben, die zufällig auf die zu testenden Schülerinnen und Schüler verteilt werden. Dieses Vorgehen erlaubt bei entsprechender Aufteilung der Testhefte, dass die Schülerinnen und Schüler beim Vor- und Nachtest nicht zweimal identische Aufgaben zu bearbeiten haben. Die Testleistungen sind aber trotzdem über beide Testzeitpunkte vergleichbar, da sie sich mittels probabilistischer Testmodelle auf einer gemeinsamen Kompetenzskala abbilden lassen.

Tabelle 26: Testdesign für die Messung des Leistungszuwachses in der Unterrichtsreihe ‚Keimung und Entwicklung von Samen'

Testheft	Aufgabenblöcke	Vortest zur Erfassung des Vorwissens	Nachtest zur Erfassung der Lernzielerreichung
Testheft 1	A+E+B	Heft 1 (AEB)	Heft 3 (CED)
Testheft 2	B+E+C	Heft 2 (BEC)	Heft 4 (DEA)
Testheft 3	C+E+D	Heft 3 (CED)	Heft 1 (AEB)
Testheft 4	D+E+A	Heft 4 (DEA)	Heft 2 (BEC)

Die Aufgaben der (stufenspezifischen) Tests zur Unterrichtsreihe ‚Keimung und Entwicklung von Samen' wurden in die vier Aufgabenblöcke (A bis D) aufgeteilt (Tabelle 35), die möglichst viele der verschiedenen Lernziele abdecken und zeitlich etwa mit dem gleichen Aufwand zu lösen sind. Die Aufgabenblöcke A bis D kommen dabei immer nur in zwei Testheften vor, werden aber zu den beiden Messzeitpunkten von unterschiedlichen Schülerinnen und Schülern gelöst. So bearbeitete beispielsweise ein Schüler, der im Vortest das Heft 1 mit den Aufgabenblöcken A+B erhalten hatte, im Nachtest das Heft 3 mit den Aufgabenblöcken C+D. Nur je zwei Aufgaben (Block E) wurden in jedem Testheft gestellt. Diese beiden Aufgaben lösten die Schülerinnen und Schüler somit zu beiden Messzeitpunkten.

5.7.3 Durchführung der Tests zur Erfassung des Leistungszuwachses in der Unterrichtsreihe ‚Keimung und Entwicklung von Samen'

Die Tests wurden gemäß dem oben dargestellten multiplen Matrixdesign von den Lehrpersonen nach standardisierten Vorgaben durchgeführt. Die Testzeit war auf 45 Minuten begrenzt. Der erste Test musste vor Beginn der Unterrichtsreihe durchgeführt werden, um das themenspezifische Vorwissen der Schülerinnen und Schüler zu erfassen. Im Gegensatz zum ersten Test, wurde der zweite von den Lehrpersonen als Prüfung über die Unterrichtsreihe angekündigt, so dass die Schülerinnen und Schüler Gelegenheit hatten, sich gezielt darauf vorzubereiten.

Die Unterrichtsreihe wurde auch dazu genutzt, um die diagnostischen Kompetenzen der Lehrpersonen bezüglich der Lernzielerreichung der eigenen Schülerinnen und Schüler zu erfassen. Die Lehrpersonen mussten dazu auf einer Klassenliste für alle Schülerinnen und Schüler einzeln einschätzen, wie gut sie die vorgegebenen Lernziele in der Unterrichtsreihe erreicht haben. Die Einschätzung erfolgte nach Abschluss der Unterrichtsreihe auf einer 5er-Skala mit den Antwortmöglichkeiten 1 ‚klar nicht erreicht', 2 ‚knapp nicht erreicht', 3 ‚erreicht', 4 ‚übertroffen', 5 ‚weit übertroffen'.

5.7.4 Auswertung und Skalierung der Tests zur Unterrichtsreihe ‚Keimung und Entwicklung von Samen'

Durch das gewählte Multi-Matrix-Design haben die Schülerinnen und Schüler je nach Testheft unterschiedliche Aufgaben bearbeitet, wodurch die Datenmatrix zufällig verteilte fehlende Werte aufweist. Für die Auswertung solcher Datensätze werden Verfahren der Item-Response-Theorie (IRT) verwendet, da die Itemparameter unabhängig von den Personen (stichprobenunabhängig) geschätzt werden müssen (vgl. z.B. Rost, 2004). Mit den IRT-Modellen lassen sich die Leistungen der Schülerinnen und Schüler auf derselben Skala abbilden, obwohl sie unterschiedliche Aufgaben gelöst haben.

Die Korrektur und Codierung der Testhefte zur Unterrichtsreihe erfolgte durch eigens dafür geschulte Studierende der Pädagogischen Hochschule St. Gallen. Für die Skalierung der Tests wurden nur die Ergebnisse jener Schülerinnen und Schüler berücksichtigt, von denen sowohl für den Vor- wie für den Nachtest Daten vorliegen.

Für die Berechnung der Itemkennwerte und Personenparameter wurde die Software RUMM 2020 (Rasch Unidimensional Models for Measurement) eingesetzt. Das verwendete probabilistische Testmodell lässt sich sowohl auf dichotome Items als auch auf Aufgaben mit Teillösungen (Partial Credit Model) anwenden.

Die Tests für die beiden Stufen wurden unabhängig voneinander skaliert. Es wurden also je separate Itemparameter und Fähigkeitswerte der Schülerinnen und Schüler berechnet. Vor- und Nachtest wurden hingegen gemeinsam modelliert, da es sich um denselben Aufgabenpool handelt.

Die Testkennwerte zeigen, dass die Tests zur Unterrichtsreihe den Kriterien einer IRT-Skalierung genügen und die Messmodelle die empirische Datengrundlage ausreichend genau abbilden (Tabelle 27). Der Test für die Primarstufe erfüllt die Reliabilitätskriterien zufrieden stellend, die Reliabilität für den Oberstufentest ist hoch. Der Test für die Primarstufe war mit einem Personenparameter von .22 (Lösungswahrscheinlichkeit ist höher als 50%) etwas leichter als der Test für die Oberstufe. Abbildung 6 und Abbildung 7 und zeigen die Aufgabenverteilungen gemäß ihrem Schwierigkeitsgrad und stellen sie den Fähigkeitswerten der Schülerinnen und Schüler gegenüber.

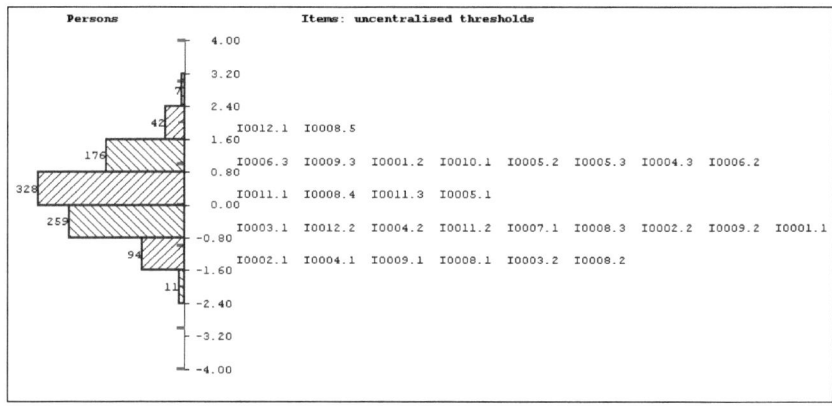

Abbildung 6: Schwierigkeitsgrad der Aufgaben (Item Map) für den Test zur Unterrichtsreihe der Primarstufe

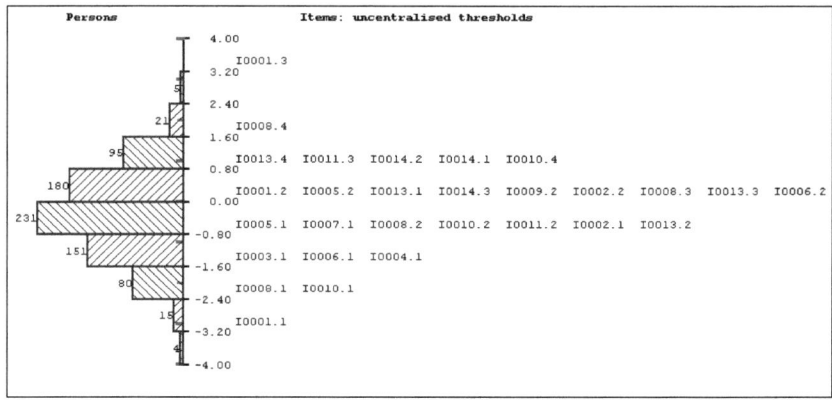

Abbildung 7: Schwierigkeitsgrad der Aufgaben (Item Map) für den Test zur Unterrichtsreihe der Oberstufe

Anhand einer Beispielaufgabe (Item 5: Samenbestandteile; vgl. Abbildung 8) aus dem Test für die Oberstufe soll die Skalierung illustriert werden. Die Schülerinnen und Schüler mussten bei dieser Aufgabe aus elf Antwortvorgaben die sechs korrekten Antworten (Samenbestandteile) ankreuzen. Pro zwei richtige Antworten wurde ein Punkt vergeben, falsche Antworten wurden mit gleichviel Abzug ‚bestraft'. Bei dieser Aufgabe konnten 0, 1, 2 oder 3 Punkte erreicht werden (Partial Credit Item mit vier Lösungskategorien).

Samenbestandteile *OS 05*

Woraus besteht ein reifer Same? Kreuze die richtigen Antworten an.

☐ Fruchtknoten   ☐ Keimzelle

☐ Samenschale   ☐ Keimwurzel

☐ Kapsel   ☐ Speicherstoffen

☐ Nährgewebe   ☐ Keimblatt

☐ Embryo   ☐ Samenanlage

                                    ☐ Fruchtwand

Abbildung 8: Beispielaufgabe (Item 5: Samenbestandteile) aus dem Test für die Oberstufe

Für solche Aufgaben, die mehrere Teilantworten zulassen, wird das Partial-Credit-Model (PCM) angewendet. Die jeweiligen Teilantworten können dabei als unterschiedlich schwierige Einzelaufgaben aufgefasst werden, wobei sich dabei die Antwortwahrscheinlichkeiten gegenseitig bedingen. So ist bei der Aufgabe 5 zu den Samenbestandteilen zu erwarten, dass Schülerinnen und Schüler mit hohen Fähigkeiten (positive Personenparameter) mit hoher Wahrscheinlichkeit die richtige Lösung (3 Punkte), mit geringerer Wahrscheinlichkeit eine teilweise richtige Lösung (2 bzw. 1 Punkte) und mit sehr geringer Wahrscheinlichkeit eine völlig falsche Lösung finden (Abbildung 9). Umgekehrt ist bei Schülerinnen und Schülern mit schwachen Leistungen im Gesamttest die Wahrscheinlichkeit für eine falsche Antwort am höchsten. Je weiter man sich auf der Leistungsdimension nach rechts begibt, umso größer wird die Wahrscheinlichkeit einer teilweise richtigen Lösung.

Der Itemparameter von .085 verweist darauf, dass es sich um eine mittelschwere Aufgabe handelt. Durchschnittliche Oberstufenschülerinnen und -schüler erreichen mit hoher Wahrscheinlichkeit mindestens einen Punkt, wobei bereits leicht überdurchschnittliche Schülerinnen und Schüler (mit einem Fähigkeitswert > .085) eher zwei oder ab einem Wert von ca. 0.8 sogar alle drei Punkte erzielen.

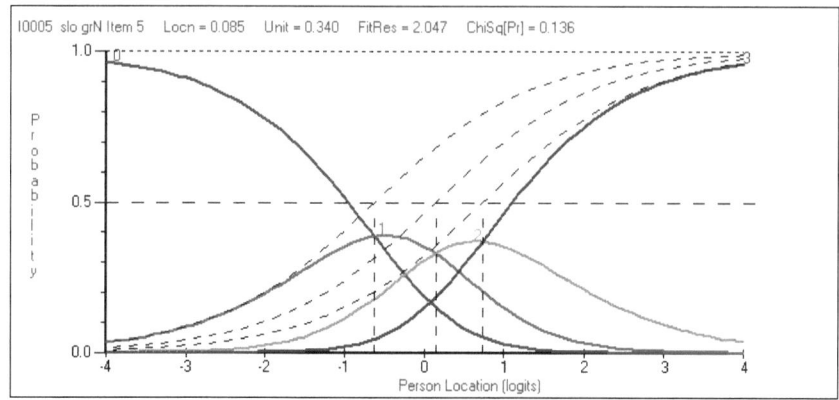

Abbildung 9: Kategorien-Wahrscheinlichkeits-Kurven (Category Probability Curves) am Beispiel des Items 5 (Samenbestandteile) aus dem Test für die Oberstufe

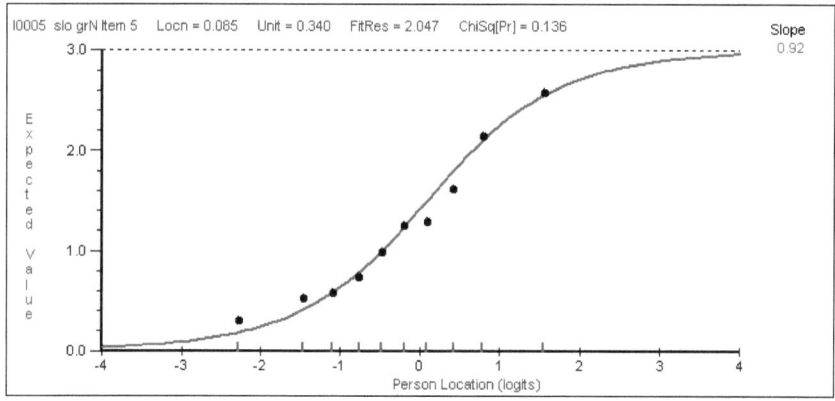

Abbildung 10: Item Characteristic Curve (ICC) und beobachtete Werte am Beispiel des Items 5 (Samenbestandteile) aus dem Test für die Oberstufe

Abbildung 10 zeigt die *Item Characteristic Curve* (ICC) für die Aufgabe 5. Sie veranschaulicht die Beziehung zwischen dem – mit dem Gesamttest gemessenen – (latenten) Fähigkeitsmerkmal und der erwarteten Punktzahl im (manifesten) Item. Die Punkte in der Abbildung repräsentieren die beobachteten Punktzahlen in diesem Item für zehn Gruppen von Schülerinnen und Schülern, die auf Grund der Fähigkeitswerte gebildet wurden. Die Abbildung verdeutlicht, dass für diese Aufgabe eine Grundbedingung von IRT-Modellen gut erfüllt ist, nämlich dass Schülerinnen und Schüler mit zunehmender Fähigkeit die Aufgabe auch eher richtig lösen müssten. Überdies lässt sich aus der ICC ablesen, wie gut eine Aufgabe diskriminiert. Je steiler die Kurve, desto stärker trennt die Aufgabe zwischen besseren und schwächeren Schülerinnen und Schülern. Umgekehrt können Aufgaben mit flachen Steigungen kaum zwischen guten und weniger guten Schülerinnen und Schülern unterscheiden. Weder eine zu starke noch eine zu geringe Diskrimination ist wünschenswert. Die abgebildete Steigung liegt mit einem Wert von 0.92 nahe am Idealwert von 1.

Auf Grund der ermittelten Fähigkeitsparameter mussten sechs extreme Ausreißer aus den weitern Analysen zu den Testleistungen der Unterrichtsreihe ausgeschlossen werden, womit 849 Schülerinnen und Schüler mit gültigen Werten verbleiben.

Anschließend wurden die Testleistungen im Vortest – analog zum Vorgehen beim allgemeinen naturwissenschaftlichen Test – z-standardisiert und auf eine Skalenmetrik mit einem Mittelwert von 50 und einer Standardabweichung von 10 transformiert (vgl. Tabelle 27). Die Testwerte für den Nachtest wurden auf der Basis des Vortests so verankert, dass die Leistungsdifferenzen erhalten blieben.

Tabelle 27: Kennwerte der Tests zur Unterrichtsreihe ‚Keimung und Entwicklung von Samen‘

	N	Zahl der Items	M	SD	Minimum	Maximum
Vortest	849	12 / 14	50	10	12.24	72.58
Nachtest	849	12 / 14	65.12	11.07	72.58	95.93

Anmerkung: Der Test für die Primarstufe besteht aus 12, der Test für die Oberstufe aus 14 Items.

5.7.5 Diagnose der Lernzielerreichung in der Unterrichtsreihe ‚Keimung und Entwicklung von Samen‘

Neben der Erfassung des Leistungszuwachses der Schülerinnen und Schüler wurden die mit der Unterrichtsreihe verbundenen Tests auch zur Bestimmung diagnostischer Kompetenzen der Lehrpersonen genutzt. Um ein Maß für die Genauigkeit der Lernstandsdiagnose jeder Lehrperson zu erhalten, wurden die Leistungen der Schülerinnen und Schüler in fünf Gruppen eingeteilt und mit der Einschätzung der Lernzielerreichung durch die Lehrpersonen korreliert (Rangkorrelation nach Spearman). Zu diesem Zweck mussten die Lehrpersonen für alle Schülerinnen und Schüler einzeln einschätzen, wie gut sie die vorgegebenen Lernziele in der Unterrichtsreihe ‚Keimung von Samen‘ erreicht haben. Die Einschätzung erfolgte nach Abschluss der Unterrichtsreihe auf einer 5er-Skala mit den Antwortmöglichkeiten 1 ‚klar nicht erreich‘, 2 ‚knapp nicht erreich‘, 3 ‚erreich‘, 4 ‚übertroffen‘, 5 ‚weit übertroffen‘.

Der resultierende Korrelationskoeffizient wird als Maß für die Übereinstimmung der Einschätzung mit der tatsächlich erbrachten Testleistung verwendet. Eine Lehrperson mit einem Wert von +1 (entspricht maximaler Diagnosegenauigkeit) hat für jede Schülerin und jeden Schüler genau angeben können, in welcher der fünf Leistungsgruppen sie bzw. er sich befindet. Eine Korrelation von 0 bedeutet, dass der Zusammenhang zwischen Lehrereinschätzung und Schülerleistung völlig zufällig ist. Negative Werte zeigen an, dass der Zusammenhang umgekehrt proportional ist, also Schülerinnen und Schüler mit schwachen Testleistungen als jene mit hoher Lernzielerreichung bezeichnet wurden (und umgekehrt).

Tabelle 28: Kennwerte der diagnostischen Kompetenz der Lehrpersonen zur Lernzielerreichung der Schülerinnen und Schüler in der Unterrichtsreihe ‚Keimung und Entwicklung von Samen'

	N	M	SD	Minimum	Maximum
Diagnosekompetenz Lernzielerreichung	47	.43	.21	-.06	.79

6 Ergebnisse zu Struktur und Wirkung des Konzeptes der adaptiven Lehrkompetenz (Ergebnisse zu Fragestellung I)

Als Maß für die Ausprägung der adaptiven Lehrkompetenz stützen wir uns hauptsächlich auf die Ergebnisse der Vignette (adaptive Planungskompetenz) und des Videotests (adaptive Handlungskompetenz). Auf der Basis der Ergebnisse aus dem Nachtest wurden die getesteten Lehrpersonen mittels hierarchischer Clusteranalyse zwei Gruppen mit ähnlichen Ausprägungen in den einzelnen erfassten Dimensionen der adaptiven Lehrkompetenz zugeteilt. Das in Abbildung 12 dargestellte Clusterprofil veranschaulicht die Ausprägungen in den einzelnen Dimensionen. Die Lehrpersonen der Gruppe ‚hohe adaptive Lehrkompetenz' (AL $_{hoch}$) umfasst 17 Lehrpersonen und zeichnet sich in allen Teilbereichen durch höhere Werte aus als die Gruppe ‚niedrige adaptive Lehrkompetenz' (AL $_{niedrig}$). Einzig bei den diagnostischen Handlungskompetenzen erreichen die Lehrpersonen der Gruppe mit hohen adaptiven Lehrkompetenzen weniger als 50 Prozent der Maximalpunktzahl. Sie schneiden aber dennoch hoch signifikant besser ab als die Gruppe ‚niedrige adaptive Lehrkompetenz'. Die geringste Differenz findet sich mit 14 Punkten bei der Klassenführung (t = 2.89, df = 47, p = .006[3]).

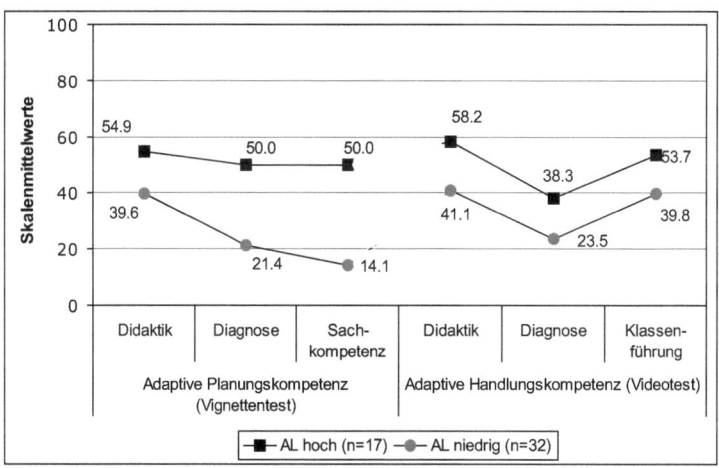

Abbildung 11: Skalenmittelwerte für die beiden Gruppen der adaptiven Lehrkompetenz (Clusterprofil)

---

3   In Tabellen werden alle Signifikanzen von p<.05 mit einem Stern (*) gekennzeichnet. Signifikanzen von p<.01 werden in Tabellen nicht gesondert markiert, im Text jedoch teilweise exakte Wahrscheinlichkeitswerte angegeben.

Die Bildung der beiden Gruppen anhand der Clusteranalyse wird in etlichen der folgenden Analysen als dichotomes Merkmal zur Unterscheidung von Lehrpersonen mit hoher bzw. niedriger Ausprägung in der adaptiven Lehrkompetenz verwendet

6.1 Lernerfolg

Hypothese A: Die Klassen, welche von Lehrpersonen mit hoher adaptiver Lehrkompetenz unterrichtet werden, haben einen höheren Lernerfolg als die Klassen von Lehrpersonen mit niedriger adaptiver Lehrkompetenz.

Ergebnisse

Für die Prüfung der Hypothese wurde der Lernerfolg der auf Grund der Clusteranalyse gebildeten Gruppen von Lehrpersonen mit hoher bzw. niedriger adaptiver Lehrkompetenz miteinander verglichen (zweifaktorielle Varianzanalyse mit Messwiederholung). Als statistisches Signifikanzniveau ist eine Irrtumswahrscheinlichkeit von $\alpha = .05$ festgelegt worden. Bei gerichteten Hypothesen werden auch Signifikanzwerte von $< .10$ als signifikant bezeichnet. Auf Grund des geringen Stichprobenumfangs auf Ebene der Lehrpersonen werden selbst relativ große Effekte als statistisch nicht signifikant ausgewiesen. Da oftmals auch mittleren Effekten praktische Bedeutsamkeit zukommt, werden in der Regel bei den Ergebnissen als zusätzliche Interpretationshilfe auch standardisierte Effektstärkenmaße angegeben (Wolf, 1998).

Der Leistungszuwachs wird für die beiden Testinstrumente, den naturwissenschaftlichen Test und die Unterrichtsreihe ‚Keimung von Samen‘, getrennt untersucht. Zwischen dem Leistungszuwachs in den beiden Tests besteht kein signifikanter Zusammenhang ($r = -.05$), d.h. es sind nicht dieselben Schülerinnen und Schüler, die einen großen Lernfortschritt erreichen.

In Bezug auf den Leistungszuwachs während der Unterrichtsreihe ‚Keimung von Samen‘ finden sich signifikante Unterschiede ($F = 4.94$, $df = 1{:}45$, $p = .03$; $\eta_2 = .10^4$) zwischen den Klassen von Lehrpersonen mit hoher bzw. niedriger adaptiver Lehrkompetenz (vgl. Abbildung 12). Der Leistungszuwachs beträgt bei der Gruppe mit hohen adaptiven Lehrkompetenzen 3 Punkte mehr als bei den Lehrpersonen mit niedrigeren adaptiven Lehrkompetenzen (AL $_{niedrig}$ M = 14.37, AL $_{hoch}$ M = 17.38). Dieser Interaktionseffekt (Zeit x AL-Gruppe) erklärt 10 Prozent der Varianz.

---

4   Nach Cohen (1988) verweist eine Effektstärke (partielles Eta-Quadrat, η^2) von $\eta^2 = .01$ auf einen schwachen, $\eta^2 = .06$ auf einen mittleren und $\eta^2 = .14$ auf einen großen Effekt. Dieses Maß für die praktische Signifikanz entspricht dem erklärten prozentualen Anteil an der Gesamtvarianz.

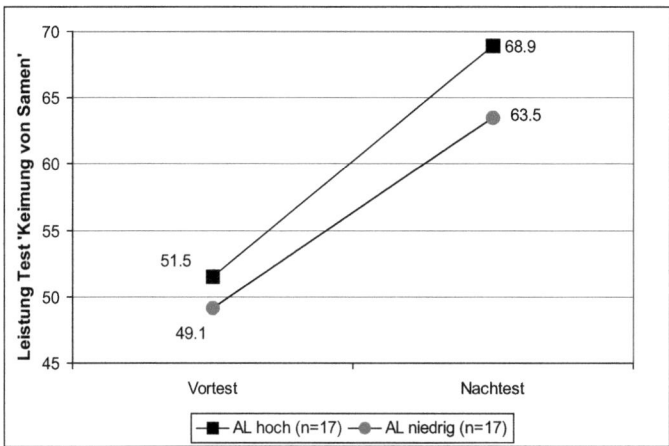

Abbildung 12: Vergleich des Leistungszuwachses während der Unterrichtsreihe ‚Keimung von Samen' bei Klassen von Lehrpersonen mit hoher bzw. niedriger adaptiver Lehrkompetenz

Beim Leistungszuwachs im Test Naturwissenschaften sind die Unterschiede zwischen den Klassen von Lehrpersonen mit hoher bzw. niedriger adaptiver Lehrkompetenz statistisch nicht signifikant (AL $_{niedrig}$ M = 5.35, AL $_{hoch}$ M = 6.61; F = 1.94, df = 1,47, p = .17; η^2 = .04; vgl. Abbildung 13), obschon der Interaktionseffekt 4 Prozent der Varianz erklärt.

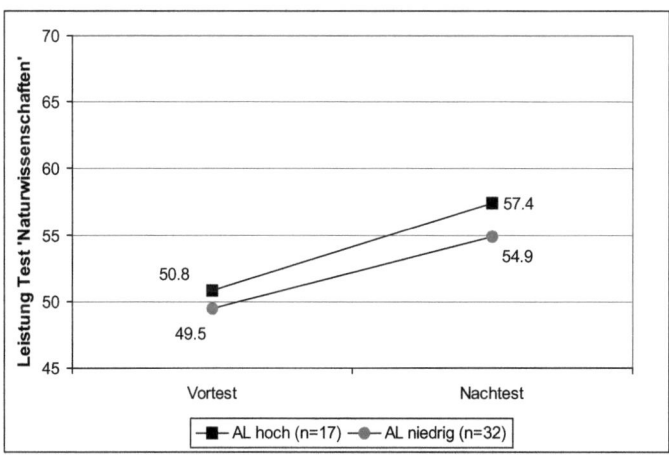

Abbildung 13: Vergleich des Leistungszuwachses im naturwissenschaftlichen Test bei Klassen von Lehrpersonen mit hoher bzw. niedriger adaptiver Lehrkompetenz

Nachfolgend wird untersucht, inwieweit sich die Gruppen mit hoher adaptiver Planungs- oder Handlungskompetenz von denjenigen mit niedriger adaptiver Planungs- oder Handlungskompetenz in Bezug auf den Lernerfolg der Schülerinnen und Schüler unterscheiden. Zu diesem Zweck wurden mittels Clusteranalysen je zwei Gruppen von Lehrpersonen mit hoher bzw. niedriger adaptiver Planungskompetenz sowie mit hoher bzw. niedriger adaptiver Handlungskompetenz gebildet. Tabelle 29 zeigt die mittels zweifaktorieller Varianzanalyse ermittelten Ergebnisse in Bezug auf den Leistungszuwachs der Schülerinnen und Schüler.

Tabelle 29: Effekte adaptiver Planungs- und Handlungskompetenz auf den Leistungszuwachs der Schülerinnen und Schüler

Adaptive Planungskompetenz (AL-P)		n	M	p	η^2
Leistungszuwachs naturwissenschaftlicher Leistungstest	AL-P niedrig	25	5.3	.25	.03
	AL-P hoch	21	6.3		
Leistungszuwachs Unterrichtsreihe Keimung von Samen	AL-P niedrig	23	14.3	.22	.04
	AL-P hoch	21	16.0		
Adaptive Handlungskompetenz (AL-H)		n	M	p	η^2
Leistungszuwachs naturwissenschaftlicher Leistungstest	AL-H niedrig	28	5.6	.91	.00
	AL-H hoch	19	5.7		
Leistungszuwachs Unterrichtsreihe Keimung von Samen	AL-H niedrig	26	14.5	.14	.05
	AL-H hoch	19	16.6		

Anmerkung: Gruppenbildung mittels Clusteranalysen. Leistungen der Schülerinnen und Schüler auf Klassenebene aggregiert.

Keiner dieser Unterschiede im Leistungszuwachs zwischen den Klassen von Lehrpersonen mit hoher bzw. niedriger adaptiver Lehrkompetenz ist signifikant. Mit einer Varianzaufklärung von drei bzw. vier Prozent weisen die Effekte bei der adaptiven Planungskompetenz leicht in die erwartete Richtung. Bei der adaptiven Handlungskompetenz kann nur für die Unterrichtsreihe ein geringer Effekt ($\eta^2 = .05$) zugunsten der adaptiveren Lehrpersonen festgestellt werden. Daraus kann geschlossen werden, dass nicht *eine* Kompetenz, adaptive Planungs- oder Handlungskompetenz, sondern die Kombination von hoher adaptiver Planungs- und Handlungskompetenz für einen optimalen Leistungszuwachs maßgebend ist.

Diese Annahme wurde in einem Vergleich der Lehrpersonen mit hohen Werten sowohl in der adaptiven Planungskompetenz wie in der Handlungskompetenz mit den übrigen Lehrpersonen überprüft. Die Resultate zeigen einen signifikanten Unterschied beim Leistungszuwachs bei der Unterrichtsreihe ‚Keimung von Samen' (F = .64, df = 1,41, p = .05; η^2 = .09; Tabelle 30, Abbildung 14). Bei der allgemeinen naturwissenschaftlichen Leistung lässt sich hingegen kein signifikanter Unterschied in der Leistungsentwicklung nachweisen.

Tabelle 30: Kombinierte Effekte von adaptiver Planungs- und Handlungskompetenz auf den Leistungszuwachs

Adaptive Lehrkompetenz (kombiniert)		*n*	*M*	*p*	η^2
Leistungszuwachs naturwissenschaftlicher Leistungstest	AL-P und/oder AL-H niedrig	33	5.4	.45	.01
	AL-P und AL-H hoch	12	6.2		
Leistungszuwachs Unterrichtsreihe Keimung von Samen	AL-P und/oder AL-H niedrig	31	14.3	.05*	.09
	AL-P und AL-H hoch	12	17.3		

Anmerkung: Gruppenbildung mittels Clusteranalysen. Leistungen der Schülerinnen und Schüler auf Klassenebene aggregiert.

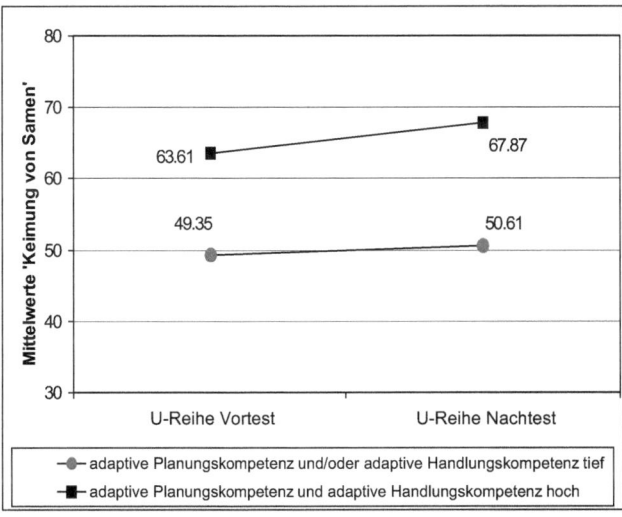

Abbildung 14: Entwicklung der Leistungen der Schülerinnen und Schüler von Lehrpersonen mit hoher adaptiver Planungs- und Handlungskompetenz und den übrigen Lehrpersonen

Wie hängen die verschiedenen Dimensionen der adaptiven Lehrkompetenz mit dem Leistungszuwachs der Schülerinnen und Schüler zusammen? Hier ergibt sich auf Grund der Daten kein schlüssiges Bild.

In Tabelle 31 sind die Korrelationen der Dimensionen der adaptiven Handlungskompetenz mit dem Leistungszuwachs im allgemeinen naturwissenschaftlichen Test angegeben, in Tabelle 32 jene mit dem Leistungszuwachs in der Unterrichtsreihe. Auffallend sind die in allen Dimensionen sowie in der Gesamtskala der adaptiven Handlungskompetenz negativen Korrelationen der Oberstufenlehrpersonen mit dem Leistungszuwachs ihrer Schülerinnen und Schüler im naturwissenschaftlichen Test (Tabelle 31) und in der Unterrichtsreihe ‚Keimung von Samen' (Tabelle 32). Keine dieser Korrelationen ist jedoch signifikant.

Tabelle 31: Korrelation zwischen den Dimensionen der adaptiven Handlungsadaptivität (Videotest-Nachtest) und dem Leistungszuwachs der Schülerinnen und Schüler im naturwissenschaftlichen Test

Dimension adaptive Handlungskompetenz	Leistungszuwachs naturwissenschaftlicher Test		
	Total	Primarstufe	Oberstufe
Handlung Didaktik	.08	.19	-.17
Handlung Diagnostik	-.08	-.07	-.17
Handlung Klassenführung	-.14	-.01	**-.31**
Adaptive Handlungskompetenz (Gesamtskala)	-.07	.05	**-.31**

Anmerkung: Korrelationen > .2 durch Fettdruck hervorgehoben; N = 49

Tabelle 32: Korrelation zwischen Dimensionen der adaptiven Handlungskompetenz (Videotest-Nachtest) und dem Leistungszuwachs der Schülerinnen und Schüler in der Unterrichtsreihe ‚Keimung von Samen'

Dimension adaptive Handlungskompetenz	Leistungszuwachs Unterrichtsreihe		
	Total	Primarstufe	Oberstufe
Handlung Didaktik	.12	**.23**	**-.29**
Handlung Diagnostik	.13	**.26**	**-.27**
Handlung Klassenführung	**.26**	**.27**	.19
Adaptive Handlungskompetenz (Gesamtskala)	**.24**	**.33**	-.09

Anmerkung: Korrelationen > .2 durch Fettdruck hervorgehoben; N = 47

Insgesamt gibt es keine signifikanten Korrelationen zwischen der Planungskompetenz und dem Leistungszuwachs im naturwissenschaftlichen Test (Tabelle 33). Untersucht man diesen Zusammenhang jedoch nach Stufen getrennt, zeigt sich für die Oberstufe eine mittlere Korrelation zwischen adaptiver Planungskompetenz und Leistungszuwachs (r = .29), die insbesondere auf die diagnostische Planungskompetenz zurückzuführen ist (r = .47, p = .02).

Tabelle 33: Korrelation zwischen adaptiver Planungskompetenz (Vignetten Nachtest) und dem Leistungszuwachs der Schülerinnen und Schüler im naturwissenschaftlichen Test

Dimension adaptive Planungskompetenz	Leistungszuwachs naturwissenschaftlicher Test		
	Total	Primarstufe	Oberstufe
Planung Sachkompetenz	.13	.05	.17
Planung Didaktik	-.02	-.17	.11
Planung Diagnose	.18	-.04	**.47***
Adaptive Planungskompetenz (Gesamtskala)	.14	-.05	**.29**

Anmerkung: Korrelationen > .2 durch Fettdruck hervorgehoben; N = 49

Zusammenhänge zwischen adaptiver Planungskompetenz und Leistungszuwachs in der Unterrichtsreihe zeigen sich vor allem in Bezug auf die Diagnose: Diagnosekompetenzen (Planungsdiagnose) hängen stark mit Leistungszuwachs zusammen (r = .43), jedoch ebenso die Bedeutung, die der Sachkompetenz bei der Planung zugemessen wird (r = .20). Insgesamt hängt adaptive Planungskompetenz mit dem Leistungszuwachs in der Unterrichtsreihe signifikant positiv zusammen (r = .30) (Tabelle 34).

Tabelle 34: Korrelation zwischen adaptiver Planungskompetenz (Vignetten Nachtest) und dem Leistungszuwachs in der Unterrichtsreihe

Dimension adaptive Planungskompetenz	Leistungszuwachs Unterrichtsreihe		
	Total	Primarstufe	Oberstufe
Planung Sachkompetenz	**.20**	**.30**	-.11
Planung Didaktik	.06	.06	**-.29**
Planung Diagnose	**.43***	**.53***	-.08
Adaptive Planungskompetenz (Gesamtskala)	**.30***	**.44***	-.17

Anmerkung: Korrelationen > .2 durch Fettdruck hervorgehoben; N = 47

In der Analyse dieser Korrelationen (Tabelle 31 bis Tabelle 34) im Hinblick auf die Stufen fällt auf, dass die adaptive Handlungskompetenz in der Primarstufe wesentlich stärker mit dem Leistungszuwachs korreliert, bei der Oberstufe jedoch teilweise sogar negativ. In Bezug auf die Planungskompetenz fällt auf, dass die Korrelationen bei Dimensionen der Planungskompetenz je nach Stufe bei unterschiedlichen Tests signifikant werden: bei der Oberstufe stärker beim naturwissenschaftlichen Test, bei der Primarstufe stärker bei der Unterrichtsreihe.

Wenn als Maß für die Diagnosekompetenz die Genauigkeit des diagnostischen Urteils, bei der die Lehrpersonen die Lernzielerreichung der einzelnen Schülerinnen und Schüler vorhersagen mussten (vgl. Kapitel 5.7.5), herangezogen wird, zeigen sich keine signifikanten Zusammenhänge zwischen dem Leistungszuwachs und den diagnostischen Kompetenzen. Sie korrelieren mit dem Leistungszuwachs in der Unterrichtsreihe in der Primarschule mit r = .24, bei der Oberstufe mit r = -.42. Beide Korrelationen sind jedoch statistisch nicht signifikant.

In Bezug auf die Sachkompetenz der Lehrperson, wie sie im Wissenstest für die Lehrpersonen gemessen wurde, zeigt sich insgesamt kein signifikanter Zusammenhang zwischen fachlichen Leistungen der Lehrpersonen und der Schülerinnen und Schüler (r = .04). Betrachtet man die Ergebnisse getrennt nach Schulstufe, so beträgt der Zusammenhang bei den 23 Oberstufenlehrpersonen r = 30 (p = .19) und bei den 25 Primarstufenlehrpersonen r = -.01. Auffallend ist, dass die Primarlehrpersonen kein signifikant tieferes Sachwissen als die Oberstufenlehrpersonen aufweisen.

Der signifikante Unterschied im Leistungszuwachs in Bezug auf die adaptive Lehrkompetenz gemäß der Hypothese gewinnt an Bedeutung, wenn man bedenkt, dass andere mögliche Variablen keinen solchen Zusammenhang zeigen. Es gibt insbesondere keine statistisch signifikanten Unterschiede im Leistungszuwachs der Schülerinnen und Schüler in Abhängigkeit vom Geschlecht der Lehrperson und von deren Berufserfahrung.

Die Hypothese A, die Aussagen über Unterschiede zwischen den Klassen von Lehrpersonen mit hoher bzw. niedriger adaptiver Lehrkompetenz macht, kann in Bezug auf den Leistungszuwachs in der Unterrichtsreihe Keimung von Samen angenommen werden. In Bezug auf den allgemeinen naturwissenschaftlichen Test ist der Unterschied nicht signifikant.

Interpretation

Der Befund zeigt, dass eine hohe adaptive Lehrkompetenz der Lehrperson für das Lernen ihrer Schülerinnen und Schüler förderlich ist. Die Unterrichtsreihe ,Keimung von Samen' erlaubt hier den direktesten Rückschluss auf die Lehrkompetenz der Lehrpersonen, da alle Lehrpersonen gemäß denselben Zielvorgaben unterrichtet haben. Der signifikante Unterschied zeigt, dass sich die adaptive Lehrkompetenz auf das Lernen der Schülerinnen und Schüler positiv auswirkt. Der fehlende Unterschied beim Leistungszuwachs im Allgemeinen naturwissenschaftlichen Test könnte damit erklärt werden, dass hier eine Rolle spielt, welche Themen in einer Klasse behandelt worden sind und welche nicht. Da die bearbeiteten Themen nicht erfasst wurden, kann diese Vermutung jedoch nicht überprüft werden.

In Bezug auf adaptive Planungs- und Handlungskompetenz zeigt sich, dass bei jeder dieser Kompetenzen alleine kein signifikanter Zusammenhang mit dem Leistungszuwachs besteht, sondern die adaptive Lehrkompetenz als ganzes, bestehend aus der Kombination von adaptiver Planungs- und Handlungskompetenz, zum signifikant höheren Lernerfolg bei der Unterrichtsreihe beiträgt.

Die Befunde zum Zusammenhang mit dem Lernerfolg und einzelnen Dimensionen könnten wie folgt interpretiert werden: Dass nur bei der Oberstufe ein (mittlerer) Zusammenhang zwischen der Sachkompetenz der Lehrperson, gemessen im Wissenstest, und dem Leistungszuwachs der Schülerinnen und Schüler in der Unterrichtsreihe ‚Keimung von Samen' besteht, deutet darauf hin, dass fachliches Wissen erst bei höheren fachlichen Ansprüchen im Curriculum eine entscheidende Rolle spielen könnte. Für die adaptive Planungskompetenz besteht bei der Primarstufe ein engerer Zusammenhang mit dem Leistungszuwachs der Unterrichtsreihe. Bei der Oberstufe korreliert die adaptive Planungskompetenz mit dem Leistungszuwachs im allgemeinen naturwissenschaftlichen Test; dieser Zusammenhang ist vor allem auf die Diagnosekompetenzen in der Planung zurückzuführen. Die Tendenz, dass adaptive Handlungskompetenz bei der Primarstufe höher mit Leistungszuwachs korreliert als in der Oberstufe, legt nahe, dass die adaptive Handlungskompetenz für die Primarstufe wichtiger ist als in der Oberstufe.

6.2 Leistungsheterogene Klassen

Hypothese B: Lehrpersonen mit hoher adaptiver Lehrkompetenz erreichen mit leistungsheterogenen Klassen größere Lernfortschritte als Lehrpersonen mit geringer adaptiver Lehrkompetenz.

Ergebnisse

Der Umgang mit Heterogenität stellt für die Lehrpersonen eine der großen Herausforderungen beim klassenweisen Unterrichten dar. Die unterschiedlichen fachlichen Kompetenzen beziehen sich zwar nur auf einen Aspekt von möglicher Vielfalt in Klassen (z.B. neben sozialer Herkunft, Migrations- und Sprachhintergrund, Alter, Interessen, Lernstrategien usw.). Dennoch beschränken wir uns in diesem Abschnitt auf die Leistungsheterogenität, da es sich dabei für das Lernen zweifelsohne um einen zentralen Aspekt handelt. Wie verschieden Schülerinnen und Schüler in ihrem Lern- und Leistungsvermögen sind, zeigen die Ergebnisse zu den Leistungstests (vgl. Kapitel 7.2). So hatten bei den allgemeinen naturwissenschaftlichen Tests 28 Prozent der Schülerinnen und Schüler bereits im Vortest bessere Leistungen erbracht als der Durchschnitt der Schülerinnen und Schüler etwa dreiviertel Schuljahre später im Nachtest. Umgekehrt erreichte im Nachtest ein Viertel der Schülerinnen und Schüler nicht die durchschnittliche Vortestleistung. Selbst in der inhaltlich eng gefassten Unterrichtsreihe ‚Keimung und Entwicklung von Samen' verfügen zu Beginn der Unterrichtsreihe 7 Prozent der Schülerinnen und Schüler bereits im Vortest über bessere Kenntnisse als ihre Kolleginnen und Kollegen im Durchschnitt nach acht Lektionen zu diesem Thema. 8 Prozent schaffen auch nach der Unterrichtsreihe nicht, wenigstens die durchschnittliche Vortestleistung zu erzielen. Diese Ergebnisse veranschaulichen, dass auch innerhalb der Klassen teilweise große Leistungsunterschiede bestehen müssen.

In diesem Zusammenhang interessiert, ob es Lehrpersonen mit hoher adaptiver Lehrkompetenz besser gelingt, mit leistungsheterogenen Klassen umzugehen und höhere Lernfortschritte zu erreichen als weniger adaptive Lehrpersonen. Zur Überprüfung dieser Hypothese wurde zunächst für jede Klasse anhand der Standardabweichung in den Vortests bestimmt, wie verschieden die Vorkenntnisse der Schülerinnen und Schüler sind. Mittels Mediansplit wurden die Klassen, je bezogen auf die allgemeinen naturwissenschaftlichen Kompetenzen bzw. auf die spezifischen Kenntnisse im Bereich ‚Keimung von Samen', in leistungshomogene und leistungsheterogene Klassen unterteilt.

Die Analysen zeigen zunächst einen negativen Zusammenhang zwischen der Leistungsheterogenität von Klassen und deren mittleren Vortestleistungen. Demnach weisen leistungsschwächere Klassen größere Leistungsunterschiede zwischen den besseren und den schwächeren Schülerinnen und Schülern auf als leistungsstärkere Klassen. Dies gilt zumindest in der Tendenz sowohl für die allgemeinen naturwissenschaftlichen Kompetenzen ($r = -.21$) als auch für die zeitlich und inhaltlich begrenzte Unterrichtsreihe ‚Keimung von Samen' ($r = -.41$).

Für die folgenden Analysen wird die auf Grund der Clusteranalyse (vgl. Kapitel 6) ermittelte Einteilung der Lehrpersonen in solche mit hoher bzw. niedriger adaptiver Lehrkompetenz verwendet. Eine zweifaktorielle Varianzanalyse mit der abhängigen Variable ‚Leistungszuwachs in der Unterrichtsreihe' bestätigt den Haupteffekt der adaptiven Lehrkompetenz ($F = 3.94$, $df = 1,47$, $p = .05$; vgl. Kapitel 6.1). Dagegen sind weder der Leistungszuwachs noch der Interaktionseffekt statistisch signifikant. Adaptivere Lehrpersonen erreichen jedoch mit leistungsheterogenen Klassen in der Unterrichtsreihe ‚Keimung von Samen' durchschnittlich einen um

4.6 Punkte größeren Lernfortschritt als Lehrpersonen mit geringerer adaptiver Lehrkompetenz (t = -2.25, df = 11.72, p = .04). Mit einer Effektstärke[5] von d = .98 ist dieser Effekt als stark zu bewerten. Leistungshomogene Klassen unterscheiden sich hingegen nicht im Lernfortschritt (vgl. Abbildung 15).

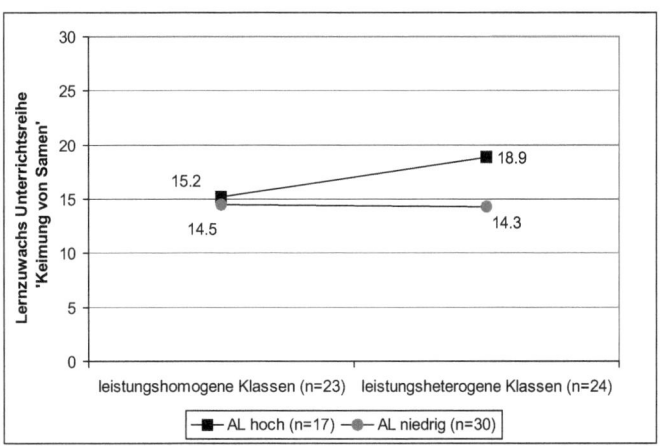

Abbildung 15: Adaptive Lehrkompetenz und Leistungszuwachs in der Unterrichtsreihe ‚Keimung von Samen' in Abhängigkeit der Leistungsheterogenität der Klassen (Mediansplit bei Messzeitpunkt 1)

Anders als bei der zeitlich wie inhaltlich begrenzten Unterrichtsreihe unterscheidet sich in leistungsheterogenen Klassen – über einen Zeitraum von ca. dreiviertel Schuljahren hinweg – die Entwicklung in den allgemeinen naturwissenschaftlichen Leistungen nicht nach der adaptiven Lehrkompetenz der Lehrpersonen (vgl. Abbildung 16). In der Varianzanalyse fallen weder der Haupteffekt der adaptiven Lehrkompetenz (p = .17) noch der Interaktionseffekt (p = .10) signifikant aus. Hingegen verzeichnen leistungshomogene Klassen insgesamt signifikant mehr Lernfortschritte in den Naturwissenschaften als leistungsheterogene Klassen (F = 11.60, df = 1,49, p = .001; = η^2 = .20). Adaptive Lehrpersonen erzielen mit leistungshomogenen Klassen einen um 2.5 Punkte größeren Leistungszuwachs (t = -2.50, df = 23, p = .02; d = 1.11).

---

5   Zur Beurteilung der praktischen Bedeutsamkeit von Mittelwertunterschieden wird die Effektstärkenmaß d verwendet. Eine Effektstärke von d = 0.2 verweist auf schwache Effekte, d = 0.5 auf mittlere und d = 0.8 auf starke Effekte (Cohen, 1988).

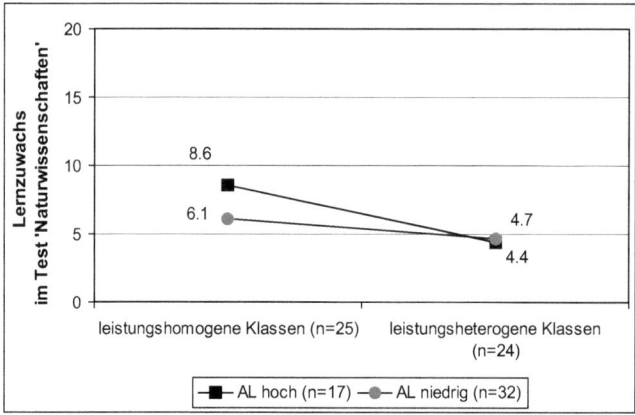

Abbildung 16: Adaptive Lehrkompetenz und Leistungszuwachs in den Naturwissenschaften in Abhängigkeit der Leistungsheterogenität der Klassen (Mediansplit bei Messzeitpunkt 1)

Hypothese B wird teilweise bestätigt.

Adaptive Lehrpersonen erreichen mit heterogenen Klassen bei der Unterrichtsreihe ‚Keimung von Samen' größere Lernfortschritte als wenig adaptive Lehrpersonen; für den Erwerb allgemeiner naturwissenschaftlicher Kompetenzen ist kein Unterschied festzustellen.

Interpretation

Der Befund, ob adaptive Lehrpersonen besser mit leistungsheterogenen Schülerinnen und Schülern umgehen, ist nicht eindeutig. Er ist nachweisbar für die Unterrichtsreihe mit klar festgelegten Lernzielen und beschränkter Lernzeit. Auf die unspezifischeren allgemeinen naturwissenschaftlichen Kompetenzen wirkt sich die Adaptivität der Lehrpersonen nur bei den homogeneren Klassen positiv auf den Lernerfolg aus.

Der teilweise gefundene Zusammenhang könnte darin begründet sein, dass adaptive Lehrpersonen den Unterricht besser auf die verschiedenen Bedürfnisse der Klasse ausrichten, weil sie sich den unterschiedlichen Lernvoraussetzungen der Schülerinnen und Schüler bewusster sind.

Dass bei den unspezifischen allgemeinen naturwissenschaftlichen Kompetenzen keine Abhängigkeit mit der Adaptivität der Lehrpersonen gefunden wurde, liegt möglicherweise auch daran, dass über den Zeitraum eines halben Schuljahres und mit nicht klar formulierten Lernzielvorgaben die Lernleistung der Schülerinnen und Schüler durch zahlreiche Drittvariablen beeinflusst werden. Zudem dürfte die beträchtliche ‚kausale Distanz' zwischen dem Einfluss der Lehrkompetenz über den tatsächlichen Unterricht bis hin zum gemessenen Lernfortschritt bei den Schülerinnen und Schülern den Nachweis eines Effekts schwierig machen.

6.3 Verhältnis der Dimensionen zueinander

In der qualitativen Analyse wurden die Antworten, die zu den einzelnen Kriterien als adaptiv eingeschätzt wurden, inhaltsanalytisch ausgewertet. Im Folgenden werden Beispiele für hohe adaptive Planungskompetenz zu den Dimensionen und ausgewählten Kriterien dargestellt, bevor die quantitativen Ergebnisse zu den Zusammenhängen gezeigt werden.

Diagnostische Kompetenz

Zum Kriterium „Vorwissen überprüfen" zeichnen sich adaptive Antworten durch eine Vielfalt von Strategien, wie das Vorwissen der Schülerinnen und Schüler erfasst werden kann, aus. Im folgenden Beispiel zeigt sich ebenfalls eine hohe Kompetenz im Einbezug des Vorwissens in die weitere Unterrichtsplanung: „Da die Schülerinnen und Schüler mit verschiedenen Vorkenntnissen zu uns kommen, kann es nützlich sein, am Anfang einen Überblick über das Wissen der Klasse zu erhalten. Da sich bei einer ‚Abfrage' vermutlich nur wenige, (...) zu Wort melden werden, ergäbe sich kaum ein richtiges Bild. Simone sollte andere Möglichkeiten suchen (z.b. Sammeln des ‚Wissens' in Gruppen, Kärtchen). Wissen, das bei vielen Schülerinnen und Schülern vorhanden ist, kann zusammengefasst, geordnet und vielleicht auch festgehalten werden, da nachher auch wieder an dieses Wissen angeknüpft werden kann. Lässt sich der Wissensstand der einzelnen Schülerinnen und Schüler so feststellen, könnte das z.B. auch einen Einfluss auf die Zusammensetzung von Arbeitsgruppen haben. Ich kann mir allerdings vorstellen, dass sowohl Kombinationen von ‚viel Wissen – wenig wissen' als auch ‚viel Wissen, viel Wissen' sinnvoll sein können. Finden sich in der Klasse Schülerinnen oder Schüler, die über ein Thema sehr viel wissen, sind sie vielleicht auch bereit, aktiv mitzuarbeiten (z.B. kleiner Vortrag etc.). Allerdings müsste eine solche Mitarbeit auf freiwilliger Basis geschehen."

Zum Kriterium „Motivationale Lernvoraussetzungen überprüfen" äußern sich nur wenige Lehrpersonen. Für adaptive Planungskompetenz relevant findet sich die folgende Reflexion darüber, wie die Schülerinnen und Schüler zum Lernen motiviert werden können, auch wenn sie zunächst kein spontanes Interesse anmelden: „Also wie gelangen wir mit Hilfe von etwas, das die Schüler interessiert, auch zu etwas, das sie nicht so interessiert? Deshalb ist eine gute Kenntnis der Schülerinteressen und Potentiale wichtig. Lehrpersonen sollten Potentialfahnder sein."

Zum Kriterium „Verständnis überprüfen" gibt es hingegen sehr viele Antworten. Viele Lehrpersonen erwähnen Lernkontrollen. Lehrpersonen mit hoher adaptiver Planungskompetenz zeichnen sich auch dadurch aus, dass sie verschiedene Methoden zum Überprüfen des Verständnisses vorsehen und dabei bei den Schülerinnen und Schülern Metakognition und selbstreguliertes Lernen unterstützen: „*Eine weitere Möglichkeit, den Lernstand der Schülerinnen und Schüler abzuklären sind Arbeitstagebücher, in denen die Schüler festhalten, was sie gelernt haben. Selbstüberprüfung: (....) Gruppenpuzzle: kann ich es jemandem erklären; Aquarium (...); Blitzlicht (...); Kurzreferat: kann ich die wichtigsten Inhaltspunkte mit eigenen Worten wiedergeben; Sortieraufgaben: kenne ich die Begriffe und kann ich sie zuordnen; Domino, Memory, Wissenslotto (...). Die Schüler lernen ihren eigenen Lernstand kennen und können ihren Lernprozess selber oder mit Hilfe des Lernpartners oder der Lehrperson planen. Im Klassengespräch über den Lernerfolg sprechen mit anschließender Lernberatung. Wo bin ich sicher? Wo habe ich noch Schwierigkeiten, Unklarheiten? Was brauche ich noch? Es kann auch ein individueller Lernplan aufgestellt werden, womit das eigenständige Lernen gefördert werden kann.*"

Die folgenden Aussagen zeichnen sich durch eine Sensibilität im Bezug auf verstehensorientierten Unterricht aus: „Bei Verstehenstests ist darauf zu achten, dass auch sprachlich nicht so geschickte Schüler Gelegenheit bekommen, ihr Wissen zu dokumentieren. Also z.B. in Zeichnungen, Diagrammen. *Ganz wichtig finde ich Verständnisfragen am Ende eines Lernprozesses. (...) Die Fragen sollten so gestellt sein, dass es um das Verstehen geht. Dies ist gar nicht so einfach. Dinge umkehren, das Gegenteil erfragen, Unterschiede, Beziehung, was würde geschehen, wenn ...?*"

Didaktische Kompetenz

Häufig äußern sich die Lehrpersonen darüber, wie sie neues Wissen verstehensorientiert erarbeiten und dabei auf die individuellen Bedürfnisse der Schülerinnen und Schüler eingehen: „*Dabei darf er nicht vergessen, dass die Lernenden über verschiedene Sinne angesprochen werden müssen. (...) In den Lektionsreihen sollte er immer wieder ,entdeckendes Lernen' einplanen. Dabei lernen die Kinder zu beobachten, Vermutungen zu formulieren, sie können ausprobieren, handeln, überprüfen und am Schluss Folgerungen erkennen und formulieren.*"

Sehr zahlreich sind Hinweise der Lehrpersonen zum Kriterium „Erarbeitetes Wissens vertiefen und fixieren". Hier zeichnen sich adaptive Antworten dadurch aus, dass sie die Unterrichtsplanung auf das Lernen der Schülerinnen und Schüler, mögliche Verständnisschwierigkeiten und weiterführende Interessen, ausrichten: „*Wenn sehr viele Schüler Probleme haben, muss die Lehrperson noch einmal auf diesen Punkt zurückkommen (z.B. noch einmal erklären, den Stoff noch einmal in anderer Form präsentieren, ein Arbeitsblatt abgeben, gemeinsam eine Zusammenfassung schreiben) (...) Wenn nur einzelne Schüler Probleme haben, besteht vielleicht die Möglichkeit, die Hilfe von Mitschülern in Anspruch zu nehmen. Oder einzelne Schüler in einer Gruppe zusammennehmen, damit die Lehrperson diesen das Problem nochmals erklären kann (...) Wenn immer gleiche Schüler Probleme haben, müsste man sich überlegen, ob Lernpartnerschaften oder allenfalls andere methodische Mittel Verbesserung bringen könnten."*

Sachkompetenz

Die Bedeutung der Sachkompetenz der Lehrperson wird in den Antworten zur Vignette mehrmals genannt. In den folgenden Aussagen zeigt sich das Selbstverständnis der Lehrpersonen mit hoher adaptiver Planungskompetenz als Lernende: *„Zur Vorbereitung gehört für mich jeweils auch die Erweiterung meines eigenen Wissens. Das Einarbeiten ins Thema, Zusammentragen, Sammeln und Sichten von Unterlagen und Material gestaltet sich jeweils äußerst spannend. Ich lerne immer wieder selber etwas dazu. Wenn es mir gelingt, meine Motivation auf die Schüler zu übertragen, trägt das zum Lernerfolg bei. (...) Halbwahrheiten nützen den Schülern wenig. Wo es möglich ist, ziehe ich Fachleute bei. Ich muss einen breiten Wissensgrund zum Thema mitbringen. Dies erleichtert mir, den Stoff vernetzter zu überblicken und mögliche weiterführende Fragen beantworten zu können."*

Hypothese C: Die Dimensionen Sachkompetenz, didaktische Kompetenz, diagnostische Kompetenz und Klassenführungskompetenz korrelieren mehrheitlich positiv.

Erhebung

Die Sachkompetenz der Lehrpersonen wurde in zweifacher Hinsicht erfasst. In einem Leistungstest wurde das Sachwissen der Lehrpersonen zum Unterrichtsthema ‚Keimung und Entwicklung von Samen' erhoben. Im Vignettentest äußerten sich die Lehrpersonen über die Bedeutung des Sachwissens bei der Planung des Unterrichts. Die didaktischen, diagnostischen und Klassenführungskompetenzen wurden jeweils im Video- und/oder Vignettentest erhoben.

Ergebnisse

Die folgenden Tabellen zeigen die Korrelationen der Dimensionen (ohne die Sachkompetenz) aus dem Nachtest im Überblick. Für die Prüfung der Hypothesen werden die Ergebnisse der Nachtests beigezogen, da diese diejenigen des Vortests mit enthalten.

Tabelle 35: Korrelationen zwischen den Dimensionen adaptiver Handlungskompetenz auf Grund des Videotest-Nachtests.

	Diagnostische Kompetenz	Klassenführung
Didaktische Kompetenz	**.53***	**.32***
Diagnostische Kompetenz	-	**.29***

Tabelle 36: Korrelationen zwischen den Dimensionen adaptiver Planungskompetenz auf Grund des Vignettentest-Nachtests.

	Diagnostische Kompetenz	Sachkompetenz (Einschätzung der Bedeutung)
Didaktische Kompetenz	**.37***	.23
Diagnostische Kompetenz	-	**.38***

Anmerkung: Korrelationen > .2 sind durch Fettdruck hervorgehoben. N = 49.

Zur Prüfung der Korrelationen zwischen den einzelnen Dimensionen (Hypothese C) wird diese in die Teilhypothesen C1–C5 unterteilt.

6.3.1 Sachkompetenz und diagnostische Kompetenz

Hypothese C1: Die Dimensionen Sachkompetenz und diagnostischen Kompetenz korrelieren miteinander.

Ergebnisse

Die Sachkompetenz der Lehrpersonen gemessen im Leistungstest korreliert nicht mit den diagnostischen Kompetenzen der Lehrpersonen im Videotest (r = -.08) und im Vignettentest (r = -.10). Zwischen der Sachkompetenz der Lehrpersonen gemessen im Leistungstest und der Diagnose der Lernzielerreichung der Schülerinnen und Schüler bei der Unterrichtsreihe ‚Keimung und Entwicklung von Samen' ergibt sich eine leicht negative Korrelation von r = -.24.

Die Einschätzung der Bedeutung der Sachkompetenz im Vignettentest korreliert signifikant sowohl mit der diagnostischen Kompetenz im Vignettentest (r =.38) als auch mit derjenigen im Videotest (r = .29). Die im Leistungstest erhobene Sachkompetenz korreliert nicht (r = .04) mit der Einschätzung der Bedeutung der Sachkompetenz im Vignettentest.

Die Hypothese C1 wird in Bezug auf die Einschätzung der Bedeutung der Sachkompetenz und der diagnostischen Kompetenz bestätigt. In Bezug auf die Korrelation zwischen der Sachkompetenz gemessen im Leistungstest und der diagnostischen Kompetenzen aus dem Video- und dem Vignettentest muss die Hypothese abgelehnt werden.

Interpretation

Die Einschätzung der Bedeutung der Sachkompetenz korreliert nicht mit der diagnostischen Kompetenz. Ebenso korreliert die Sachkompetenz gemessen im Leistungstest nicht mit der diagnostischen Kompetenz. Zwar scheint es evident, dass eine Diagnose auf einem bestimmten Ausmaß an Sachkompetenz beruht. Eine hohe Sachkompetenz gibt jedoch keine Gewähr für die diagnostische Kompetenz. Eine optimistische Interpretation könnte davon ausgehen, dass alle Lehrpersonen über ein so hohes Sachwissen verfügen, dass es für Diagnosen ausreicht. Eine pessimistische Interpretation könnte besagen, dass die Sachkompetenz mit der diagnostischen Kompetenz deshalb nicht korreliert, weil die diagnostische Kompetenz bei den Lehrpersonen grundsätzlich wenig entwickelt ist.

6.3.2 Sachkompetenz und didaktische Kompetenz

Hypothese C2: Die Dimensionen Sachkompetenz und didaktische Kompetenz korrelieren miteinander.

Ergebnis

Die Sachkompetenz der Lehrpersonen gemessen im Leistungstest korreliert nicht mit der didaktischen Handlungskompetenz im Videotest ($r = -.08$). Die Einschätzung der Bedeutung der Sachkompetenz im Vignettentest korreliert nur wenig ($r = .23$) mit der didaktischen Planungskompetenz im Vignettentest.

Die Hypothese C2 ist abgelehnt.

Interpretation

Es erstaunt nicht, dass die Sachkompetenz in einem bestimmten Sachbereich unabhängig ist von der didaktischen Kompetenz. Positiv ist allerdings, dass es bei den Lehrpersonen eine positive Beziehung gibt zwischen der Einschätzung der Bedeutung der Sachkompetenz und der didaktischen Kompetenz bei der Unterrichtsplanung (Vignettentest).

6.3.3 Didaktische und diagnostische Kompetenz

Hypothese C3: Die Dimensionen didaktische und diagnostische Kompetenz korrelieren miteinander.

Ergebnis

Wie in Tabelle 35 und Tabelle 36 ersichtlich ist, korrelieren die didaktischen und die diagnostischen Kompetenzen sowohl bei der Planung (r = .37*) als auch bei der Handlung (r = .53*) signifikant.

Die Hypothese C3 ist bestätigt.

Interpretation

Die Korrelation zwischen der didaktischen und der diagnostischen Kompetenz zeigt die enge Abhängigkeit zwischen diesen beiden wichtigen Unterrichtsdimensionen. Didaktische Entscheidungen beruhen auf diagnostischen Erkenntnissen und didaktisches Handeln führt bei Abweichungen zu Diagnosehandlungen.

6.3.4 Didaktische Kompetenz und Klassenführung

Hypothese C4: Die Dimensionen didaktische Kompetenz und Klassenführungskompetenz korrelieren miteinander.

Ergebnis

Wie in der Tabelle 35 ersichtlich ist, korrelieren die didaktische Kompetenz und die Klassenführungskompetenz signifikant (r = .32*).

Die Hypothese C4 ist bestätigt.

Interpretation

Eine Lehrperson steuert mit didaktischem Handeln den Lehr-Lernprozess im Unterricht und lenkt die Klasse durch Maßnahmen der Klassenführung. Daher ist es nicht überraschend, dass diese beiden Kompetenzen miteinander korrelieren. Anschließend an dieses Ergebnis müsste untersucht werden, welche Lehrpersonen wann eher durch didaktisches Handeln oder durch Maßnahmen der Klassenführung ihren Unterricht bzw. die Klasse steuern.

6.3.5 Diagnostische Kompetenz und Klassenführung

Hypothese C5: Die Dimensionen diagnostische Kompetenz und Klassenführungskompetenz korrelieren miteinander.

Ergebnis

Wie in der Tabelle 35 ersichtlich ist, korrelieren die diagnostische Kompetenz und die Klassenführungskompetenz signifikant ($r = .29*$).

Die Hypothese C5 ist bestätigt.

Interpretation

Angesichts der signifikanten Korrelationen zwischen der diagnostischen und der didaktischen Dimension bzw. der Klassenführungsdimension überrascht es nicht, dass auch diese beiden Dimensionen miteinander korrelieren. Interessant ist die Tatsache, dass die Korrelation im Vortest beinahe Null war. Die signifikante Korrelation im Nachtest kann außer mit einem Testeffekt fast nur mit der Intervention durch das fachspezifisch-pädagogische Coaching erklärt werden.

6.4 Das Verhältnis der adaptiven Planungs- zur adaptiven Handlungskompetenz

Hypothese D: Die adaptive Planungskompetenz der Lehrpersonen korreliert mit ihrer adaptiven Handlungskompetenz.

Ergebnisse

Die Planungskompetenz der Lehrpersonen wurde mit der Vignette und die Handlungskompetenz mit dem Videotest erhoben. Für die Berechnung der Korrelation wird bei beiden Tests der Nachtest verwendet.

Die adaptive Planungskompetenz der Lehrpersonen korreliert signifikant mit der adaptiven Handlungskompetenz ($r = .53$). Der differenzierte Vergleich der didaktischen und der diagnostischen Kompetenzen zeigt folgende Ergebnisse. Die didaktischen Kompetenzen der Lehrpersonen bei der Planung von Unterricht und bei der Handlung korrelieren signifikant ($r = .32$). Die diagnostischen Kompetenzen bei der Planung und bei der Handlung korrelieren ebenfalls signifikant ($r = .37$).

Die adaptive Planungskompetenz der Lehrpersonen korreliert signifikant mit der adaptiven Handlungskompetenz. Die Hypothese wird somit bestätigt.

Interpretation

Die Signifikanz der Planungs- und der Handlungskompetenz ist aus mehreren Perspektiven von Bedeutung. Für das Konstrukt ‚adaptive Lehrkompetenz' weist die Korrelation zwischen der Planungs- und der Handlungskompetenz auf die Beziehung der beiden zentralen Variablen und damit auf ihre Bedeutung für die adaptive Lehrkompetenz hin. Adaptive Lehrkompetenz zeigt sich somit nicht nur in der Handlungskompetenz, sondern bereits beim Planungsverhalten einer Lehrperson. Während bei der Planung die Lehrperson den zukünftigen Unterricht ohne Situations- und Handlungsdruck unter Berücksichtigung verschiedener Annahmen geistig in einer idealen Abfolge vorwegnimmt, fordert der unmittelbare Unterricht von der Lehrperson ein Handlungswissen, das nur teilweise in der Planung vorweggenommen werden kann. Interessant bleibt die Klärung des Wissens, das im Unterricht handlungssteuernd ist.

Aus methodischer Sichtweise ist die Korrelation ein Hinweis auf die Validität der Vignette und des Videotests. Das Ergebnis zeigt zudem, dass Maßnahmen zur Förderung der adaptiven Lehrkompetenz sowohl bei der Planungs- als auch bei der Handlungskompetenz ansetzen müssen.

6.5 Konstruktivistisches Lehr-Lernverständnis

Hypothese E: Lehrpersonen mit hoher adaptiver Lehrkompetenz haben ein stärker konstruktivistisches Lehr-Lernverständnis als Lehrpersonen mit niedriger adaptiver Lehrkompetenz sowie einen positiven Umgang mit Fehlern der Schülerinnen und Schüler.

Ergebnisse

Der Vergleich zwischen den Lehrpersonen mit hoher adaptiven Lehrkompetenz und niedriger adaptiver Lehrkompetenz, wie durch die Clusteranalyse definiert, zeigt in Bezug auf den Gesamtscore des konstruktivistischen Lehr-Lernverständnisses (5er-Skala) keine signifikanten Unterschiede.

Tabelle 37: Mittelwerte zum konstruktivistischen Lehr-Lernverständnis der Lehrpersonen mit hoher und niedriger adaptiver Lehrkompetenz.

		M	SD	SE	p	d
Konstruktivistisches Lehr-Lernverständnis	AL niedrig	3.79	.46	.08	.57	.16
	AL hoch	3.86	.40	.10		
Teilskalen:						
individuelle Lösungs-wege	AL niedrig	4.06	.52	.09	.22	
	AL hoch	3.87	.46	.11		
Lernen an Phänomenen	AL niedrig	3.11	.73	.13	.08	
	AL hoch	3.49	.70	.17		
individuelles Lernen	AL niedrig	4.08	.45	.08	.55	
	AL hoch	4.16	.44	.11		
Aufgabenvariabilität	AL niedrig	3.76	.51	.09	.92	
	AL hoch	3.77	.43	.10		

Bei der Teilskala ‚Lernen an Phänomenen' unterscheiden sich die Lehrpersonen mit hoher adaptiver Lehrkompetenz ($t = 1.80$, $df = 47$, $p = .08$). Bei den Skalen individuelle Lösungswege, individuelles Lernen und Aufgabenvariabilität gibt es keine signifikanten Differenzen.

Betrachtet man die Korrelationen zwischen dem Lehr-Lernverständnis aus dem Lehrerinnen- und Lehrerfragebogen und dem Leistungszuwachs ergeben sich keine signifikanten Zusammenhänge (vgl. Tabelle 38). Für alle Lehrpersonen betrachtet ist ein geringer, aber nicht signifikanter positiver Zusammenhang ($r = .19$) zwischen dem konstruktivistischen Lehr-Lernverständnis und dem Leistungszuwachs der Schülerinnen und Schüler zu erkennen.

Tabelle 38: Korrelationen zwischen konstruktivistischem Lehr-Lernverständnis und dem Leistungszuwachs der Schülerinnen und Schüler im Test Naturwissenschaften.

Dimension	Leistungszuwachs im naturwissenschaftlichen Test		
	Total	Primarstufe	Oberstufe
Konstruktivistisches Lehr-Lernverständnis	.19	**.27**	.05
Individuelle Lösungswege	-.01	.17	**-.27**
Lernen an Phänomenen	.19	**.33**	-.01
Individuelles Lernen	.17	.12	.17
Aufgabenvariabilität	**.22**	**.22**	.17

Anmerkung: Korrelationen > .2 durch Fettdruck hervorgehoben; N = 49

Auch die Analyse der Korrelationen zwischen dem Lehr-Lernverständnis und dem Leistungszuwachs in der Unterrichtsreihe zeigen, dass keine signifikanten Zusammenhänge bestehen (r = .06).

Tabelle 39: Korrelationen zwischen konstruktivistischem Lehr-Lernverständnis und dem Leistungszuwachs der Schülerinnen und Schüler in der Unterrichtsreihe

Dimension	Leistungszuwachs Unterrichtsreihe		
	Total	Primarstufe	Oberstufe
Konstruktivistisches Lehr-Lernverständnis	.06	-.10	-.08
Individuelle Lösungswege	-.08	-.19	**-.23**
Lernen an Phänomenen	.06	-.08	-.07
Individuelles Lernen	.02	-.08	-.09
Aufgabenvariabilität	.16	.03	.07

Anmerkung: Korrelationen > .2 durch Fettdruck hervorgehoben; N = 49

In Bezug auf den Umgang mit Fehlern wird einerseits erwartet, dass Lehrpersonen mit hoher adaptiver Lehrkompetenz einen positiven, konstruktivistischen Umgang mit den Fehlern zeigen und andererseits sich dieser auch im Leistungszuwachs der Schülerinnen und Schüler ausweisen würde. Umgang mit Fehlern wurde einerseits bei den Lehrpersonen in ihrer Selbsteinschätzung erfasst, andererseits aus der Sicht der Schülerinnen und Schüler. Diese beiden Einschätzungen korrelieren nicht signifikant miteinander.

Die Ergebnisse zeigen ferner, dass sich in Bezug auf den Umgang mit Fehlern die Lehrpersonen mit hoher adaptiver Lehrkompetenz nicht signifikant von jenen mit niedriger adaptiver Lehrkompetenz unterscheiden. Dies gilt gleichermaßen für die Selbsteinschätzungen durch die Lehrpersonen wie für die Einschätzung durch die Schülerinnen und Schüler.

Tabelle 42 zeigt, dass sich in Bezug auf den Umgang mit Fehlern die Lehrpersonen mit hoher adaptiver Lehrkompetenz nicht signifikant von jenen mit niedriger adaptiver Lehrkompetenz unterscheiden. Dies gilt gleichermaßen für die Selbsteinschätzungen durch die Lehrpersonen wie für die Einschätzung durch die Schülerinnen und Schüler. Das selbst eingeschätzte Lehrpersonenverhalten im Umgang mit Fehlern korreliert nicht signifikant mit dem Leistungszuwachs in der Unterrichtsreihe ‚Keimung von Samen' (Tabelle 40), in der Primarstufe ist die Korrelation signifikant negativ (r = -.49). Die Einschätzung des Fehlerklimas durch die Schülerinnen und Schüler korreliert auf beiden Schulstufen nur unwesentlich mit dem Leistungszuwachs.

Tabelle 40: Umgang mit Fehlern und Leistungszuwachs in der Unterrichtsreihe

Dimension	Leistungszuwachs Unterrichtsreihe		
	Total	Primarstufe	Oberstufe
Umgang mit Fehlern (Angabe Lehrpersonen)	**-.28**	**-.49***	-.02
Umgang mit Fehlern (Angabe Schüler/-innen)	.06	.09	-.12

Anmerkung: Korrelationen > .2 durch Fettdruck hervorgehoben; N = 49

Die Lehrpersonen mit hoher adaptiver Lehrkompetenz unterscheiden sich in ihrem konstruktivistischen Lehrverständnis in einem von vier Teilbereichen, bei ‚Lernen an Phänomenen' von den Lehrpersonen mit niedriger adaptiver Lehrkompetenz. In den Teilbereichen ‚individuelle Lösungswege', ‚individuelles Lernen' und ‚Aufgabenvariabilität' sowie im Gesamtscore zeigen sich keine Unterschiede. Die Lehrpersonen mit hoher adaptiver Lehrkompetenz unterscheiden sich in Bezug auf ihren Umgang mit Fehlern nicht von den Lehrpersonen mit niedriger adaptiver Lehrkompetenz.

Interpretation

In einem Teilbereich des konstruktivistischen Lehr-Lernverständnisses, beim Lernen an Phänomenen unterscheiden sich die Lehrpersonen hoher und niedriger adaptiver Lehrkompetenz. Dies könnte dahingehend interpretiert werden, dass die Verstehensorientierung in der Konzeptualisierung von adaptiver Lehrkompetenz und der Fokus auf die Naturwissenschaften, wo Lernen an Phänomenen zentral sind, hier zum Ausdruck kommen. Für die Gesamtskala und die drei weiteren Teilbereiche sowie für den Umgang mit Fehlern wurden keine Unterschiede gefunden. Auch die Intervention hat diese Einstellungen nicht so verändert, dass sich die Versuchs- und Kontrollgruppe unterscheiden würden. Das Ergebnis erstaunt, wurde adaptive Lehrkompetenz theoretisch doch eng in Verbindung mit der konstruktivistischen Lehr-Lerntheorie in Verbindung gebracht. Dieses Ergebnis weist insgesamt auf die Problematik der Zusammenhänge zwischen Einstellungen und Kompetenzen hin. Die geringen Zusammenhänge zwischen konstruktivistischem Lehr-Lernverständnis und adaptiver Lehrkompetenz der Lehrpersonen oder dem Lernerfolg der Schülerinnen und Schüler geben keine Hinweise darauf, wie die Verbindung zwischen Einstellungen und Lehrkompetenzen zu konzeptualisieren ist. Weitere Untersuchungen, die diese Prozesse stärker ins Zentrum stellen, wären nötig.

6.6 Passung

Hypothese F: Schülerinnen und Schüler, die von einer Lehrperson mit hoher adaptiver Lehrkompetenz unterrichtet werden, schätzen die Leistungsanforderungen als angepasster ein als Schülerinnen und Schüler einer Lehrperson mit niedrigerer adaptiver Lehrkompetenz.

Ergebnisse

Als Maß der Passung des Unterrichts wurden die Angaben der Schülerinnen und Schüler zum Schwierigkeitsgrad der Unterrichtsreihe verwendet. Die Erfassung erfolgte auf einer 5-stufigen Skala mit von (1) ‚zu leicht' bis (5) ‚zu schwierig'. Der Wert 3 entspricht einem mittleren Schwierigkeitsgrad, bei welchem sich die Schülerinnen und Schüler weder über- noch unterfordert fühlen. Zur Prüfung der Hypothese wurde dieses Maß der Passung in Bezug auf die Lehrpersonen mit hoher und niedriger adaptiver Lehrkompetenz verglichen. Dabei zeigt sich, dass sich die Schülerinnen und Schüler im naturwissenschaftlichen Unterricht mehrheitlich als gerade richtig gefordert ansehen und kein signifikanter Unterschied ($AL_{niedrig}$ M = 3.11, AL_{hoch} M = 3.07) zwischen den beiden Gruppen mit hoher und niedriger adaptiver Lehrkompetenz besteht.

Ein sehr ähnliches Ergebnis zeigt sich bei der Unterrichtsreihe ‚Keimung von Samen': Auch hier geben die Schülerinnen und Schüler an, dass der Schwierigkeitsgrad sehr angemessen war. Die beiden Gruppen mit hoher bzw. niedriger adaptiver Lehrkompetenz unterscheiden sich nicht signifikant ($AL_{niedrig}$ M = 2.90, AL_{hoch} M = 2.95).

Ob die Schülerinnen und Schüler eine gute Passung im Schwierigkeitsgrad des Unterrichts wahrnehmen oder nicht, ist in Bezug auf ihren Leistungszuwachs dennoch relevant. Zwischen dem Leistungszuwachs in den Naturwissenschaften und der – im Nachtest erfassten – Wahrnehmung des Schwierigkeitsgrads des naturwissenschaftlichen Unterrichts durch die Schülerinnen und Schüler besteht ein signifikanter umgekehrt u-förmiger Zusammenhang (p = .01; vgl. Abbildung 17). Mit 1.1 Prozent Varianzaufklärung ist der Effekt jedoch als gering zu bezeichnen. Auf Klassenebene kann kein statistisch gesicherter Zusammenhang festgestellt werden, obschon mit 2.2 Prozent etwas mehr Varianz erklärt werden kann.

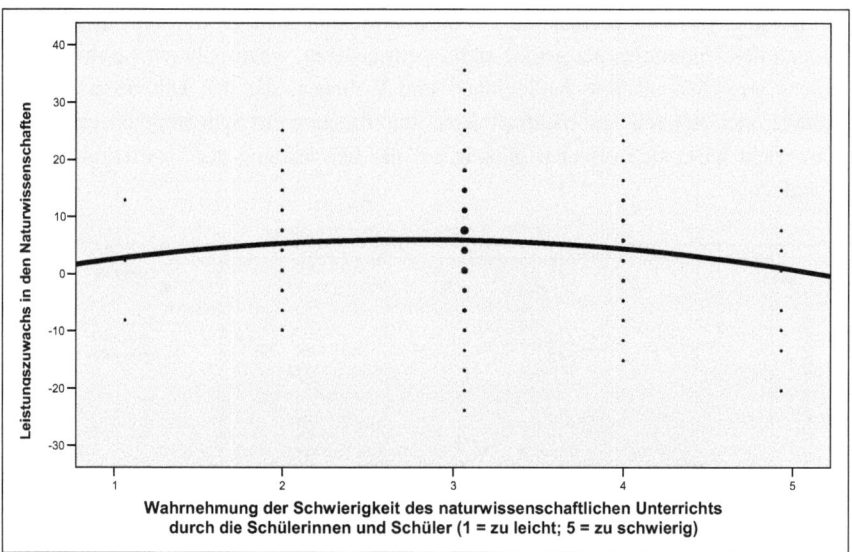

Abbildung 17: Zusammenhang zwischen dem Leistungszuwachs in den Naturwissenschaften und der Wahrnehmung der Schwierigkeit des naturwissenschaftlichen Unterrichts durch die Schülerinnen und Schüler (Schülerebene)

Zwischen dem Leistungszuwachs in der Unterrichtsreihe ‚Keimung von Samen‘ und des wahrgenommenen Schwierigkeitsgrads besteht kein signifikanter Zusammenhang. Es lässt sich jedoch ein umgekehrt u-förmiger Zusammenhang nachweisen mit der Testleistung im Nachtest (p = .03). Die Varianzaufklärung beträgt auf Individualebene 1.1 Prozent.

Diese Zusammenhänge kommen vor allem wegen der Primarstufe zu Stande: Der (umgekehrt u-förmige) Zusammenhang zwischen dem wahrgenommenen Schwierigkeitsgrad und dem Leistungszuwachs in der Unterrichtsreihe ist auf dem 10-Prozentniveau signifikant (p = .08). Hier besteht ebenfalls ein signifikanter Zusammenhang mit der im Nachtest gemessenen Lernzielerreichung (p = .03).

Die Wahrnehmung des Schwierigkeitsgrades durch die Schülerinnen und Schüler hängt hingegen mit der Sachkompetenz der Lehrpersonen zusammen: Je größer das Wissen der Lehrperson, als desto schwieriger nehmen die Schülerinnen und Schüler deren Unterricht wahr. Wie die steilere Regressionslinie in Abbildung 18 zeigt, gilt dies insbesondere für die Primarstufe (PS: r = .44; OS: r = .27).

Erwähnenswert ist, dass die Schülerinnen und Schüler schlecht einschätzen können, wie viel sie in der Unterrichtsreihe tatsächlich gelernt haben (r = .11 für Leistungszuwachs bzw. r = .18, wenn Lernzielerreichung, d.h. Leistung im zweiten Test als Kriterium gewählt).

Dennoch ist festzustellen, dass Schülerinnen und Schüler, die das Anspruchsniveau des Unterrichts als gerade richtig einschätzen, einen höheren Leistungszuwachs erreichen als ihre Kolleginnen und Kollegen, die den Unterricht als zu
schwer oder zu leicht wahrnehmen. Eine gute Passung des Schwierigkeitsgrads im
Unterricht wirkt sich offenbar günstig auf die Lernleistung der Schülerinnen und
Schüler aus.

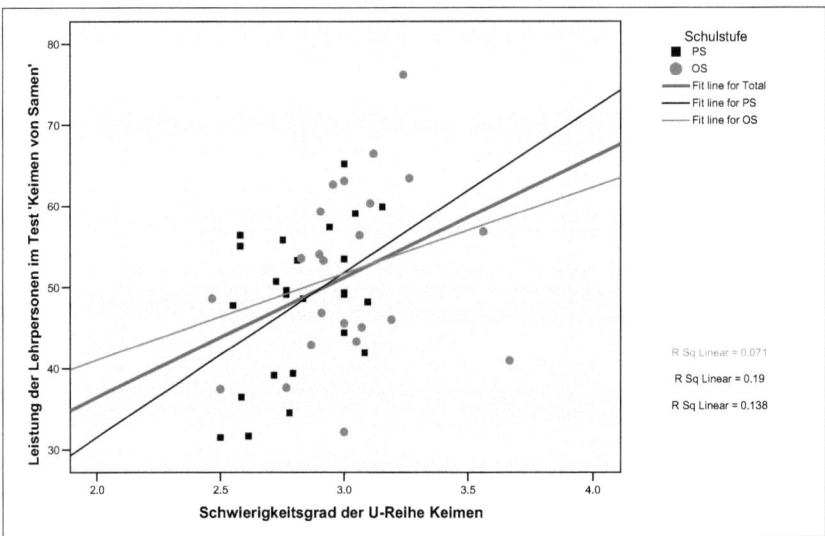

Abbildung 18: Leistungen der Lehrpersonen im Wissenstest ‚Keimung von Samen'
und Schwierigkeitsgrad des Unterrichts nach Schulstufe (N = 48)

*Die Hypothese kann statistisch nicht bestätigt werden. Es zeigen sich jedoch gewis-
se Tendenzen, dass ein Zusammenhang zwischen der Passung in Bezug auf den
Schwierigkeitsgrad und der adaptiven Lehrkompetenz besteht.*

Interpretation

In der Tendenz zeigt sich ein geringer bis mittlerer Effekt, dass Lehrpersonen mit
hoher adaptiver Lehrkompetenz den Schwierigkeitsgrad den Schülerinnen und
Schülern besser anpassen können. Die meisten Schülerinnen und Schüler nehmen
in diesem Bereich jedoch kaum große Überforderung oder Unterforderung wahr.
Deshalb kann auf Grund der vorliegenden Daten nicht abschließend beurteilt werden, ob es Lehrpersonen mit hoher adaptiver Lehrkompetenz eher gelingt, eine bessere Passung zu den individuellen Lernvoraussetzungen der Schülerinnen und
Schüler zu schaffen. Beim Zusammenhang zwischen der Passung und dem Leis-

tungszuwachs der Schülerinnen und Schüler zeigt sich, dass ein angemessenes Anspruchsniveau mit etwas höherem Leistungszuwachs einhergeht. Es zeigt sich, dass die Schülerinnen und Schüler sich selber wenig genau einschätzen können, was auch mit dem Fach zusammenhängen könnte, welches weniger Unterrichtszeit beansprucht und exemplarisch unterrichtet wird. Der Zusammenhang zwischen dem wahrgenommenen Schwierigkeitsgrad und der Sachkompetenz der Lehrperson, wie sie im Wissenstest gemessen wurde, zeigt, dass es insbesondere auf der Primarstufe den Lehrpersonen, die in einem Bereich sehr kompetent sind, schwerer fällt, die Wissensinhalte so zu vermitteln, dass sie die Schülerinnen und Schüler nicht überfordern.

6.7 Selbstreguliertes Lernen

Hypothese G: Lehrpersonen mit hoher adaptiver Lehrkompetenz unterscheiden sich von Lehrpersonen mit niedriger adaptiver Lehrkompetenz insofern, als ihre Schülerinnen und Schüler eine positivere Selbsteinschätzung des selbstregulierten Lernens zeigen.

Ergebnisse

Die Selbsteinschätzung in Bezug auf das selbstregulierte Lernen nimmt mit Ausnahme der Kontrollstrategien im Verlauf des Schuljahres, d.h. zwischen Vortest und Nachtest, ab. Diese Abnahme zeigt sich stärker in der Oberstufe als in der Primarstufe. Die Einschätzungen des bereichsspezifischen Interesses und Selbstkonzepts sowie der Elaborationsstrategien sind in der Primarstufe signifikant positiver als in der Oberstufe (Abbildung 19).

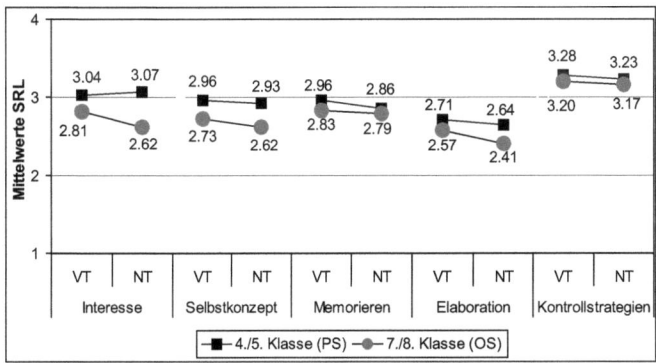

Abbildung 19: Veränderungen der Selbsteinschätzung des selbstregulierten Lernens zwischen Vor- und Nachtest nach Stufen getrennt

Abbildung 20 zeigt die Veränderung der Selbsteinschätzung des selbstregulierten Lernens. Im Vortest gibt es keine signifikanten Unterschiede, beim Nachtest zeigen sich – unter Annahme einer Irrtumswahrscheinlichkeit von 10 Prozent bei gerichteten Hypothesen – ein signifikant höheres Selbstkonzept und mehr Kontrollstrategien bei Schülerinnen und Schülern von Lehrpersonen mit hoher adaptiver Lehrkompetenz.

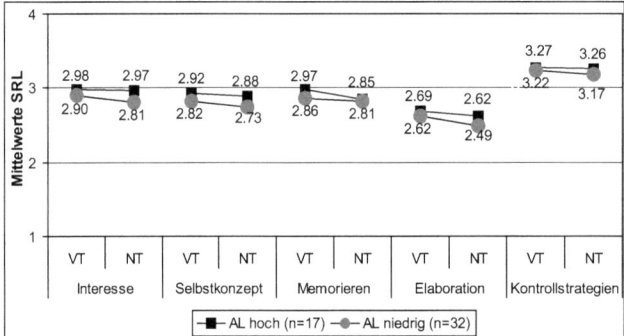

Abbildung 20: Selbsteinschätzung des selbstregulierten Lernens der Schülerinnen und Schüler bei Lehrpersonen mit hoher und niedriger adaptiver Lehrkompetenz

Die Analyse in Bezug auf adaptive Handlungs- und Planungskompetenzen zeigt, dass für die Förderung des selbstregulierten Lernens, insbesondere des Interesses und des Selbstkonzeptes – und bei der Primarstufe auch der Kontrollstrategien – die adaptive Handlungskompetenz der Lehrperson entscheidend ist (Abbildung 21 und Abbildung 22). Bei der adaptiven Planungskompetenz zeigen sich keine signifikanten Effekte.

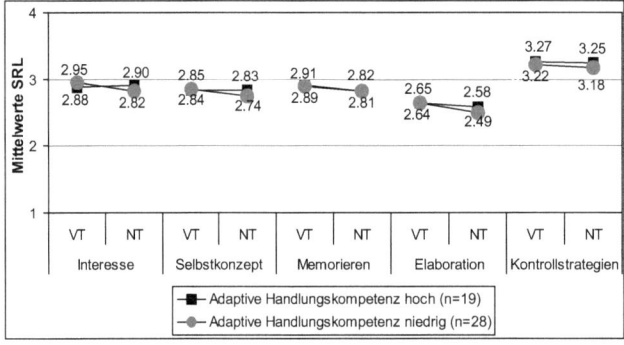

Abbildung 21: Einschätzung des selbstregulierten Lernens der Schülerinnen und Schüler bei Lehrpersonen mit hoher oder niedriger Handlungskompetenz

Abbildung 22 zeigt die Effekte in Bezug auf die Dimensionen der adaptiven Handlungskompetenz. Es zeigen sich besonders Effekte von didaktischen und diagnostischen Kompetenzen auf Interesse und Selbstkonzept. Bei der Primarstufe sind die Effekte generell größer. Es bestehen keine Zusammenhänge zwischen der adaptiven Planungskompetenz und dem selbstregulierten Lernen.

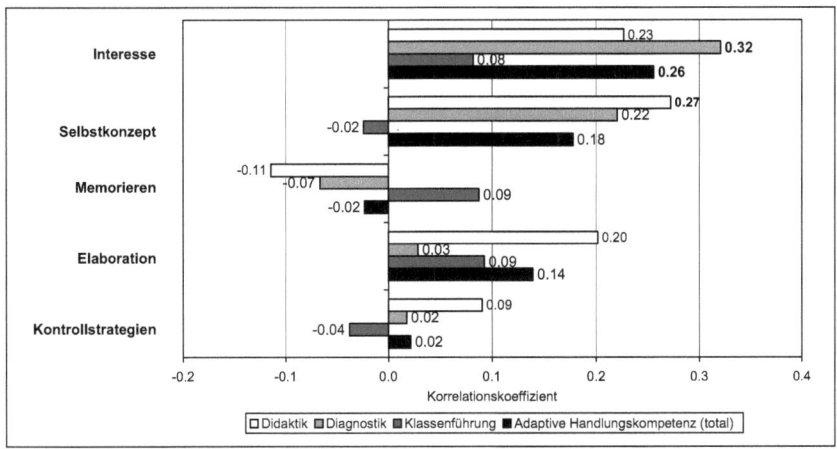

Abbildung 22: Dimensionen der adaptiven Handlungskompetenz und deren Zusammenhang mit Aspekten des selbstregulierten Lernens

Tabelle 41: Korrelationen zwischen Aspekten des selbstregulierten Lernens und dem Leistungszuwachs der Schülerinnen und Schüler in der Unterrichtsreihe

Aspekte des selbstregulierten Lernens	Leistungszuwachs Unterrichtsreihe ‚Keimen'		
	Total	Primarstufe	Oberstufe
Fachspezifisches Interesse[a]	.13	.01	-.18
Fachspezifisches Selbstkonzept[a]	.14	**.21**	**-.33**
Transformation	.18	.03	**.31**
Memorieren	**.21**	.19	.15
Elaboration	.11	-.08	.18
Kontrollstrategien	**.43***	**.49***	.13

Anmerkung: Korrelationen > .2 durch Fettdruck hervorgehoben; N = 47; [a] Naturwissenschaften allgemein

Das selbstregulierte Lernen hängt mit dem Leistungszuwachs der Schülerinnen und Schüler zusammen. Tabelle 41 zeigt die insgesamt positiven Korrelationen mit

Ausnahme der negativen Korrelation beim Selbstkonzept mit dem Leistungszuwachs auf der Oberstufe. Es besteht vor allem ein enger Zusammenhang der Kontrollstrategien mit dem Leistungszuwachs (r = .43).

*Die Hypothese kann für die Teilbereiche fachspezifisches Selbstkonzept und Kon-
trollstrategien angenommen werden; nicht jedoch für die Teilbereiche Transformation, Memorieren und Elaboration.*

Interpretation
Lehrpersonen mit hoher adaptiver Lehrkompetenz fördern die Schülerinnen und
Schüler im Bereich des fachspezifischen Selbstkonzepts und den Kontrollstrategien. Das fachspezifische Selbstkonzept ist wesentlich für Motivation und Lernerfolg, dieser Zusammenhang zeigt sich vor allem auf der Primarstufe. Kontrollstrategien sind entscheidend für den Lernerfolg, wie die signifikanten Zusammenhänge
zwischen der Selbsteinschätzung in Bezug auf Kontrollstrategien und dem Leistungszuwachs zeigen. Da adaptive Lehrkompetenz als Lehrkompetenz für einen
verstehensorientierten Unterricht konzeptualisiert wurde, zeigt sich hier ein kon-
gruentes Bild. Schülerinnen und Schüler, die von Lehrpersonen mit hoher adaptiver
Lehrkompetenz unterrichtet werden, wurden von diesen im Bereich des Lernens für
Verstehen und der Metakognition stärker gefördert als dies Lehrpersonen mit niedriger adaptiver Lehrkompetenz für ihre Schülerinnen und Schüler tun. Die Hypothese wird für die Teilbereiche fachspezifisches Selbstkonzept und Kontrollstrategien angenommen. Die Ergebnisse zeigen auch, dass die Schülerinnen und Schüler
die Strategie ‚Transformation' am wenigsten realisieren können und dass es den
Lehrpersonen mit hoher adaptiver Lehrkompetenz ebenfalls nicht gelungen ist, dies
zu fördern.

Für die Förderung des selbstregulierten Lernens, insbesondere für das Interesse
am Fach, das fachspezifische Selbstkonzept und die Kontrollstrategien ist die adaptive Handlungskompetenz der Lehrperson entscheidend (Brühwiler, 2006). Im
Moment des Unterrichtens unterstützt die Lehrperson die Schülerinnen und Schüler
im Hinblick auf das selbstregulierte Lernen, in der Interaktion geben Lehrpersonen
den Schülerinnen und Schülern ein positives Selbstkonzept mit. Die adaptive Handlungskompetenz ist dafür entscheidend. Dieser Befund könnte auch dahingehend
interpretiert werden, dass generell die Förderung des selbstregulierten Lernens und
der Metakognition in der Planungsphase eher nicht einbezogen wird, unabhängig
davon, ob es sich um adaptivere oder weniger adaptive Lehrpersonen handelt.

6.8 Berufserfahrung

Hypothese H : Erfahrene Lehrpersonen haben eine höhere adaptive Lehrkompetenz als Junglehrpersonen.

Ergebnisse

Tabelle 42 zeigt auf Grund des Videotest-Vortests die Abhängigkeit der adaptiven Lehrkompetenz von der Lehrerfahrung. Die Lehrpersonen unterscheiden sich vor allem bei der didaktischen Kompetenz. Erfahrenere Lehrpersonen weisen bei der didaktischen Kompetenz einen bedeutend höheren Wert auf als ihre jüngeren Kolleginnen und Kollegen (t = 1.68, df = 48, p = .10).

Tabelle 42: Videotest-Vortest: Mittelwerte und Standardabweichungen in den Dimensionen der adaptiven Lehrkompetenz nach Berufserfahrung

Videotest-Vortest			didaktische Kompetenz		diagnostische Kompetenz		Klassen-führung		adaptive Handlungs-kompetenz	
		N	M	SD	M	SD	M	SD	M	SD
Berufs-erfah-rung	Junglehr-person	15	27	9.4	16	11.4	35	18.6	26	7.9
	Erfahrene Lehrper-son	35	32	11.8	15	8.9	32	16.6	27	9.2
	p		.10		.72		.62		.80	
	d		.47		.10		.17		.12	

Da die Merkmale Berufserfahrung, Schulstufe und Geschlecht in der Stichprobe nicht unabhängig voneinander vertreten sind, könnten Unterschiede auf die Konfundierung der Lehrpersonenmerkmale – beispielsweise von Geschlecht und Stufe – zurückzuführen sein. Daher wird der Effekt der einzelnen Merkmale auf die adaptive Lehrkompetenz unter gegenseitiger Konstanthaltung analysiert[7]. Abbildung 23 zeigt im Videotest-Vortest und Abbildung 24 im Videotest-Nachtest den jeweiligen Effekt (Berufserfahrung) auf die didaktische Kompetenz unter Konstanthaltung der anderen Merkmale (Geschlecht und Stufe). Im Vortest (Abbildung 23)

---

6   Die Hypothesen H, I und J wurden gemeinsam multivariat analysiert. Aus Gründen der Übersichtlichkeit werden die Ergebnisse zu den Hypothesen einzeln beschrieben.
7   Die Analyse wurde mittels multipler linearer Regression vorgenommen.

liegt der Ausgangspunkt der Balken bei 32.2 Prozentpunkte (Prozentanteile der maximal möglichen Punkte; vgl. Kapitel 5.1.4) und gibt den durchschnittlichen Wert einer Referenzperson an. Diese ist weiblich, unterrichtet auf der Primarstufe und verfügt über höchstens sechs Jahre Berufserfahrung. Die Ergebnisse bestätigen, dass auch unter gegenseitiger Kontrolle die im Videotest gezeigten didaktischen Kompetenzen der erfahrenen Lehrpersonen signifikant besser sind (p < .05).

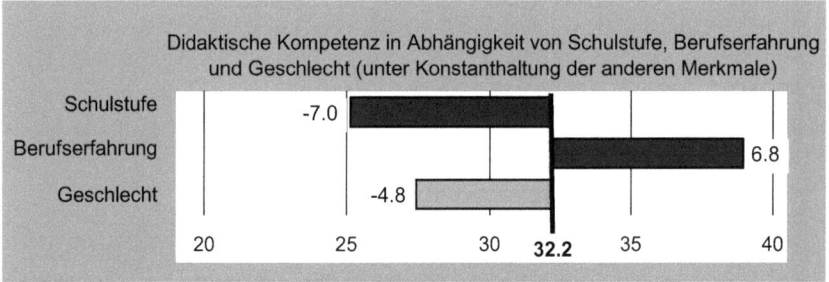

Anmerkung: Die dunklen Balken kennzeichnen signifikante Unterschiede; der helle Balken kennzeichnet einen nicht signifikanten Unterschied. N = 50.

Codierung: Schulstufe (0 = Primarstufe; 1 = Oberstufe), Berufserfahrung (0 = Junglehrpersonen; 1 = erfahrene Lehrpersonen), Geschlecht (0 = weiblich; 1 = männlich)

Abbildung 23: Videotest-Vortest: Ausprägung der didaktischen Kompetenz nach Schulstufe, Dienstalter und Geschlecht (unter Konstanthaltung der übrigen Merkmale)

Im Videotest-Nachtest (Abbildung 24) bestätigt sich der im Vortest festgestellte signifikante Unterschied zwischen erfahrenen Lehrpersonen und Junglehrpersonen. Mit 8.1 Prozentpunkten (vgl. Kapitel 5.1.4) mehr als die Junglehrpersonen weisen die Lehrpersonen mit mehr als sechs Jahren Berufserfahrung eine signifikant höhere didaktische Kompetenz auf (F = 2.91, df = 3, 45, p = .04). Bei der diagnostischen Kompetenz (F = 2.19, df = 3, 45, p = .09) sind die Unterschiede auf dem 10 Prozent-Niveau signifikant. Bei der Klassenführung (F = .68, df 3, 45, p = .58) und der Gesamtskala der adaptiven Lehrkompetenz (F = 1.80, df = 3, 45, p = .25) unterscheiden sich die untersuchten Lehrpersonen nicht signifikant in Bezug auf das Dienstalter und unter gegenseitiger statistischer Kontrolle von Geschlecht und Stufe. Die Lehrpersonen mit mehr Unterrichtserfahrung zeigen aber in diesen beiden Dimensionen wie auch in der Gesamtskala adaptive Lehrkompetenz generell höhere Werte. Einzig bei der Klassenführung zeigt sich, dass die Junglehrpersonen sich etwas häufiger zu Belangen rund um die Klassenführung äußern. Der Unterschied zu den Lehrpersonen mit mehr als sechs Jahren Berufserfahrung ist aber nicht signifikant (F = .68, df 3, 45, p = .58).

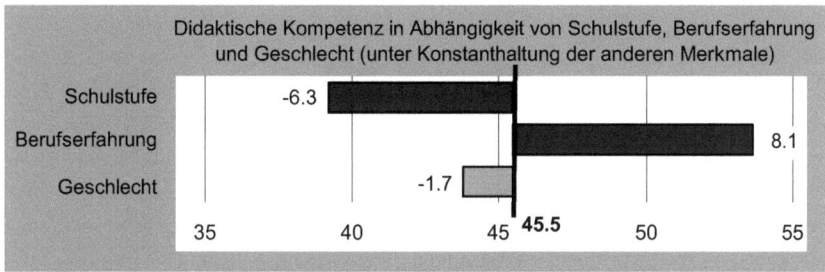

Anmerkung: Die dunklen Balken kennzeichnen signifikante Unterschiede; der helle Balken kennzeichnet einen nicht signifikanten Unterschied. N = 49.

Codierung:
Schulstufe (0 = Primarstufe; 1 = Oberstufe),
Berufserfahrung (0 = Junglehrpersonen; 1 = erfahrene Lehrpersonen),
Geschlecht (0 = weiblich; 1 = männlich)

Abbildung 24: Videotest-Nachtest: Ausprägung der didaktischen Kompetenz nach Schulstufe, Dienstalter und Geschlecht (unter Konstanthaltung der übrigen Merkmale)

Im Vortest des Vignettentestes (Tabelle 43) zeigen sich in Bezug auf die Berufserfahrung weder in den einzelnen Dimensionen noch der Gesamtskala der adaptiven Lehrkompetenz signifikante Unterschiede.

Tabelle 43: Vignettentest-Vortest: Mittelwerte und Standardabweichungen in den Dimensionen der adaptiven Planungskompetenz nach Dienstalter

Vignettentest-Vortest										
			Sach-kompetenz		diagnostische Kompetenz		didaktische Kompetenz		adaptive Planungs-kompetenz	
		N	M	SD	M	SD	M	SD	M	SD
Berufs-erfah-rung	Junglehr-person	15	10	28	17.8	17.8	28.9	14.7	14.2	12.5
	Erfahrene Lehrper-son	34	17.7	29.9	21.6	16.2	32.4	10.8	18.1	9.3
	p		0.40		0.48		0.36		0.23	
	d		.27		.22		.27		.35	

Kontrolliert man (analog dem Videotest) beim Vignettentest das Geschlecht und die Stufe, so ergeben sich signifikante Unterschiede in der Dimension Bedeutung der Sachkompetenz (p = .04, 20.0 Prozentpunkte) und in der Gesamtskala adaptive

Planungskompetenz (p = .03, 8.3 Prozentpunkte) zu Gunsten der erfahrenen Lehrpersonen.

Beim Test in Naturwissenschaften sowie bei der Unterrichtsreihe ‚Keimung von Samen' zeigen sich keine signifikanten Ergebnisse. Abbildung 25 veranschaulicht den Leistungszuwachs der Schülerinnen und Schüler beim Test in Naturwissenschaften in Abhängigkeit von Schulstufe, Berufserfahrung und Geschlecht ihrer Lehrpersonen. Die Schülerinnen und Schüler, die von erfahrenen Lehrpersonen unterrichtet werden, erbringen im Vergleich zu den Schülerinnen und Schülern, die den Unterricht bei Junglehrpersonen besuchen, einen um einen Punkt größeren Leistungszuwachs. Der Unterschied ist aber nicht signifikant (F = 1.35, df = 1, 44, p=.25).

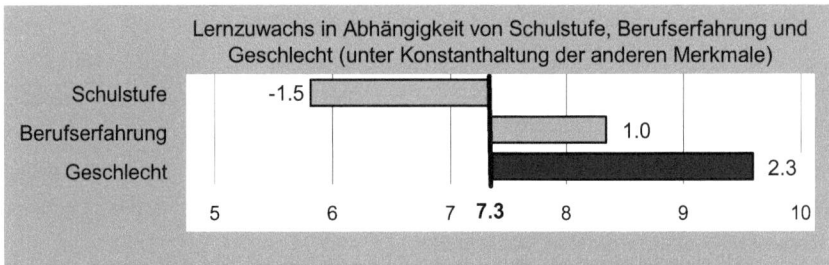

Anmerkung: Der dunkle Balken kennzeichnet einen signifikanten Unterschied, die hellen Balken kennzeichnen nicht signifikante Unterschiede. N=49.

Codierung: Schulstufe (0=Primarschule; 1=Oberstufe), Berufserfahrung (0=Junglehrperson; 1=erfahrene Lehrperson), Geschlecht (0=weiblich; 1=männlich)

Abbildung 25: Test in Naturwissenschaften: Leistungszuwachs der Schülerinnen und Schüler nach Schulstufe, Berufserfahrung und Geschlecht der Lehrpersonen (unter Konstanthaltung der übrigen Merkmale)

Die durch Clusteranalyse ermittelten Gruppen von Lehrpersonen mit hoher bzw. niedriger adaptiver Lehrkompetenz nach Lehrerfahrung, findet man eine signifikante Übervertretung der erfahrenen Lehrpersonen mit mehr als sechs Dienstjahren in der Gruppe der hoch adaptiven Lehrpersonen (Chi-Quadrat = .4.35, df = 1, p = .04;).

Die Hypothese wird bestätigt: Erfahrene Lehrpersonen haben eine höhere adaptive Lehrkompetenz.

Außer bei der Dimension Klassenführung weisen alle Ergebnisse in diese Richtung, z.T. mit signifikanten Unterschieden zwischen den dienstälteren und dienstjüngeren Lehrpersonen. In der Gesamtbetrachtung zeigt die Clusteranalyse, dass signifikant mehr erfahrene Lehrpersonen in der Gruppe der Lehrpersonen mit hoher adaptiver Lehrkompetenz zu finden sind.

Interpretation

Durch die größere Routine und die mehrmalige Behandlung des gleichen Stoffes ist anzunehmen, dass erfahrene Lehrpersonen auf mehr didaktisches Wissen zurückgreifen können, über eine vertiefte Sachkompetenz und Wissensgrundlage verfügen und ihre Kompetenzen bei der Unterrichtsplanung wirkungsvoller einsetzen. Man kann auch vermuten, dass sie weniger vom konkreten Unterrichtsgeschehen besetzt sind und sich so mehr auf die Lernprozesse der einzelnen Schülerinnen und Schüler konzentrieren können, was sich auch in der höheren diagnostischen Kompetenz der erfahrenen Lehrpersonen zeigt.

Im Bereich der Klassenführung deuten die vergleichsweise tiefen Werte der erfahrenen Lehrpersonen auf die geringere Brisanz dieser Dimension hin. Die Vermutung liegt nahe, dass sie auf Grund ihrer Erfahrung die Klasse besser führen und organisieren können und so den Disziplinanliegen weniger Aufmerksamkeit schenken müssen. Durch ihre signifikant höhere Diagnosekompetenz ist anzunehmen, dass sie Probleme in der Klassenführung früher erkennen und in der Lage sind, durch wirkungsvolle didaktische Maßnahmen ihre Klasse zu führen.

6.9 Primar- und Oberstufe

Hypothese I: Lehrpersonen der Primarstufe und Lehrpersonen der Oberstufe unterscheiden sich nicht in der adaptiven Lehrkompetenz.

Ergebnisse

Primarlehrpersonen zeigen im Videotest-Vortest (Tabelle 44) mit 34 Prozentpunkten mehr didaktische Kompetenz ($t = 2.68$, $df = 48$, $p = .01$) als Oberstufenlehrpersonen (26 Punkte). Betrachtet man die Effektstärken zur Beurteilung der Unterschiede, so ist die Differenz zwischen den Stufen als mittelgroß zu bezeichnen ($d = .47$).

Tabelle 44: Videotest-Vortest: Mittelwerte und Standardabweichungen in den Dimensionen der adaptiven Lehrkompetenz nach Schulstufe

Videotest-Vortest

		N	didaktische Kompetenz		diagnostische Kompetenz		Klassen-führung		adaptive Handlungs-kompetenz	
			M	SD	M	SD	M	SD	M	SD
Schul-stufe	Primar-stufe	27	34	11.4	17	9.8	34	16.9	28	8.9
	Ober-stufe	23	26	9.9	14	9.3	32	17.5	24	8.2
	p		.01		.35		.77		.10	
	d		.75		.31		.12		.47	

Da die untersuchten Merkmale Berufserfahrung, Schulstufe und Geschlecht in der Stichprobe nicht unabhängig voneinander vertreten sind, wird analog zur Hypothesenprüfung G der Effekt der einzelnen Merkmale auf die adaptive Lehrkompetenz unter gegenseitiger Konstanthaltung analysiert (vgl. Abbildung 23 und Abbildung 24). Dabei erreicht im Videotest-Vortest (Abbildung 23) z.B. eine Oberstufenlehrerin mit ebenfalls geringer Berufserfahrung durchschnittlich 25.2 Prozentpunkte (vgl. Kapitel 5.1.4), eine Primarlehrerin mit mehr als sechs Jahren Berufserfahrung 39 Prozentpunkte. Die Ergebnisse bestätigen, dass auch unter gegenseitiger Kontrolle die im Videotest-Vortest gezeigten didaktischen Kompetenzen der Primarlehrpersonen signifikant besser sind (p = < .05).

Im Videotest-Nachtest (vgl. Abbildung 24) zeigen sich keine signifikanten Unterschiede zwischen den Stufen, weder in der Gesamtskala adaptive Handlungskompetenz (F = 1.80, df = 3, 45, p = .07) noch in der didaktischen Kompetenz (F = 2.91, df = 3, 45, p = .07), der diagnostischen Kompetenz (F = 2.19, df = 3, 45, p = .23) und der Klassenführung (F = .68, df = 3, 45, p = .20).

Im Vignetten-Vortest zeigen die Primarlehrpersonen eine signifikant höhere diagnostische Kompetenz (t = 2.07, df = 47, p = .04) als die Oberstufenlehrpersonen (Tabelle 44) . Da adaptive Planungskompetenz auch vom Geschlecht oder der Berufserfahrung abhängen könnte, wurden die Variablen in einer multiplen linearen Regressionsanalyse kontrolliert. Der Effekt zugunsten der Primarlehrpersonen wird für die adaptive Planungskompetenz bestätigt (F = 4.59, df = 3, 45, p = .018).

Tabelle 45: Vignettentest Vortest: Mittelwerte und Standardabweichungen in den Dimensionen der adaptiven Planungskompetenz nach Schulstufe

Vignette A, Vortest									
		Sach-kompetenz		diagnostische Kompetenz		didaktische Kompetenz		adaptive Planungs-kompetenz	
	N	M	SD	M	SD	M	SD	M	SD
Schul-stufe Primar-stufe	26	19.2	31.9	25.0	17.2	30.8	12.2	18.8	10.5
Ober-stufe	23	10.9	25.9	15.2	15.2	31.9	12.2	14.8	10.1
p		.32		.04		.75		.18	
d		.29		.60		.09		.39	

Da die Intervention für bestimmte Gruppen von Lehrpersonen besser gewirkt haben könnte als für andere, wurden Unterschiede in Bezug auf die unterrichtete Schulstufe, die Berufserfahrung und das Geschlecht der Lehrperson überprüft. Um den jeweiligen Effekt auf die adaptive Planungskompetenz unter Konstanthaltung der anderen Merkmale zu überprüfen, wurden multiple Regressionsanalysen mit den Prädiktorvariablen Geschlecht, Schulstufe und Berufserfahrung und der Differenz zwischen dem Vor- und dem Nachtest als unabhängige Variable berechnet. Diese Effekte sind mit den Balken in Abbildung 27 dargestellt. Der Ausgangspunkt der Balken liegt bei 20.3 Punkten und gibt den durchschnittlichen Wert einer Referenzperson an. Diese ist weiblich, unterrichtet auf der Primarstufe und verfügt über höchstens sechs Jahre Berufserfahrung. Eine Oberstufenlehrerin mit ebenfalls geringer Berufserfahrung erreicht durchschnittlich nur 13.5 Punkte, eine Primarlehrerin mit mehr als sechs Jahren Berufserfahrung kommt auf 25.7 Punkte. Die Ergebnisse der Regressionsanalyse zeigen, dass nur die Schulstufe in einem bedeutsamen Zusammenhang zum Zuwachs von adaptiver Planungskompetenz von Lehrpersonen steht (F = 8.25, df = 1, 47, p = .006). Primarlehrpersonen weisen einen höheren Zuwachs an adaptiver Planungskompetenz auf als Oberstufenlehrpersonen. Dieser Stufeneffekt erklärt 13.1%, alle drei Variablen erklären 18.3% der Varianz. Dies weist darauf hin, dass die Intervention bei Primarlehrpersonen besser gewirkt hat als bei Oberstufenlehrpersonen. Die Unterschiede, welche auf die Berufserfahrung und das Geschlecht zurückzuführen sind, sind statistisch nicht signifikant.

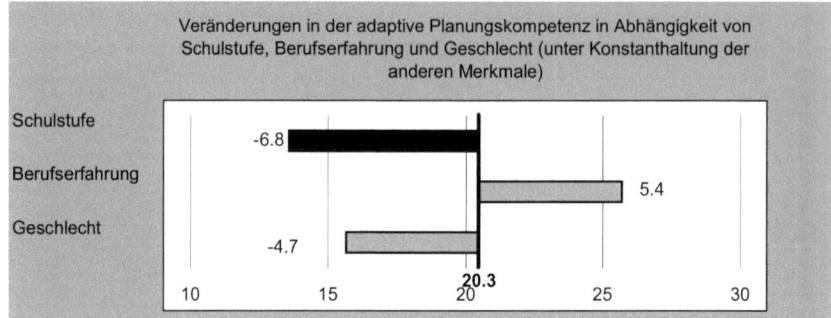

Anmerkung: Der dunkle Balken kennzeichnen signifikante Unterschiede; die hellen
Balken kennzeichnen einen nicht signifikanten Unterschied. N = 49.
Codierung:
Schulstufe (0 = Primarstufe; 1 = Oberstufe), Berufserfahrung (0 = Junglehrpersonen;
1 = erfahrene Lehrpersonen), Geschlecht (0 = weiblich; 1 = männlich)

Abbildung 26: Ausprägung der adaptiven Planungskompetenz nach Schulstufe, Dienstalter
und Geschlecht (unter Konstanthaltung der übrigen Merkmale)

Bei der Unterrichtsreihe ‚Keimung und Entwicklung von Samen' wurde die Dia-
gnosefähigkeit der Lehrerinnen und Lehrer, aufgeteilt nach Stufen, untersucht.
Abbildung 27 stellt die Korrelationen zwischen der prognostizierten Lernzielerreichung durch die Lehrpersonen und der effektiv erbrachten Testleistung durch die
Schülerinnen und Schüler dar. Auffallend ist die bedeutend größere Variabilität der
diagnostischen Kompetenz der Oberstufenlehrkräfte (OS; SD = .26) im Vergleich
zu den Primarlehrkräften (PS; SD = .16).

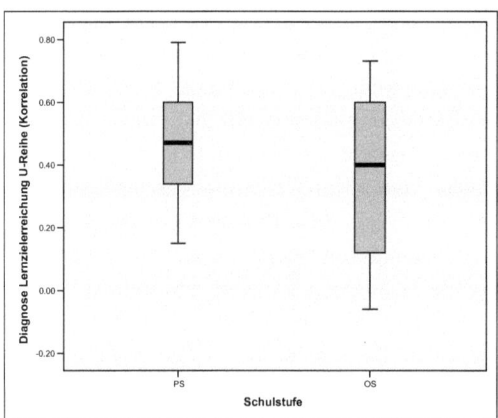

Abbildung 27: Verteilung der
diagnostischen Kompetenz
(Lernzielerreichung in der Unterrichtsreihe) nach Schulstufe

Anmerkung zum Boxplot: Innerhalb des Kastens befinden sich die mittleren 50 Prozent der
Werte. Die dünnen Linien zeigen die ganze Spannweite an. Der Balken innerhalb des Kastens
entspricht dem Median.

Bei den Mittelwerten der Diagnosekompetenzen der Lehrpersonen in Bezug auf die Lernzielerreichung der Schülerinnen und Schüler beim Test ‚Keimung und Entwicklung von Samen' zeigen sich keine signifikanten Unterschiede zwischen den Primar- und Oberstufenlehrkräften (t = 1.61, df = 31.61, p = .12; d = .48). Mit einer Effektstärke von d = .48 bestätigen sich aber die tendenziell höheren Werte in der diagnostischen Kompetenz der Primarlehrpersonen (M = .47) im Vergleich zu den Lehrpersonen der Oberstufe (M = .37).

Die Einteilung der Lehrpersonen zu den beiden Gruppen mit hoher und niedriger adaptiver Lehrkompetenz auf Grund der Clusteranalyse, die sich auf den Videotest und den Vignettentest stützt, verdeutlicht den signifikanten Unterschied zwischen den Primar- und Oberstufenlehrkräften in Bezug auf die Gesamtskala der adaptiven Lehrkompetenz (Chi-Quadrat = 5.73, df = 1, p = .02).

Die Hypothese, dass sich die Lehrpersonen der Primarstufe und der Oberstufe nicht unterscheiden, kann in Bezug auf die adaptive Lehrkompetenz nicht bestätigt werden. Lehrpersonen der Primarstufe sind in der Gruppe der hoch adaptiven Lehrpersonen besser vertreten. Dies lässt sich vor allem mit höherer adaptiver Planungskompetenz und diagnostischer Kompetenz erklären.

Interpretation

Es könnte sein, dass die höhere adaptive Lehrkompetenz der Primarlehrpersonen, die vor allem mit der höheren adaptiven Planungskompetenz zu erklären ist, sich auf den Umstand zurück führen lässt, dass auf der Primarstufe in der Regel in einem Fach nur eine Klasse unterrichtet wird. Dies könnte zur Folge haben, dass eine Lehrperson auf der Primarschulstufe die Lektion gezielter auf die Klasse ausrichten kann und, da sie die Schülerinnen und Schüler besser kennt, deren individuellen Bedürfnisse auch besser berücksichtigen kann. Auf der Oberstufe werden in Naturwissenschaften (im Kanton St. Gallen: Natur und Technik) die Schülerinnen und Schüler von einer phil. II-Lehrperson unterrichtet, die den Stoff für mehrere Klassen gleichzeitig vorbereitet und auch vermittelt. Dies könnte bedeuten, dass ein Eingehen auf den Lernstand und das Vorwissen der einzelnen Schülerinnen und Schüler in geringerem Maße erfolgt als auf der Primarschulstufe.

Eine weitere Erklärung könnte im Entwicklungsalter der Schülerinnen und Schüler liegen. Im Gegensatz zu den Schülerinnen und Schülern der Primarstufe verfügen die Oberstufenschülerinnen und -schüler über ein umfangreicheres Vorwissen, auch über die Funktionsweise von Schule und Unterricht. Sie besitzen auch einen breiteren Interpretationshintergrund, orientieren sich mehr am Sachwissen und sind in der Regel distanzierter zur Lehrperson. Obwohl ihnen ein adaptiver Unterricht helfen würde, können sie sich auf Grund ihres schulischen Know-hows mit einem weniger adaptiven Unterricht besser arrangieren als die Primarschülerinnen und -schüler.

6.10 Geschlecht

Hypothese J: Lehrerinnen und Lehrer unterscheiden sich nicht in der adaptiven Lehrkompetenz.

Ergebnisse

Untersucht man beim Videotest-Vortest (Tabelle 46) die vier Dimensionen der adaptiven Lehrkompetenz, so lässt sich nur bei der Diagnosekompetenz ein Geschlechterunterschied zu Gunsten der Lehrerinnen feststellen (t = 2.38, df = 48, p = .02). Betrachtet man die Effektstärken zur Beurteilung der Unterschiede, so sind die Differenzen zwischen den Geschlechtern (d = .48) als mittelgroß zu bezeichnen.

Tabelle 46: Videotest-Vortest: Mittelwerte und Standardabweichungen in den Dimensionen der adaptiven Lehrkompetenz nach Geschlecht

Videotest-Vortest

		N	didaktische Kompetenz		diagnostische Kompetenz		Klassen-führung		adaptive Handlungs-kompetenz	
			M	SD	M	SD	M	SD	M	SD
Ge-schlecht	weiblich	19	34	12.7	19	10.1	34	15.8	29	9.4
	männlich	31	29	10.2	13	8.5	33	18.0	25	8.1
	p		.13		.02		.81		.10	
	d		.43		.64		.06		.46	

Im Videotest-Vortest und -Nachtest ergeben sich bei der Analyse der didaktischen Kompetenz, unter gegenseitiger Konstanthaltung[8] von Geschlecht, Stufe und Berufserfahrung (analog Hypothesen G und H) für die männlichen Lehrpersonen tiefere Werte (Vortest -4.8 Prozentpunkte / Nachtest -1.7 Prozentpunkte), ohne aber Signifikanzniveau zu erreichen. Es bestätigt sich (in einem hier nicht dargestellten Regressionsmodell), dass Lehrerinnen im Bereich der Diagnosefähigkeiten signifikant besser abschneiden als ihre männlichen Kollegen (6.1 Punkte Differenz).

---

8   Die Analyse wurde mittels linearer Regression vorgenommen.

Die adaptive Planungskompetenz (erfasst durch den Vignettentest-Vortest) zeigt, dass sich die Lehrerinnen und Lehrer in allen Dimensionen wie auch in der Gesamtskala nicht überzufällig unterscheiden (Tabelle 47).

Tabelle 47: Vignettentest-Vortest: Mittelwerte und Standardabweichungen in den Dimensionen der adaptiven Planungskompetenz nach Geschlecht.

Vignette-Vortest										
			Sach-kompetenz		diagnostische Kompetenz		didaktische Kompetenz		adaptive Planungs-kompetenz	
		N	M	SD	M	SD	M	SD	M	SD
Ge-schlecht	weib-lich	19	15.8	33.6	21.1	21.1	30.7	13.9	16.9	11.7
	männ-lich	30	15.0	26.8	20.0	16.0	31.7	11.0	16.9	9.7
	p		0.93		0.84		0.79		1.00	
	d		.03		.06		.08		.00	

Die Hypothese wird bestätigt: Außer bei der diagnostischen Dimension, bei der die Lehrerinnen über eine bessere Kompetenz verfügen als ihre Kollegen, unterscheiden sich die Lehrerinnen und Lehrer nicht in der adaptiven Lehrkompetenz.

Interpretation

Bei Lehrerinnen und Lehrern bewirkt das erworbene Berufswissen und die Berufssozialisation eine ähnliche adaptive Lehrkompetenz. Einzig bei der diagnostischen Kompetenz zeigt sich ein Unterschied zu Gunsten der Lehrerinnen.

7 Ergebnisse der Intervention zur Veränderung der adaptiven Lehrkompetenz und deren Wirkung auf die Leistungen der Schülerinnen und Schüler (Ergebnisse in Fragestellung II)

7.1 Adaptive Lehrkompetenz

Hypothese K: Die Lehrpersonen der Interventionsgruppe entwickeln ihre adaptive Lehrkompetenz stärker als diejenigen der Kontrollgruppe.

Es wurden zwei Bereiche adaptiver Lehrkompetenz gemessen: adaptive Planungskompetenz mit dem Vignettentest und adaptive Handlungskompetenz mit dem Videotest.

Ergebnisse
Adaptive Planungskompetenz
Interventionseffekte für die Gesamtskala und die Dimensionen adaptiver Planungskompetenz
Die adaptive Planungskompetenz nimmt bei den Lehrpersonen beider Gruppen (Interventions- und Kontrollgruppe) zwischen dem Vor- und Nachtest zu. Die Interventionsgruppe hat einen Zuwachs von 14.0, die Kontrollgruppe von 7.8 Punkten zu verzeichnen. Im Vortest wurde von beiden Gruppen durchschnittlich höchstens ein Drittel der möglichen Punktzahlen erreicht; im Nachtest bis zu 45 Prozent. Beide Gruppen zeigen einen ebenfalls statistisch signifikanten Zuwachs für die Dimensionen Diagnose und Didaktik. Der Zuwachs in der Dimension Sachkompetenz ist nur für die Interventionsgruppe statistisch signifikant. Insbesondere der Zuwachs der Kontrollgruppe kann zum größten Teil darauf zurückgeführt werden, dass zur Berechnung des Nachtests ein korrigierter Wert verwendet wurde. Demnach wurden Punkte aus dem Vortest für den Nachtest übernommen und neu genannte Aspekte zusätzlich gewertet (vgl. Kap. 4.1).

Zur Überprüfung der Interventionseffekte auf die adaptive Planungskompetenz wurden mehrere zweifaktorielle Varianzanalysen mit Messwiederholung und dem Faktor *„Gruppenzugehörigkeit"* gerechnet. Es zeigt sich ein signifikanter Interventionseffekt für die adaptive Planungskompetenz der Gesamtskala ($F = 4.36$, $df = 47$, $p = .04$; $\eta^2 = .09$) zugunsten der Interventionsgruppe (vgl. Abbildung 28). Dies bedeutet, dass der Zuwachs an Nennungen von Aspekten guten Unterrichts und adaptiver Begründungen für die Interventionsgruppe deutlich höher ausfällt als für die Kontrollgruppe.

Tabelle 48: Vergleich der Mittelwerte und Standardabweichungen des Vor- und Nachtests in den Dimensionen der adaptiven Planungskompetenz

	Diagnose			Didaktik			Sachkompetenz		
	Vor- test *M* *(SD)*	Nach- test *M* *(SD)*	Zu- wachs	Vor- test *M* *(SD)*	Nach- test *M* *(SD)*	Zu- wachs	Vor- test *M* *(SD)*	Nach- test *M* *(SD)*	Zu- wachs
Inter- venti- ons- gruppe	20.3 (17.3)	33.3 (21.2)	**13.0***	30.2 (12.3)	45.3 (19.5)	**15.1***	17.2 (32.6)	31.3 (33.0)	**13.9***
Kon- troll- gruppe	20.6 (17.2)	27.5 (16.6)	**6.9***	33.3 (11.8)	44.12 (13.1)	**10.8***	11.8 (21.9)	17.7 (24.6)	5.9
Total	20.4 (17.1)	31.3 (19.7)	**10.9***	31.3 (12.1)	44.9 (17.4)	**13.6***	15.3 (29.2)	26.5 (30.8)	**11.2***

Anmerkung: Die Zahlenwerte geben an, wie viele Prozente der maximalen Punktzahl im Durchschnitt erreicht wurden.

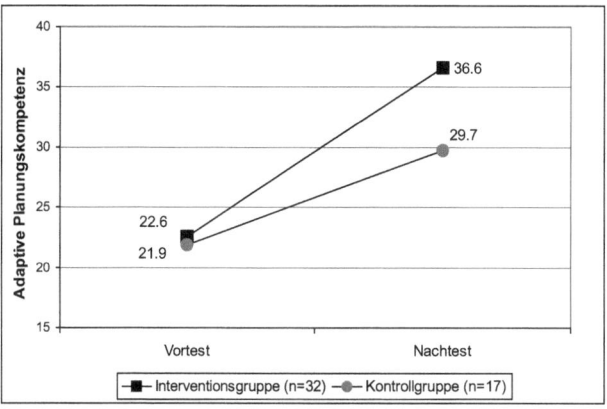

Abbildung 28: Interventionseffekt für die Gesamtskala der adaptiven Planungskompetenz

Abbildung 29 zeigt, dass der oben dargestellte Interventionseffekt 8.5% der Varianz erklärt. Es geht auch daraus hervor, dass die Interventionseffekte für die einzelnen Dimensionen alle in die erwartete Richtung weisen: Diagnose ($F = 2.12$, $df = 47$, $p = .15$; $\eta^2 = .04$), Didaktik ($F = 0.69$, $df = 47$, $p = .41$; $\eta^2 = .02$) und Sachkompetenz ($F = 1.70$, $df = 47$, $p = .20$; $\eta^2 = .04$). Einzeln sind diese Effekte jedoch nicht statistisch signifikant. Die diagnostische Dimension scheint am stärksten zum Gesamteffekt beigetragen zu haben. Der Interventionseffekt erklärt 4.3 % der Varianz diagnostischer Planungskompetenz. Für die Dimensionen Sachkompetenz und Didaktik erklärt er nur 3.5% bzw. 1.5% der Varianz.

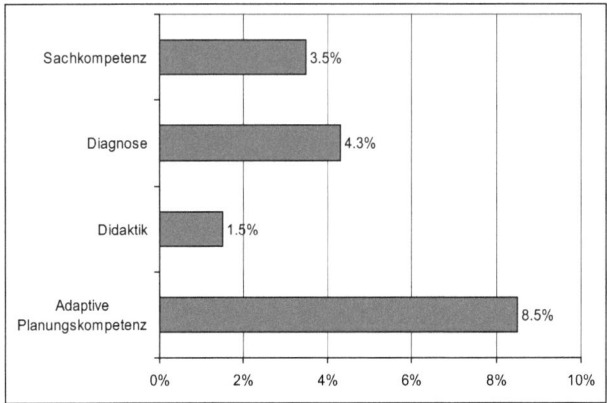

Abbildung 29: Varianzaufklärung für die adaptive Planungskompetenz und die einzelnen Dimensionen[9]

Interventionseffekte für die adaptive Planungskompetenz auf Kriteriumsebene

Zur detaillierteren Überprüfung des Interventionseffektes, wurden zweifaktorielle Varianzanalysen auf Kriteriumsebene gerechnet. Die Interventionseffekte weisen alle in die erwartete Richtung, sind aber bis auf ein Kriterium nicht signifikant. Ein bedeutsamer Effekt besteht für das diagnostische Kriterium „Vorwissen überprüfen" ($F = 4.17$, $df = 47$, $p = .047$; $\eta^2 = .08$), welcher 8.1% der Varianz erklärt (vgl. Abbildung 30 und Abbildung 31). Die Lehrpersonen der Interventionsgruppe planten nach der Intervention deutlich häufiger Strategien zur Überprüfung von Vorwissen als vor der Intervention.

---

9   Interpretation der Effektstärken bei zweifaktoriellen Varianzanalysen gemäss Cohen (1988):
    1% kleiner, 6% mittlerer und 14% großer Effekt.

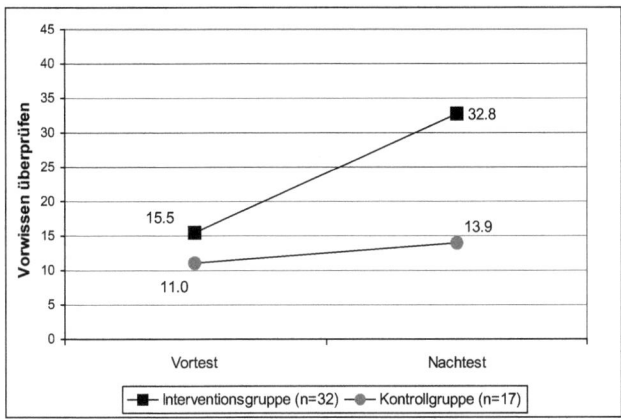

Abbildung 30: Interventionseffekt für das diagnostische Kriterium „Vorwissen überprüfen"

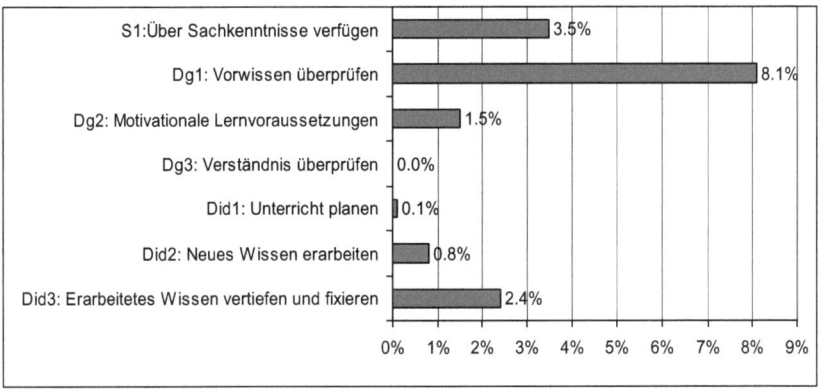

Abbildung 31: Varianzaufklärung für die einzelnen Kriterien adaptiver Planungskompetenz

Adaptive Handlungskompetenz

Der Interventionseffekt für adaptive Handlungskompetenz (gemessen mit dem Videotest und bestehend aus den Dimensionen Didaktik, Diagnostik und Klassenführung) ist nicht signifikant (F = .20; df = 1, 47; p = .66; η^2 = .004). Die Lehrpersonen beider Gruppen entwickeln ihre adaptive Handlungskompetenz in ungefähr demselben Maße. Auch für die einzelnen Dimensionen zeigen sich keine signifikanten Effekte. Alle Interventionseffekte weisen jedoch in die erwartete Richtung. Am meisten Varianz wird mit 1.7 Prozent bei der didaktischen Handlungskompetenz erklärt. In Bezug auf die unterrichtete Schulstufe, die Berufserfahrung und das Geschlecht der Lehrperson ergeben sich keine bedeutsamen Unterschiede für die Entwicklung der adaptiven Handlungskompetenz.

Um die Hypothese zu klären, müssen die beiden Bereiche der adaptiven Lehrkompetenz, die adaptive Planungs- und Handlungskompetenz, einzeln betrachtet werden. Die Hypothese wird bezüglich der adaptiven Planungskompetenz bestätigt, bezüglich der adaptiven Handlungskompetenz verworfen.

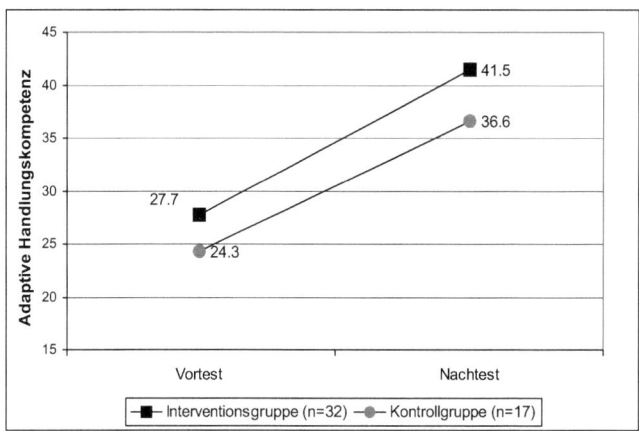

Abbildung 32: Interventionseffekt für die Gesamtskala der adaptiven Handlungskompetenz

Interpretation

Die adaptive Planungskompetenz wurde durch die Intervention stärker entwickelt als die adaptive Handlungskompetenz. Dies könnte damit erklärt werden, dass sich die Planungskompetenz schneller beeinflussen lässt als die Handlungskompetenz, da Entscheidungen adaptiver Handlungen unter größerem Zeitdruck zu erfolgen haben als Planungsentscheide. Am stärksten hat sich die Intervention auf die diagnostische adaptive Planungskompetenz von Primarlehrpersonen im Vergleich zu Oberstufenlehrpersonen ausgewirkt.

7.2 Leistungszuwachs

Hypothese L: Die Schülerinnen und Schüler der Interventionsgruppe zeigen nach der Intervention im Leistungstest Naturwissenschaften einen größeren Leistungszuwachs als diejenigen der Kontrollgruppe.

Ergebnisse

Die Ergebnisse des Tests in Naturwissenschaften der Primarstufe und Oberstufe zeigen, dass sich die Interventions- und Kontrollgruppe im Vortest nicht signifikant unterscheiden ($t = -1.49$; $df = 888$; $p = .14$; Abbildung 33). Der Leistungszuwachs aller Schülerinnen und Schüler (Interventions- und Kontrollgruppe zusammen) fällt dagegen signifikant aus ($F = 305.75$; $df = 1,890$; $p = .000$). Auch einzeln für die Interventions- und die Kontrollgruppe geprüft, bleibt die Signifikanz bestehen. Für die Hypothese besonders bedeutsam ist aber der Nachweis eines statistisch signifikanten Interventionseffektes: Die Leistungssteigerung der Interventionsgruppe ist im Vergleich zu jener der Kontrollgruppe signifikant ($F = 5.95$, $df = 1,890$, $p = .02$; $\eta^2 = .01$). Betrachtet man die Resultate nach Stufen, sind es die Schülerinnen und Schüler der Interventionsgruppe der Oberstufe, die im Vergleich zur Kontrollgruppe ihren Leistungszuwachs signifikant verbessern. Gemessen auf der Schülerebene erreicht der Unterschied einen p-Wert von .04 ($F = 4.06$, $df = 1,432$; $\eta^2 = .01$), die Primarstufe weist einen p-Wert von .12 auf ($F = 2.48$, $df = 1,458$; $\eta^2 = .01$).

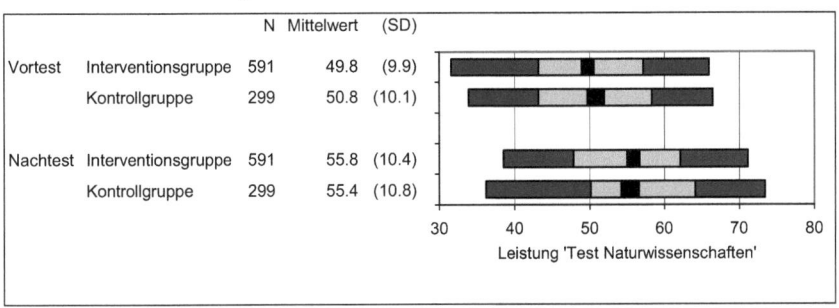

Anmerkung: Der schwarze Abschnitt gibt das Konfidenzintervall (95%) an. Im hellen Bereich rund um den Mittelwert liegen die mittleren 50 Prozent der Leistungen. Der gesamte Balken gibt an, in welchem Bereich 90 Prozent der Leistungen liegen.

Abbildung 33: Leistungen der Schülerinnen und Schüler im Test ‚Naturwissenschaften' (Schülerebene)

Die Ergebnisse auf Klassenebene (vgl. Abbildung 34) verdeutlichen, dass die Schülerinnen und Schüler beider Gruppen zwischen den zwei Messzeitpunkten ihre naturwissenschaftlichen Kompetenzen erweitern konnten, die Schülerinnen und Schüler der Interventionsgruppe aber einen signifikant größeren Leistungszuwachs erreichten als ihre Kolleginnen und Kollegen der Kontrollgruppe ($F = 4.193$, $df = 1,47$, $p = .046$; $\eta^2 = .08$). Die Intervention erklärt auf der Klassenebene 8.2 % der Varianz. Es gilt aber festzuhalten, dass während der Interventionsphase viele lernrelevante Faktoren (z.B. Zeitumfang für bestimmte Lerninhalte) nicht systematisch kontrolliert werden konnten.

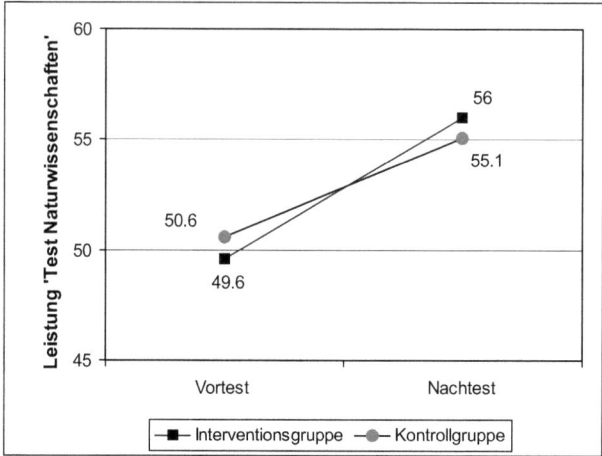

Abbildung 34: Interventionseffekt im Test ‚Naturwissenschaften' (Klassenebene; Interventionsgruppe: n=32; Kontrollgruppe: n=17)

Die Schülerinnen und Schüler, die von männlichen Lehrpersonen unterrichtet werden, erzielen im Vergleich zu den Schülerinnen und Schülern, die den Unterricht bei Lehrerinnen besuchen, einen signifikant höheren Leistungszuwachs ($F = 7.08$, $df = 1,44$, $p = .01$). Weder beim Kriterium Schulstufe (Vergleich Primarstufe – Oberstufe; $F = 3.51$, $df = 1,44$, $p = .07$) noch beim Kriterium Berufserfahrung (Vergleich Junglehrpersonen – Lehrpersonen mit mehr als sechs Jahren Berufserfahrung; $F = 1.35$, $df = 1,44$, $p = .25$) lassen sich signifikante Unterschiede erkennen.

Tabelle 49: Lernzuwachs im Test Naturwissenschaften nach Geschlecht, Schulstufe und Dienstalter

	Nichtstandardistierte Koeffizienten		Standardisierte Koeffizienten		
	B	Standard-fehler	Beta	t	Sig.
	7.252	1.389		5.220	.000
Geschlecht Lehrperson	2.238	.841	.361	2.662	.011
Schulstufe	-1.510	.806	-.250	-1.872	.068
Dienstalter	.998	.859	.152	1.161	.252
Stichprobe	-2.068	.813	-.329	-2.543	.015

Untersucht man die Klassen, die von Männern unterrichtet werden, lassen sich zwischen den Klassen der Interventions- und der Kontrollgruppe keine signifikanten Unterschiede im Leistungszuwachs feststellen ($F = 1.83$, $df = 1,28$, $p = .18$; $\eta^2 = .06$). Die Klassen, die den Unterricht bei Frauen besuchen, zeigen zwischen der Interventions- und Kontrollgruppe bei einer Irrtumswahrscheinlichkeit von $\alpha = .10$ signifikante Unterschiede im Leistungszuwachs (F = 3.79, df = 1,17, p = .07; $\eta^2 = .18$). Die Interventionsklassen, die von Junglehrpersonen unterrichtet werden, unterscheiden sich im Leistungszuwachs nicht signifikant von den Kontrollklassen (F = 1.17, df = 1,13, p = .20; $\eta^2 = .08$). Bei den erfahrenen Lehrpersonen zeigt sich bei den Klassen der Interventionsgruppe, im Vergleich zu jenen der Kontrollgruppe, ein signifikant größerer Leistungszuwachs (F = 3.22, df = 1,32, p = .08; $\eta^2 = .09$). Die Varianzaufklärung fällt jedoch sowohl bei den Junglehrpersonen mit 8 Prozent als auch bei den erfahrenen Lehrpersonen mit 9 Prozent ähnlich hoch aus.

Die Hypothese wird bestätigt: Die Schülerinnen und Schüler der Interventionsgruppe zeigen im Leistungstest Naturwissenschaften den größeren Leistungszuwachs als die Schülerinnen und Schüler der Kontrollgruppe.

Im Weiteren erzielen die Klassen der männlichen Lehrpersonen, im Vergleich zu den Klassen ihrer Kolleginnen, sowie die Oberstufenschülerinnen und -schüler der Interventionsgruppe, im Vergleich zu den Schülerinnen und Schülern der Kontrollgruppe, einen größeren Leistungszuwachs.

Interpretation

Die signifikante Vergrößerung des Leistungszuwachses bei den Schülerinnen und Schülern der Interventionsgruppe könnte sich auf den Kurs ‚Adaptive Lehrkompetenz' und das fachspezifisch-pädagogische Coaching bei den Lehrpersonen zurückführen lassen.

8 Diskussion

8.1 Beschreibung der adaptiven Lehrkompetenz von Lehrerinnen und Lehrern im naturwissenschaftlichen Unterricht

8.1.1 Zusammenspiel der vier Kompetenzen

Adaptive Lehrkompetenz resultiert aus dem wechselseitigen Zusammenspiel der Sachkompetenz, der diagnostischen und didaktischen Kompetenz sowie der Klassenführung. Der Begriff der Adaptivität beschreibt den Umstand, dass diese Kompetenzen einer Lehrperson auf Grund ihrer subjektiven Wahrnehmung der Lernvoraussetzungen und der Heterogenität der Klasse planungs- bzw. handlungswirksam werden. Diese Annahme wird durch die empirischen Ergebnisse gestützt, korrelieren doch die diagnostische und die didaktische Kompetenz sowie die Klassenführung signifikant. Die mittleren Korrelationen zwischen den Lehrkompetenzen weisen jedoch darauf hin, dass es sich um unterschiedliche Kompetenzen und nicht um eine ganzheitliche Lehrkompetenz handelt.

Die vier Kompetenzen sind für den Lehr-Lernprozess von unterschiedlicher Bedeutung. Im Unterschied zur Sachkompetenz sind die didaktische und diagnostische Kompetenz sowie die Klassenführung allgemeine Kompetenzen des Unterrichtens und somit übertragbar auf verschiedene Formen und Inhalte von Unterricht. Nicht umsonst bezeichnet Oser (Oser & Oelkers, 2001) damit Gruppen von professionellen Standards des Lehrberufs. Das wesentliche Merkmal der Sachkompetenz ist dagegen ihre Fachspezifität. Diese unterschiedlichen Geltungsbereiche machen es auch verständlich, dass die Sachkompetenz mit den drei anderen Kompetenzen nicht korreliert. Nach Ansicht der Lehrpersonen ist die über Wissenstest erfasste Sachkompetenz jedoch bedeutsam für adaptiven Unterricht. Die Einschätzung der Bedeutung der Sachkompetenz durch die Lehrpersonen korreliert denn auch mit den drei anderen Kompetenzen.

8.1.2 Didaktische und diagnostische Kompetenz

Über das Zusammenspiel und die Gewichtung der Dimensionen lassen sich auf Grund unserer Studie keine eindeutigen empirischen Aussagen machen. Aus den Daten lassen sich jedoch plausible Erklärungen ableiten. Die hohe Korrelation zwischen der diagnostischen und didaktischen Kompetenz verweist auf das enge Zusammenspiel der beiden Dimensionen. Diagnose löst ein bestimmtes didaktisches Handeln aus. Das didaktische Handeln wird in seiner Auswirkung diagnostiziert und führt wiederum zu didaktischem Handeln. Dies ist vergleichbar einem Rückkopplungskreislauf oder dem TOTE-Schema (Test-Operate-Test) von Miller, Gallanter und Pribram (1960). Die Bedeutung der beiden Dimensionen für den Unterricht ist unterschiedlich. Die diagnostische Kompetenz gibt der Lehrperson Informationen über den aktuellen Lernstand der Schülerinnen und Schüler. Ein Bewertungsmaßstab für die Diagnose sind die Lernziele. Die diagnostische Kompetenz gibt der Lehrperson Aufschluss über die Qualität des Lernergebnisses und des Lernprozesses, nicht jedoch über die didaktischen Konsequenzen. Diese resultieren aus der didaktischen Kompetenz der Lehrperson. Die didaktische Kompetenz ist eine notwendige, aber keine hinreichende Bedingung für erfolgreichen Unterricht. Die diagnostische Kompetenz verstärkt die Wirkung der didaktischen Kompetenz. Schrader (1997) kommt in Bezug auf das Verhältnis von didaktischer und diagnostischer Kompetenz zum Schluss, dass didaktische Handlungen dann lernwirksamer sind, wenn die Lehrperson über hohe diagnostische Kompetenzen verfügt. Diagnostische Kompetenzen verstärken somit die Lernwirksamkeit der didaktischen Kompetenzen.

8.1.3 Klassenführung und didaktische Kompetenz

Sowohl mit der Klassenführung als auch mit der didaktischen Kompetenz wird Unterricht gesteuert, aber mit verschiedenen Mitteln und zu unterschiedlichen Zwecken. Bei der Klassenführung wird beabsichtigt, dass sich die Klasse als Gruppe auf Grund bestimmter Anweisungen und Regeln in erwünschter Weise verhält. Im Unterricht bedeutet dies, dass sich die Schülerinnen und Schüler möglichst störungsfrei verhalten und intensiv lernen (time on task). Auf Grund ihrer didaktischen Kompetenz schafft die Lehrperson Situationen, in denen Schülerinnen und Schüler lernen können. Durch die Herstellung geeigneter Lehr-Lernsituationen steuert sie das Verhalten der Schülerinnen und Schüler mit dem Ziel, Lernen möglichst für alle zu ermöglichen. Unsere Studie zeigt tendenziell, dass Lehrpersonen mit weniger Dienstjahren eher mit der Klassenführung steuern, Lehrpersonen mit längerer Berufserfahrung dagegen eher auf Grund ihrer didaktischen Kompetenz. Die Klassenführung und die didaktische Kompetenz stehen somit in einem kompensatorischen Verhältnis zueinander.

8.1.4 Diagnostische Kompetenz

Der Vergleich der vier Kompetenzen untereinander zeigt, dass die diagnostische Kompetenz bei der adaptiven Planungs- und Handlungskompetenz am wenigsten ausgeprägt ist. Diese Erkenntnis deckt sich mit dem Ergebnis aus PISA 2000 (Baumert, Klieme et al., 2001), gemäß dem bei den Lehrpersonen ein Defizit bei der diagnostischen Kompetenz besteht. Dabei stellt sich grundsätzlich die Frage, was unter diagnostischer Kompetenz verstanden wird. Allgemein umfasst die pädagogische Diagnostik „...alle diagnostischen Tätigkeiten, durch die bei einzelnen Lernenden und den in einer Gruppe Lernenden Voraussetzungen und Bedingungen planmäßiger Lehr- und Lernprozesse ermittelt, Lernprozesse analysiert und Lernergebnisse festgelegt werden, um individuelles Lernen zu optimieren" (Ingenkamp, 1988, zit. in Jäger et al., 1992, S. 131). Diese allgemeine Definition lässt sich in drei diagnostische Teilhandlungen unterteilen:

a) Erkennen einer subjektiv bedeutsamen Abweichung von einer erwarteten Leistung einer Klasse, einer Schülergruppe oder einer einzelnen Schülerin oder eines einzelnen Schülers

b) Durchführen von bestimmten Diagnosehandlungen mit dem Ziel, das nicht optimale Lernverhalten zu analysieren und besser zu verstehen und didaktisch angemessen darauf reagieren zu können

c) Ableiten von unterstützenden Maßnahmen zur Überwindung der Lernschwierigkeiten und zur Förderung der Lernstärken (Förderdiagnostik).

Die drei Teilhandlungen können in der Abfolge rekursiv betrachtet werden: vom Erkennen, über die Analyse und Verstehen bis zur Ableitung von unterstützenden Maßnahmen. Die Folgen und Wirkung der getroffenen Maßnahmen werden wiederum überprüft und Abweichungen diagnostiziert.

In der vorliegenden Studie wurde die diagnostische Kompetenz bei der Planung mit der Vignette und bei der Handlung mit dem Videotest erhoben. Bei beiden Erhebungen wurden das Erkennen einer subjektiven Abweichung von einer erwarteten Leistung als auch das Verstehen erfasst (vgl. oben, diagnostische Teilhandlung a + b). Die Ableitung von unterstützenden Maßnahmen erfolgt dann auf der Basis der didaktischen Kompetenz.

8.1.5 Sagen wir mehr als wir wissen und können wir mehr als wir sagen?

Grundsätzlich stellt sich die Frage, wie die situative Wahrnehmung einer Lehrperson organisiert ist. Die Aufteilung in Sachkompetenz, diagnostische und didaktische Kompetenz sowie Klassenführung geht von einer systematischen Gliederung aus, was für die Untersuchung dieser Kompetenzen und ihres Zusammenspiels sinnvoll ist. Ergebnisse aus der Expertenforschung (Bromme, 1992) zeigen jedoch, dass Lehrpersonen Ereignisse als Muster (Schemata) erkennen und identifizieren. Diese Muster kristallisieren sich durch Erfahrung und sind in offenen Situationen handlungsleitend. Wenn also Lehrpersonen über ihre handlungsleitenden Kognitionen bei der Unterrichtsplanung und beim Unterrichten befragt werden, stellt sich die zentrale Frage, ob sie überhaupt einen Zugang haben zu ihren handlungsleitenden Kognitionen. Nisbett und Wilson (1977) haben das in ihrem Artikel „Telling more than we can know" genannt. Neuweg (2002, S. 13-14) hat diesen Ansatz wieder aufgenommen und meint dazu: „Wir wissen nicht nur mehr, als wir sagen können, wir sagen oft auch mehr, als wir wissen können. Weil wir unsere Aufmerk-

samkeit nicht zugleich auf Primär- und darauf bezogene Sekundärakte richten können, ist uns die jeweils ausgeführte Prozedur in actu niemals bewusst, und das
nachträgliche Angeben von handlungssteuerndem Wissen immer die Bewältigung
einer Rekonstruktionsaufgabe, der Versuch einer ex-post-Rationalisierung eines ur-
sprünglich mehr oder weniger spontanen Verhaltens."

Insofern ist fraglich, ob bzw. wie das geäußerte adaptive Planungs- und Handlungswissen tatsächlich handlungssteuernd ist oder nur eine nachgeordnete Recht-
fertigung darstellt.

8.1.6 Adaptive Lehrkompetenz als adaptive Planungs- und Handlungskompetenz

Das Konstrukt ,adaptive Lehrkompetenz' setzt sich aus der adaptiven Planungs-
und Handlungskompetenz zusammen. Die Ergebnisse unserer Studie bestätigen,
dass zwischen der Planungs- und der Handlungskompetenz der Lehrpersonen ein
signifikanter Zusammenhang besteht. Die zeitlich, funktional und inhaltlich unterschiedlichen Lehrkompetenzen bedürfen einer genaueren Analyse. Dazu die Ana-
logie von Suchman (1987, S. 52) Übersetzung Neuweg (2005): „Wer beispielsweise plant, eine Reihe von Stromschnellen mit dem Paddelboot zu befahren, wird
vermutlich eine Weile oberhalb der Stromschnellen sitzen und seine Fahrt planen.
Der Plan könnte ungefähr so aussehen: ,Ich werde soweit wie möglich nach links
fahren, versuchen, zwischen diesen beiden großen Felsen durchzukommen, dann
scharf nach rechts übersetzen, um an diesem nächsten Hindernis vorbeizukommen.'
Aber wie detailliert er auch immer sein mag, der Plan endet, wenn die Aufgabe, das
Boot durch die Stromschnellen zu steuern, tatsächlich beginnt."

Die Planung beruht auf der Festlegung des Ziels, der Handlungsschritte mit den
entsprechenden Materialien und der geistigen Vorwegnahme der erwarteten Situation. Dies alles erfolgt auf Grund des Erfahrungswissens der Lehrperson. Der Begriff des Erfahrungswissens entspringt mehr dem Alltagsgebrauch als der Wissen-
schaftssprache. Das Erfahrungswissen als persongebundenes Wissen wird im Alltag sowohl negativ („schlechte Erfahrungen", „Summe der Irrtümer") als auch
positiv gebraucht („Aus Erfahrung gut"). Im Sinne von Dewey (1938/2002) verstehen wir unter dem Erfahrungswissen das persönlich gewonnene Wissen, das aus
der Reflexion von Handlungen des Individuums in einer bestimmten Situation konstruiert wird. In das Erfahrungswissen fließt neben den subjektiv konstruierten Erkenntnissen auch wissenschaftlich basiertes Wissen ein. So verfügt die Lehrperson
neben Sachkenntnissen beispielsweise über das Keimen von Samen auch über
fachdidaktische Erkenntnisse wie etwa „Vom Phänomen zum Begriff" und über
entwicklungspsychologische Kenntnisse über die Entwicklung des Denkens und

damit über die Abstraktionsfähigkeit. Auf diesen verschiedenen Wissensarten basiert die Planungskompetenz einer Lehrperson.

Wie unsere Studie zeigt, korreliert die Planungs- mit der Handlungskompetenz. Dies trifft nicht nur auf die gesamte adaptive Lehrkompetenz, sondern auch auf die didaktische und diagnostische Lehrkompetenz zu. Zwar sagt die Korrelation als statistischer Kennwert nichts über die Kausalität der Planungs- und Handlungskompetenz. Die zeitliche Abfolge der Kompetenzen lässt die Schlussfolgerung zu, dass eine gute Unterrichtsplanung eine zentrale Voraussetzung ist für guten Unterricht. Dieses Ergebnis wird auch in einer Studie von Shavelson und Stern (1981) erhärtet. Sie konnten in einer Studie zeigen, dass der Ablauf des Unterrichts großteils der Planung folgt. Dies trifft auch dann noch zu, wenn im Unterricht größere Schwierigkeiten auftreten. Diese „Sturheit" in der Umsetzung (oder schöner gesagt Veränderungsresistenz) ist weniger problematisch, wenn die Lehrperson auf Grund der hohen Planungskompetenz den Unterricht gut geplant hat. Allerdings trifft der Umkehrschluss, Unterricht sei nur die Reproduktion der Unterrichtsplanung, nicht zu. Die Unterrichtsplanung gleicht immer einer Trockenübung an Land, nass wird der Kanute erst beim Einsteigen in den Wildbach.

8.2 Erfassung der Wirkung der adaptiven Lehrkompetenz auf die Lernleistungen der Schülerinnen und Schüler

Zur Erfassung der Wirkung wurden Zusammenhänge zwischen den Lernleistungen und anderen Variablen auf der Seite der Schülerinnen und Schüler mit der hohen oder niedrigen adaptiven Lehrkompetenz der Lehrperson überprüft. Im Zentrum stehen die Zusammenhänge zwischen der adaptiven Lehrkompetenz mit den Lernleistungen wie sie in Hypothese A allgemein und in Hypothese B im Hinblick auf leistungsheterogene Klassen überprüft wurden. Weiter werden die Wirkungen auf die Einschätzungen der Schülerinnen und Schüler über ihr selbstreguliertes Lernen und auf die Passung des Unterrichts aus der Sicht der Schülerinnen und Schüler diskutiert.

8.2.1 Wirkung der adaptiven Lehrkompetenz auf die Lernleistungen

Generell hängt eine hohe adaptive Lehrkompetenz mit einem größeren Leistungszuwachs zusammen. Dieser Befund erlaubt es, die Wichtigkeit der adaptiven Lehrkompetenz für das generelle Bemühen, Lernen von Schülerinnen und Schülern durch eine Verbesserung der Kompetenzen der Lehrpersonen zu fördern, zu postulieren.

Im Kapitel 1.1.2 sind verschiedene Modelle zu Wirkungsfaktoren auf die schulischen Leistungen diskutiert worden. Die Ergebnisse dieser Studie zeigen, dass der Einfluss der Lehrperson nicht unterschätzt werden darf, in Bezug auf ihre Expertise und auf die Prozessmerkmale des Unterrichts, in Anlehnung an das Modell von Helmke und Weinert (1997, zit. in Helmke, 2003). Das hier vorgeschlagene Konstrukt einer adaptiven Lehrkompetenz betont jedoch, dass diese Expertise der Lehrpersonen nicht als eine Kumulation von Erfahrungswissen oder als additives Aneinanderreihen von Faktoren wie Lehrpersonen-Wissen, Kompetenzen oder Dispositionen der Lehrpersonenpersönlichkeit gesehen werden soll. Nur die Kombination verschiedener Dimensionen, die flexible Anpassung an die Lernvoraussetzungen der Schülerinnen und Schüler, sowie die Kombination von Planungs- und Handlungskompetenzen führt zu höherem Lernerfolg. Als theoretische Weiterführung dieser Befunde könnte davon ausgegangen werden, dass es sich auch beim Konstrukt der adaptiven Lehrkompetenz um ein multiplikatives Zusammenspiel der Dimensionen und der Planungs- und Handlungskompetenzen handelt. Dass einzelne Unterrichtsmerkmale, wie sie im Fragebogen der Schülerinnen und Schüler erhoben wurden, nicht mit dem Lernfortschritt korrelieren, deutet auf die Bedeutung der adaptiven Ausrichtung auf die individuell verschiedenen Schülerinnen und Schüler in der Unterrichtsgestaltung hin.

8.2.2 Stufen- und kontextbedingte Unterschiede

Die Studie brachte in einigen Aspekten auch interessante Unterschiede zwischen der Primar- und der Oberstufe zu Tage. Für die Oberstufe ist der Zusammenhang mit der Sachkompetenz der Lehrperson als einer Dimension der adaptiven Lehrkompetenz mit den Lernleistungen der Schülerinnen und Schüler signifikant, für die Primarstufe gibt es keinen solchen Zusammenhang. Dieser Befund legt die Interpretation nahe, dass ein gewisser Wissensabstand zu den zu unterrichtenden Schülerinnen und Schülern notwendig ist, dieser auf der Primarstufe bei allen Teilnehmenden in genügendem Ausmaß vorhanden war und dieser Abstand erst für die Lehrpersonen der Oberstufe kritisch sein kann, so dass dort ein Zusammenhang zwischen hoher Sachkompetenz und Leistungszuwachs besteht. Auf der Primarstufe steht eine hohe Sachkompetenz in Zusammenhang mit einer schlechten Passung des Unterrichts, in dem Primarlehrpersonen mit hoher Sachkompetenz einen eher zu schwierigen Unterricht machen.

Die Stufen unterscheiden sich auch in Bezug auf die Zusammenhänge zwischen Leistungszuwachs und adaptiver Handlungskompetenz. Diese korreliert in unserer Studie auf der Primarstufe mit dem Lernerfolg, bei der Oberstufe nicht. Bei der Oberstufe ist jedoch die adaptive Planungskompetenz ebenso entscheidend wie bei der Primarstufe. Ob dieser Befund eine weiterreichende Bedeutung hat oder nicht, müsste in weiteren Studien untersucht werden. Der Befund könnte dahin gehend interpretiert werden, dass möglicherweise das Bedürfnis der Lernenden auf der Oberstufe nach einer hohen adaptiven Handlungskompetenz der Lehrperson weniger hoch ist. Wir vermuten, dass die Oberstufenschülerinnen und -schüler auf Grund ihrer Schul- und Lernerfahrung und Strategien weniger auf die adaptive Handlungskompetenz der Lehrperson angewiesen sind. Ähnliche Überlegungen finden sich bei Helmke und Weinert (1997) und Wang (1980, 1993). Sie sehen weitere wichtige Einflussgrößen für die Schulleistung bei den metakognitiven Kompetenzen der Schülerinnen und Schüler. Nach Wang (1980) und Beck et al. (1995) spielt ein anwendungsfähiges metakognitives Wissen, einschließlich Strategiewissen, sowie ein Lernverständnis, das Lernen als aktive Auseinandersetzung des Lernenden mit dem Lerngegenstand versteht, beim adaptiven Lehren und Lernen eine wichtige Rolle. Diese Selbstmanagement-Fertigkeiten der Lernenden bilden die Grundlage für ihr weitgehend autonomes Lernen. Hier weisen die Oberstufenschülerinnen und -schüler auf Grund ihres Alters einen entwicklungsmäßigen Vorteil auf. Im Zusammenhang mit der Leistungsentwicklung in Mathematik sind nach Helmke und Weinert (1990, 1997) nebst den vier Dimensionen Klassenführung, Diagnosekompetenz, didaktische Kompetenz und Sachwissen auch die Leistungsheterogenität und das Niveau der Vorkenntnisse (Klassenniveau) maßgebend. Nach Vaughn, Shay Schumm et al. (1993) unterscheiden sich Mittel- und Oberstufenschüler in Bezug auf die Wünschbarkeit von Adaptivität insofern, als Adaptivität umso weniger gefordert wird, je älter die Schülerinnen und Schüler sind. Wenn die Schülerinnen und Schüler der Oberstufe, im Vergleich zu den Primarschülerinnen und -schülern Adaptivität bei ihren Lehrpersonen weniger einfordern und gleichzeitig über ein ausgereifteres, eigenes adaptives Lernsystem verfügen (z.B. höhere metakognitive Kompetenzen, besseres Selbstmanagement und Lernstrategien), kann dies leicht dazu führen, dass die adaptive Handlungskompetenz der Oberstufenlehrperson für den Lernerfolg der Schülerinnen und Schüler weniger entscheidend ist. Diese Überlegungen müssten in einer weiteren Studie untersucht werden. Insbesondere müsste auch geklärt werden, ob dies für alle Oberstufenschülerinnen und -schüler unabhängig von ihrer Leistungsfähigkeit gilt.

Die Befunde zur Rolle der Sachkompetenz und der adaptiven Handlungskompetenz in Bezug auf die Schulstufen zeigen, dass das Konstrukt adaptive Lehrkompetenz nicht an sich als statisch und für alle Kontexte passend gedacht werden soll. Adaptive Lehrkompetenz erfordert je nach Stufe oder Schulkontext eine eigene Ausprägung in den Dimensionen oder in Bezug auf Planungs- und Handlungskompetenzen. Eine Ausweitung der Untersuchungen auf weitere Stufen und heilpädagogische Kontexte ist darum von großem Interesse.

8.2.3 Adaptive Lehrkompetenz und Lernen in leistungsheterogenen Klassen

Die Anpassung des Unterrichts durch das Handeln der Lehrpersonen an die individuellen Lernvoraussetzungen der Schülerinnen und Schüler ermöglicht diesen bessere Lernfortschritte. Dass in unserer Studie insbesondere in Klassen mit hoher Leistungsheterogenität diejenigen Lehrpersonen höhere Lernfortschritte bei den Schülerinnen und Schülern erzielen, welche sich durch eine hohe adaptive Lehrkompetenz auszeichnen, zeigt, dass die im Konstrukt theoretisch verlangte Anpassung an die individuellen Schülerinnen und Schüler empirisch tatsächlich zur erwünschten Wirkung führt. Nicht eine Einzelmaßnahme im Unterricht resultiert in Leistungszuwachs bei leistungsheterogenen Klassen, sondern die Fähigkeit der Lehrperson, ihr Handeln an die Voraussetzungen anzupassen.

Der Umgang mit Heterogenität in der Schule ist ein aktuelles und brennendes Thema. Das Forschungsprojekt zeigt, dass eine mögliche Antwort auf diese Anforderung in einer Erhöhung der generellen adaptiven Lehrkompetenz der einzelnen Lehrpersonen liegt. Viele Ansätze in der Debatte zum Umgang mit Heterogenität fokussieren auf die Einstellungen und Werthaltungen der Lehrpersonen (Prengel, 1995) oder auf die strukturellen Vorkehrungen im Bildungssystem, wie der integrierte Ansatz der schulischen Heilpädagogik (Haeberlin, 2000; Rüegger, 1992), die Durchlässigkeit von Schultypen (Zutavern, 2002) oder das Teamteaching (Stamm, 2003; 2004). Diese Ansätze sollen nicht in Frage gestellt werden. Das vorliegende Ergebnis zeigt jedoch, dass es Möglichkeiten gibt, gute Lernleistungen für alle Schülerinnen und Schüler innerhalb der existierenden Strukturen durch eine gute Kompetenz der Lehrpersonen zu erreichen. Die adaptive Lehrkompetenz antwortet auf die Herausforderung des Umgangs mit Leistungsheterogenität mit einer Anpassung des Handelns der Lehrperson auf die individuellen Lernvoraussetzungen der Schülerinnen und Schüler. Aus- und Weiterbildungsmaßnahmen, die auf den Kompetenzzuwachs der Lehrpersonen zielen, sind demnach ebenso erfolgsversprechend wie eine strukturelle Anpassung auf der Ebene des Bildungssystems. Für die weitere Arbeit wäre es von sehr großem Interesse, das Lernen in heterogenen Klassen näher zu untersuchen und die Zusammenhänge zwischen adaptiver Lehrkompetenz und Werthaltungen und Einstellungen der Lehrpersonen, beispielsweise aufbauend auf den Forschungsarbeiten zum Lehrpersonen-Ethos (Zutavern, 2001) sowie die systemischen Bedingungen der Schule mit dem Lernen in Verbindung zu bringen.

Während die vorliegenden Daten belegen, dass adaptive Lehrkompetenz für den Lernfortschritt der Schülerinnen und Schüler, besonders in heterogenen Klassen, lohnenswert ist, und das Konstrukt als gesamter Wirkungszusammenhang und nicht in Einzelteile zergliedert werden kann, erlauben sie nur Interpretationen und Vermutungen über die Art dieses Zusammenhangs: wie überträgt sich die adaptive

Lehrkompetenz auf die Lernleistungen? Hier sind die in Kapitel 1.1.2 erwähnten
Ansätze des intuitiven Handelns (Groeben, Wahl et al., 1988, Heider 1958, Neuweg 1999) von Interesse. Auch die im Forschungsprojekt verwendeten Instrumente
erlauben einen Zugang, bei dem intuitive Reaktionen aktiviert werden, wie beispielsweise im Videotest. Ein anderes Instrument, der Vignettentest, spricht die Anforderungen der Planungsphase ganzheitlich an. Wir können davon ausgehen, dass
die Erfassung der adaptiven Lehrkompetenz auch diese intuitiven Vorgehensweisen
im Unterricht miterfasst, insbesondere auch in der Konzeption der adaptiven Handlungskompetenz. Es wurde jedoch nur am Rande in der Pilotstudie versucht, diese
Intuitionen zu erfragen, aus dem impliziten Wissen ins explizit kommunizierbare
Wissen zu holen. Auf der Grundlage der Befunde erscheint uns darum die Konzeption von Neuweg (1999) plausibel und es könnten sich neue, fruchtbare For-
schungsfragen aus einer Verbindung der hier konzipierten adaptiven Lehrkompetenz mit einer Theorien zu den Merkmalen von Expertenwissen und zum intuitiven
Handeln ergeben.

8.2.4 Wirkungen der adaptiven Lehrkompetenz auf das selbstregulierte Lernen

Im Forschungsprojekt wurden zudem die Lernstrategien, das fachspezifische
Selbstkonzept und das Interesse am Fach der Schülerinnen und Schüler miteinbezogen. Der Befund, dass der Leistungszuwachs in der Unterrichtsreihe mit der
Verwendung von Kontrollstrategien nach den Selbsteinschätzungen der Schülerinnen und Schüler korreliert, deckt sich mit den in Kapitel 1.2.1 diskutierten For-
schungsresultaten (Helmke & Weinert 1997, Krohne 1980, Wang 1980). Im Forschungsprojekt konnte gezeigt werden, dass Lehrpersonen mit hoher adaptiver
Lehrkompetenz in Bezug auf das fachspezifische Selbstkonzept und die Kontrollstrategien das selbstregulierte Lernen der Schülerinnen und Schüler unterstützen
(vgl. auch Brühwiler, 2006). Das fachspezifische Selbstkonzept erweist sich als eine wichtige Determinante des Lernerfolgs, wie auch aus PISA hervor geht (Aken,
1997; Lüdtke, 2002; Brühwiler & Biedermann, 2005). Gerade für diesen sensiblen
Bereich, bei dem die Einstellung der Schülerinnen und Schüler im Verlauf ihrer
Schulzeit kontinuierlich negativer ist, wäre es von großem Interesse, diesen Verlauf
durch das Handeln von Lehrpersonen mit hoher adaptiver Lehrkompetenz abzu-
schwächen. Es wäre wertvoll, die adaptive Lehrkompetenz und das fachspezifische
Selbstkonzept über einen längeren Zeitraum zu verfolgen und die Untersuchungen
auf andere Fächer auszudehnen. Adaptive Lehrkompetenz hängt mit besseren Kontrollstrategien der Schülerinnen und Schüler zusammen. Dieses Resultat zeigt, dass
adaptive Lehrkompetenz für einen verstehensorientierten Unterricht wesentlich ist,
bei dem die metakognitiven Fähigkeiten der Schülerinnen und Schüler gefördert

werden. Wie oben diskutiert wurde, werfen die Unterschiede in den metakognitiven Fähigkeiten der unterschiedlich alten Schülerinnen und Schüler viele interessante Fragen auf.

Dieser Befund beleuchtet auch die Einbettung des Konstruktes adaptive Lehrkompetenz: adaptive Lehrkompetenz ist nicht nur für ein vermittlungsorientiertes Lernen wichtig, sondern für ein eigenständiges Lernen, bei dem die Schülerinnen und Schüler immer wieder herausgefordert und unterstützt werden, ihren Lernprozess selbst zu regulieren. Wie unsere Studie zeigt, geschieht diese Förderung des selbstregulierten Lernens stärker auf Grund der adaptiven Handlungskompetenz einer Lehrperson und weniger auf Grund der adaptiven Planungskompetenz. Förderung des Selbstregulierten Lernens der Schülerinnen und Schüler hat somit stark damit zu tun, wie eine Lehrperson im Moment reagiert, wenn Schülerinnen und Schüler Verständnisschwierigkeiten, Fragen oder weitergehende Gedanken anbringen. Lehrpersonen mit hoher adaptiver Handlungskompetenz gelingt es besser, diese Interaktionen so zu gestalten, dass die Schülerinnen und Schüler in ihrem fachspezifischen Selbstbild gestärkt sind und in ihrem Lernprozess eigenständig Kontrollstrategien einsetzen.

Es ist auch zu vermuten, dass die Bedeutung des selbstregulierten Lernens und der metakognitiven Fähigkeiten den Lehrpersonen noch zu wenig bewusst ist und sie diese deshalb in der Planung zu wenig explizit berücksichtigen. Für ein weiteres Forschungsprojekt würde es sich lohnen, wenn in einer Intervention, z. B. beim fachspezifisch-pädagogischen Coaching, auf die Planung von selbstreguliertem Lernen Gewicht gelegt würde. Es wäre denkbar, dass auch das selbstregulierte Lernen durch die Kombination von hoher Planungs- und Handlungskompetenz umfassender gefördert werden könnte.

Werden die Wirkungen der adaptiven Lehrkompetenz auf der Seite der Schülerinnen und Schüler gesamthaft beurteilt, erscheint es uns lohnenswert, in weiteren Forschungsprojekten wie auch in der noch zu konzipierenden Umsetzung der Ergebnisse in der Weiterbildung und der Ausbildung von Lehrpersonen auf das theoretische Konstrukt der adaptiven Lehrkompetenz zurückzugreifen.

8.3 Intervention zur Veränderung der adaptiven Lehrkompetenz und deren Wirkung auf die Leistungen der Schülerinnen und Schüler

Da empirisch bestätigt werden konnte, dass hohe adaptive Lehrkompetenz zu hohem Leistungszuwachs bei den Schülerinnen und Schülern führt, interessiert im Folgenden, wie die Fähigkeit, den Unterricht an die individuellen Schülerinnen und Schüler anzupassen, gesteigert werden kann. Dieses Ziel wurde mit einer Intervention, bestehend aus einem zweitägigen Kurs ‚Adaptive Lehrkompetenz‘ und einem fachspezifisch-pädagogischen Coaching, verfolgt. In den folgenden Ausführungen beziehen sich unsere Aussagen über die Wirkungen unserer Intervention immer gleichzeitig auf den gemeinsamen Effekt des Kurses ‚Adaptive Lehrkompetenz' und des fachspezifisch-pädagogischen Coachings.

8.3.1 Wirkung der Intervention auf die adaptive Lehrkompetenz

Die Intervention zeigte eine deutliche Wirkung auf die adaptive Planungskompetenz und tendenziell auch auf die adaptive Handlungskompetenz. Dies könnte auf die beiden Interventionsteile zurückzuführen sein. Das im Kurs ‚Adaptive Lehrkompetenz' vermittelte Theoriewissen kann bei der schriftlichen Planung von Unterricht leichter abgerufen werden als bei der Beobachtung einer Unterrichtssequenz. Beim fachspezifisch-pädagogischen Coaching wurde ein Hauptaspekt auf die Vorbesprechung der Lektion gelegt. Auch liegt die Vermutung nahe, dass sich die Wirksamkeit einer solchen Intervention bei einer Coachingdauer von sechs Monaten (Anfang November 2003 bis Ende April 2004) und insgesamt neun Coachingsitzungen vorerst in der Planungsphase von Unterricht nachweisen lässt. Um handlungsrelevante Unterrichtsmuster und -konzepte bei Lehrpersonen zu verändern, braucht es vermutlich eine noch längere Coaching-Phase. Diese Annahme lässt sich mit Groeben, Wahl et al. (1988) und Heider (1958) stützen, die davon ausgehen, dass unterrichtliches Handeln von Lehrpersonen durch intuitive Verhaltenstheorien (Neuweg 1999) beeinflusst werden. Sie gehen davon aus, dass das pädagogische, didaktische und diagnostische (Handlungs-)Wissen von Lehrpersonen nicht lexikalisch oder strukturell gespeichert ist, sondern in situationsspezifischer und handlungsorientierter Form auf Grund der durch das Unterrichten gemachten Erfahrungen. Helmke und Weinert (1997) führen aus, dass diese intuitiven Verhaltenstheorien die schnelle Verarbeitung von Informationen erlauben, hypothetische Vorhersagen ermöglichen, plausible Erklärungen für alle Phänomene im Klassenzimmer bieten und die Lehrpersonen schnell und mit einer gewissen Sicherheit handlungsfähig machen. Es kann davon ausgegangen werden, dass solche intuitiven Verhaltenstheorien und -muster relativ veränderungsresistent sind und daher für deren Veränderung einem Coaching on the Job ein längerer Zeitraum gewährt werden müsste.

Von den Teilkompetenzen, die bei der adaptiven Lehrkompetenz zusammen spielen, konnten die diagnostische Planungskompetenz sowie die Einschätzung der Bedeutung von Sachkompetenz am stärksten gesteigert werden. Insbesondere lässt sich durch die Intervention die Planung zur Überprüfung des Vorwissens der Schülerinnen und Schüler fördern.

Der Interventionseffekt auf die adaptive Planungskompetenz zeigt sich vor allem bei den Oberstufenlehrpersonen. Obwohl bei den Primarlehrpersonen der Interventionsgruppe eine noch deutlichere Steigerung der adaptiven Planungskompetenz als bei den Oberstufenlehrpersonen zu erkennen ist, ergibt sich kein signifikanter Effekt, da sich die Kontrollgruppe auf der Primarstufe ebenfalls stark verbessert hat.

8.3.2 Wirkung der Intervention auf den Leistungszuwachs der Schülerinnen und Schüler

Die Wirkung der Intervention lässt sich nicht nur in den gesteigerten Kompetenzen der Lehrpersonen erkennen, sondern auch am Leistungszuwachs der Schülerinnen und Schüler im ‚Test in Naturwissenschaften'. Dort zeigt sich, dass die Schülerinnen und Schüler der Interventionsgruppe im Gegensatz zur Kontrollgruppe ihre Resultate signifikant verbessern konnten. Dabei lässt sich das signifikante Resultat im ‚Test in Naturwissenschaften' in erster Linie auf die Schülerinnen und Schüler der Interventionsgruppe der Oberstufe zurückführen.

In unserer Studie zeigt sich, dass die Intervention einen positiven Effekt auf die adaptive Planungskompetenz der Lehrpersonen und auf die Schülerinnen- und Schülerleistung ausübt. Erstaunlicherweise vermag auch die Kontrollgruppe auf der Primarstufe ohne Intervention ihre adaptive Planungskompetenz deutlich zu verbessern. Dies lässt vermuten, dass neben der Intervention auch noch andere Faktoren für den Zuwachs der adaptiven Planungskompetenz bei Lehrpersonen und, als Folge davon für den Lernerfolg von Schülerinnen und Schülern maßgebend sind.

Da keine Follow-up-Studie durchgeführt wurde, können über die Nachhaltigkeit der Intervention keine Aussagen gemacht werden.

Es zeigt sich, dass auf das Lernen und den Lernerfolg von Schülerinnen und Schülern nebst der Intervention auch noch andere Einflüsse einwirken. Zukünftige Forschungsprojekte könnten Aufschluss geben über die Steigerung der adaptiven Handlungskompetenz, über das Zusammenspiel von adaptiver Planungskompetenz und adaptiver Handlungskompetenz, die Nachhaltigkeit der Intervention und die Bestimmung von Faktoren, die das Lernen und den Lernerfolg von Schülern und Schülerinnen mit bestimmen. Interessant wäre auch die Wirkung von adaptiven Lehrpersonen in heterogenen Klassen auf den Leistungszuwachs bei speziellen Schülergruppen (z.B. fremdsprachige Schülerinnen und Schüler, Schülerinnen und Schüler mit Teilleistungsschwächen oder mit besonderen Begabungen).

8.4 Messinstrumente und Forschungsdesign zur Erfassung von adaptiver Lehrkompetenz

Ein wesentliches Ziel der Studie bestand darin, valide Messinstrumente für die adaptive Lehrkompetenz zu entwickeln. Dies ist kein einfaches Unterfangen, handelt es sich doch bei der adaptiven Lehrkompetenz um ein hochkomplexes latentes Konstrukt bestehend aus verschiedenen Wissensarten, Teildimensionen sowie der Unterscheidung zwischen Planungs- und Handlungskompetenz. Um die einzelnen

Facetten der adaptiven Lehrkompetenz zu erfassen, wurde eine Kombination verschiedener Messinstrumente eingesetzt (Methodentriangulation). Im folgenden werden die Ergebnisse in Bezug auf die Erfordernisse des Konstruktes, auf die Instrumente, deren Gütekriterien und Weiterentwicklungsmöglichkeiten sowie in Bezug auf das gesamte Forschungsdesign diskutiert.

8.4.1 Erfordernisse auf Grund des Konstruktes adaptive Lehrkompetenz

Die Tätigkeit der Lehrperson erfordert eine ständige Überprüfung und Anpassung auf das Verhalten und den Lernprozess der Schülerinnen und Schüler. Für ein optimales Lernergebnis der Schülerinnen und Schüler ist deshalb, wie in Kapitel 1 postuliert, die adaptive Lehrkompetenz entscheidend. Das Konstrukt adaptive Lehrkompetenz ist als komplexes Gefüge konzipiert, in dem vier Dimensionen und die Unterscheidung zwischen adaptiver Planungs- und Handlungskompetenz integriert werden.

Im Forschungsprojekt wurde hoher Wert auf die ökologische Validität gelegt, was zu einem komplexen Konstrukt der adaptiven Lehrkompetenz führte. Mit der adaptiven Lehrkompetenz postulieren wir ein latentes Konstrukt, das keineswegs direkt erfasst werden kann und welches sich aus verschiedenen Aspekten zusammensetzt. Dies wurde in der Studie berücksichtigt, indem einerseits die Wissensbestände, welche diese Kompetenz ausmachen, erfasst wurden und andererseits die Auswirkung auf das Lernen der Schülerinnen und Schüler gemessen wurde. Damit kann die adaptive Lehrkompetenz jedoch nur teilweise erfasst werden.

Es hat sich in dieser Studie bewährt, zwischen Handlungs- und Planungskompetenzen zu unterscheiden und in der Entwicklung der Methoden eine Messform zu finden, welche diesen Wissensarten möglichst nahe ist. Eine Begrenzung der Studie liegt darin, dass die adaptive Handlungskompetenz nicht in der konkreten und realen Unterrichtssituation der Versuchsteilnehmenden erfasst wurde. Die Erfassung erfolgte indirekt, über die Wissensbestände und Reflexions- und Interpretationsprozesse, und nicht in den Handlungen der Lehrperson. Für gesicherte Erkenntnisse zur Handlungsrelevanz der in Video und Vignette gemessenen Kompetenzen wäre ein Vergleich dieser Tests mit Beobachtungen von Unterricht und Unterrichtsplanung nötig.

Innovative Forschungsansätze mussten in dieser Studie gefunden werden, um der Komplexität und der Kontextgebundenheit der adaptiven Lehrkompetenz möglichst gut gerecht zu werden. Wie in Kapitel 4.1 und 4.2 gezeigt, wurde mit der Entwicklung des Videotests (Bischoff, Brühwiler et al., 2005) und der Vignette ein Ansatz erarbeitet, der eine hohe kontextuelle Nähe zur eigentlichen Lehrtätigkeit der Lehrpersonen aufweist, bei dem die Prompts jedoch standardisiert sind, so dass die Antworten der Lehrpersonen miteinander verglichen werden können.

Videotest

Es kann davon ausgegangen werden, dass der Videotest eine gute Sensitivität für die zu messende Kompetenz aufweist. Die Antworten streuen gut und es gab keinen Deckeneffekt (ceiling effect). Auch sehr kompetente Lehrpersonen und fachdidaktische Expertinnen und Experten können im Videotest ihre Kompetenzen sichtbar machen.

Die Auswertung des ersten Teils des Videotests (längere Unterrichtssequenz, Versuchsperson stoppt) zeigte, dass sich die Lehrpersonen in hohem Maß unterscheiden: während einige eine Schwierigkeit erkannten, kommentierten und eine Handlungsoption angaben, unterbrachen andere den Video viel seltener. Das Vorgehen in der Auswertung, welches die thematische Breite der Wahrnehmungen und Handlungsoptionen der Lehrpersonen erfasst, ermöglicht eine große Streuung. Wie in Kapitel 1 diskutiert, zeigt sich aus der Forschung von Experten und Novizen, dass sich Berufseinsteigende im Lehrberuf in ihrem Wahrnehmungsfeld häufig einschränken, zu sehr mit sich selber und ihrer Organisation beschäftigt sind und die individuellen Schülerinnen und Schüler und ihre Lernprozesse zu wenig wahrnehmen (Berliner, 1986; Berliner, 2001). Lehrpersonen, die im Videotest eine breitere Wahrnehmung zeigten und verschiedene Bereiche ansprachen, erreichten in der gewählten Form der Auswertung denn auch höhere Punktzahlen. Dies kam im zweiten Teil des Videotests (Einzelsequenzen, standardisierte Unterbrechung) nicht zum Tragen, da die Situationen das Thema und die Anzahl der Reaktionen vorgaben. In der Analyse dieses zweiten Teils zeigte sich, dass dieser nicht reliabel ist, so dass die Resultate für die Studie nicht weiter verwendet wurden. Dies könnte jedoch auch daran liegen, dass die zu geringe Anzahl von Situationen als Items einer Skala keine Überprüfung der Realibilität erlaubten. Die Vorgehensweise des zweiten Teils könnte möglicherweise ausgebaut werden, um eine bessere Trennschärfe und Streuung zu erzielen.

In Bezug auf die Durchführung des Videotests bewährte sich das Vorgehen insgesamt. Es wäre jedoch eine Verbesserung, den Lehrpersonen vor dem Videotest die Lektionsvorbereitung für die auf dem Video gezeigte Sequenz schriftlich zu unterbreiten. Damit käme die Testsituation der realen Unterrichtssituation näher, bei der die handelnde Lehrperson ihre eigene Planung kennt und auf Grund einer Vorstellung von Lernzielen und Unterrichtsablauf agiert. In der Auswertung zeigt sich, dass möglicherweise eine feinere Abstufung der Ratings die Kompetenzen genauer erfassen könnte. Die Unterscheidung zwischen Erkennen und Handeln ist für den Videotest entscheidend und hilfreich, es könnte jedoch sinnvoll sein, bei den vorgeschlagenen Handlungen unterschiedliche Abstufungen von Adaptivität vorzusehen.

Wie in Kapitel 1 dargelegt, kann Schöns Theorie zu ‚reflection-in-action' für die Konzeptualisierung des professionellen Wissens und Handelns von Lehrpersonen sehr nützlich sein (Schön, 1993). Es ist im Videotest gelungen, die Unmittelbarkeit der Entscheidung im professionellen Handeln zu simulieren, in dem der Unterricht auf dem Film läuft, und die Reflexion der Lehrpersonen im gleichen Zeitdruck abläuft wie im Unterrichtshandeln und der Entscheid zur Unterbrechung des Videos schnell gefasst werden muss. Im Unterschied zur eigentlichen ‚reflection-in-action' einer unterrichtenden Lehrperson stehen die Versuchspersonen im Videotest jedoch nicht unter dem Druck der realen Situation mit ihrer Verantwortung sondern nur demjenigen der Testbedingung. Auch können sich die Versuchspersonen von der Lehrperson im Film und ihrer Unterrichtssituation so distanzieren, dass eher eine Reflexion über den Unterricht einer anderen Person entsteht und nicht ein Verbalisieren der eigenen ‚reflection-in-action'. Indem die Versuchspersonen im Videotest aufgefordert wurden, nicht nur auf die Handlung der darstellenden Lehrperson zu reagieren und diese zu reflektieren und zu evaluieren, sondern auch ihre eigene Handlungsweise prospektiv vorzuschlagen, wird diese Problematik der Distanzierung im Videotest etwas entschärft. Trotzdem könnte auch hier argumentiert werden, dass es sich nicht um ‚reflection-in-action' sondern eher um ‚reflection-on-action' handelt (Court, 1988). Zu einer besseren Validierung des Videotests könnte dieser mit einer Videokonfrontation des eigenen Unterrichtshandelns direkt im Anschluss an eine Lektion ergänzt werden.

Für den Videotest stellt sich auch die Frage, ob die Kompetenzen umfassend gemessen werden können. Reaktionen auf einen Film, der eine unbekannte Lehrperson in Interaktion mit ihrer Klasse zeigt, können nicht auf jenes implizite Wissen (Polanyi, 1985) des konkreten Kontexts der eigenen Klasse zurück geführt werden. Intuitives Wissen, wie es Neuweg (1999) als entscheidend für das Handeln der Lehrpersonen einschätzt, konnte mit dem Videotest nicht erfasst werden, da solches intuitives Wissen stark an konkrete Situationen und den konkreten Kontext gebunden ist.

Vignette

Die adaptive Planungskompetenz wurde mit einer Vignette erfasst, die in einer umfassenden Weise die Lehrpersonen auffordert, ihre Vorgehensweise bei der Planung zu erläutern. Die Antworten der Lehrpersonen können dahingehend interpretiert werden, dass mit dem Vignettentest die Planungskompetenz gut erfasst werden konnten, auf eine Art und Weise, welche der eigentlichen Planung nahe kommt.

Die Durchführung des Vignettentests bringt einige methodische Probleme mit sich: Die Lehrpersonen füllten die Vignette zu Hause aus und setzten unterschiedlich viel Zeit dafür ein. Ebenfalls ist offen, inwieweit sie bei der Beantwortung der Vignette beim zweiten Mal auf ihre ersten Antworten zurückgegriffen haben. Eine Beantwortung unter kontrollierten Bedingungen wäre wünschbar, aus praktischen

Gründen für die Lehrpersonen jedoch nicht geeignet. Es wäre zu prüfen, ob bei einer weiteren Verwendung der Vignette für einen Längsschnitt die Antwort des ersten Testzeitpunkts beim zweiten Testzeitpunkt zur Verfügung gestellt werden soll, mit der Aufforderung, diese zu korrigieren oder zu ergänzen.

In der Vignette wurde die Planungskompetenz der Lehrpersonen über ihr Wissen erfasst. Hier wurde im Unterschied zum Videotest, zwischen der Nennung eines Aspektes und einer adaptiven Vorgehensweise für ein Kriterium unterschieden. Jedoch könnte auch hier eine differenziertere Rating-Skala angebracht sein.

8.4.2 Gütekriterien der Instrumente in Bezug auf die Erfassung der adaptiven Lehrkompetenz

Beim Videotest (Cronbachs α = .84) und bei der Vignette (Cronbachs α = .66) sind die Reliabilitäten zufriedenstellend. Eine Überarbeitung der Instrumente, insbesondere der Rating Manuale, könnte eine weitere Verbesserung bringen. Mit einem detaillierteren Manual könnte die Inter-Rater-Reliabilität verbessert werden.

Die Korrelationen auf mittlerem Niveau zwischen Vignette und Videotest zeigen eine gute Konstruktvalidität. Die Zusammenhänge zwischen diesen Messinstrumenten für die adaptive Lehrkompetenz und dem Lernerfolg der Schülerinnen und Schüler weisen auf eine gute Kriteriumsvalidität hin.

Die Ergebnisse zeigen, dass mit den Instrumenten die adaptive Lehrkompetenz erfasst werden konnte. Es besteht jedoch eine Inkongruenz zwischen dem theoretischen Konzept der adaptiven Lehrkompetenz mit den vier Dimensionen und den Instrumenten zu deren Erfassung. Im Videotest fehlt die Sachkompetenz als Dimension insgesamt, in der Vignette wurde nur ein Kriterium zur Bedeutung der Sachkompetenz für die Planung der Lehrperson eingeschlossen. Es ist weiter zu prüfen, ob und wie die Sachkompetenz beim Videotest miteinbezogen werden könnte. Bei der Vignette fehlt die Dimension der Klassenführung. Dies lässt sich aber möglicherweise als Charakteristik der Planung erklären: Lehrpersonen erwähnen in der sehr offen gehaltenen Planungsvignette eher didaktische, diagnostische und sachbezogene Vorgehensweisen, erwähnen jedoch die Klassenführung nicht. Zudem überprüfen beide Testinstrumente die didaktische Kompetenz am umfassendsten, während die Reliabilität bei den anderen Dimensionen auf Grund der geringeren Anzahl Indikatoren weniger hoch ist.

In der Studie wurden die adaptive Planungs- und Handlungskompetenz additiv zusammengeführt; es erfolgte keine Gewichtung. Hier stellt sich das Problem, dass sich im Rahmen dieses Forschungsprojekts erst beschränkt Aussagen darüber machen lassen, welche Beziehungen zwischen den Dimensionen bestehen. Dazu sind noch weitere multivariate Analysen vorgesehen. Es bietet sich auch eine weiterführende Studie an.

Die Testwiederholung stellt bei beiden Instrumenten ein Problem dar. Es ist denkbar, dass Lehrpersonen beim zweiten Mal Aspekte weniger herausheben, die sie beim ersten Mal genannt haben oder dass durch die Wiederholung eine Verschiebung des Wahrnehmungsfokus geschieht. Zudem stellte sich für die Studie die Frage, wie ein Final Score gebildet werden soll. In dieser Studie haben wir uns entschlossen, Kompetenzen, die beim ersten Test gezeigt wurden, als weiterhin vorhanden einzuschätzen. Es war also nur ein Kompetenzzuwachs und keine Abnahme möglich. Dieses Problem müsste in einer längeren Längsschnittstudie angegangen werden.

Die Entwicklung beider Instrumente hat sich gelohnt, da sie erlauben, das Wissen von Lehrpersonen in komplexen Situationen zu erfassen. Vor allem der Videotest, der jedoch sowohl in der Herstellung wie auch der Auswertung sehr aufwändig ist, birgt interessante methodologische Möglichkeiten, welche in dieser Studie noch nicht voll ausgeschöpft werden konnten.

Weitere Einsatz- und Entwicklungsmöglichkeiten des Videotests

Der Videotest hat ebenfalls ein großes Potenzial als Instrument in der Aus- und Weiterbildung von Lehrpersonen (Bischoff, Brühwiler et al., 2005). In der Pädagogik, allgemeinen Didaktik und Fachdidaktik der Ausbildung könnten Videosequenzen als Fallbeispiele aus dem Unterricht betrachtet und unter verschiedenen Gesichtspunkten analysiert werden. In einer Weiterentwicklung des Ansatzes des Microteachings könnte ein Videotest eingesetzt und die Teilnehmenden aufgefordert werden, ihre Reaktionen gleich auszuführen.

Der Videotest könnte zudem in der Schulung von Personen, die Unterricht beobachten und beurteilen, sehr nützlich sein. Praktikumslehrpersonen oder Qualitätsverantwortliche und Führungspersonen könnten mit Hilfe des Videos Aspekte der Unterrichtswahrnehmung überprüfen und in Bezug auf die beobachtbaren Kriterien von gutem Unterricht reflektieren (Bischoff, Brühwiler et al., 2005).

8.4.3 Beurteilung des Forschungsdesigns

Die hohe ökologische Validität ist eine Stärke dieser Studie. Das Design und die entwickelten Instrumente erlauben es, die komplexen Anforderungen an die Handlungen der Lehrpersonen in einer realitätsnahen Form zu untersuchen. Die hohe ökologische Validität führt jedoch auch zu Unschärfen in der Messbarkeit der adaptiven Lehrkompetenz. Im Hinblick auf das gesamte Forschungsdesign zeigt die Studie, dass sich das quasi-experimentelle Design bewährt hat. Die Möglichkeiten des Vor- und Nachtests erlaubten es, eine kontextnahe, über mehrere Monate sich erstreckende Intervention vorzusehen und deren Wirkung zu erfassen.

Weiter ist es ein wesentliches Merkmal dieser Studie, dass die Kompetenzen der Lehrpersonen mit den Wirkungen auf den Leistungszuwachs der Schülerinnen und Schüler verbunden werden. Das Multi-Matrix-Sampling zur Erfassung des Leistungszuwachses in der Unterrichtsreihe ist methodisch anspruchsvoll, der Aufwand für die Kreation der Aufgaben und in der sorgfältigen Zusammenstellung der verschiedenen Vor- und Nachtests hat sich gelohnt.

Eine weitere Stärke der Studie sehen wir in der Verbindung von qualitativen und quantitativen Methoden zu einem Multi-Method Design. Dieses erlaubt Methodentriangulation. Allerdings konnten in der Auswertung nicht in allen Teilen die quantitative und qualitative Analyse aufeinander bezogen werden. Auch ließen sich Videotest und Vignetten vertiefter analysieren, wenn nicht nur die inhaltliche Zuteilung zu einem Kriterium vorgenommen wird, sondern auch eine diskursanalytische Vorgehensweise angewandt oder eine Analyse der Konstrukte unter der Perspektive des Dekonstruktivismus versucht würde. Diese Erweiterung könnte die theoretische Erfassung des Konstruktes adaptive Lehrkompetenz bereichern.

Die multivariate Analyse erweist sich auch in diesem Forschungsprojekt als wesentlich. In diesem Bereich könnten auf Grund der Daten noch weitere Untersuchungen vorgenommen werden. Eine noch ungelöste Frage betrifft die Zusammenführung und Gewichtung der einzelnen Dimensionen sowie der Aspekte der Dimensionen im gesamten Konstrukt der adaptiven Lehrkompetenz. Zudem könnten mit Mehrebenenanalysen weitere wichtige Erkenntnisse zur adaptiven Lehrkompetenz und ihres Effekts gewonnen werden.

Die Studie hat Effekte der Intervention aufgezeigt. Für die Weiterbildung der Lehrpersonen und die Möglichkeiten der Unterrichtsentwicklung in der Schule ist jedoch die Wirkung über längere Zeit ebenfalls zentral. Um die Nachhaltigkeit der Intervention zu überprüfen, wäre ein Follow-up zu einem späteren Zeitpunkt, beispielsweise ein Jahr nach der Intervention, interessant.

Aus forschungsmethodischer Sicht wäre eine randomisierte Zuteilung der Gruppen wünschenswert. Dies geht jedoch unter den Bedingungen des Feldes kaum, da die Lehrpersonen sich für die eine wie die andere Form der Teilnahme freiwillig entscheiden müssen. Eine größere Kontrollgruppe wäre methodologisch wünschenswert. Auch dort stießen wir bei der Rekrutierung der Versuchsteilnehmenden in dieser Studie an Grenzen, da der immaterielle Gegenwert für den Aufwand der Lehrpersonen der Kontrollgruppe relativ begrenzt ist.

Für eine bessere Beurteilung der Wirkung der Intervention wäre ein Design mit drei verschiedenen Gruppen interessant: neben der Interventions- und Kontrollgruppe wie bei dieser Studie könnte eine zweite Kontrollgruppe vorgesehen werden, welche eine andere Form der Intervention, z. B. in einem traditionellen fachdidaktischen Kurs von gleicher Länge, erhält.

Das fallstudienbasierte Verifizieren des Konstrukts ‚adaptive Lehrkompetenz'
(ersten Teil der Studie) und die darauf aufbauende Intervention zur Überprüfung
der Wirksamkeit der adaptiven Lehrkompetenz (2. Teil der Studie) stellte hohe Anforderungen an das Forschungsteam, da dieses komplexe Design die Entwicklung
zahlreicher Testinstrumente erforderte und mit dem fachspezifisch-pädagogischen
Coaching ein aufwändiges Trainingsverfahren durchgeführt werden musste. In der
Folge beschränkte sich die Erfassung der Qualität der adaptiven Lehrkompetenz
der geprüften Lehrpersonen auf die Einschätzung fremden Unterrichts. Es war in
dieser Studie also nicht möglich, die adaptive Lehrkompetenz der beteiligten Lehrpersonen in ihrem eigenen Unterricht, beispielsweise durch systematische Exper-
tenbeobachtung bzw. durch Videografien, zu erfassen und zu beurteilen. Die Auswirkungen der Intervention auf das eigene Handeln der Lehrpersonen wurden nur
indirekt erfasst, indem die Auswirkungen auf die Schülerleistungen gemessen worden sind. In künftigen Forschungsprojekten kann dies nun auf der Grundlage der
hier referierten Ergebnisse zur adaptiven Lehrkompetenz umso differenzierter gemacht werden.

9   Tabellenverzeichnis

10 Abbildungsverzeichnis

11 Literatur

Adams, R. & Wu, M., (Hrsg.) (2002). *PISA 2000 technical report.* Paris: OECD.

Aebli, H. (1951). *Psychologische Didaktik.* Stuttgart: Klett.

Aebli, H. (1997). *Grundlagen des Lehrens.* Stuttgart: Klett-Cotta.

Aebli, H. (2001). *Zwölf Grundformen des Lehrens.* Stuttgart: Klett-Cotta.

Aken van, M.A.G., Helmke, A. & Schneider, W. (1997). Selbstkonzept und Leistung – Dynamik ihres Zusammenspiels: Ergebnisse aus dem SCHOLASTIK-Projekt. In F.E. Weinert & A. Helmke (Hrsg.), *Entwicklung im Grundschulalter* (S. 341-358). Weinheim: PsychologieVerlagsUnion.

Baer, M. (1998). *Textverfassen als beobachtbarer und als förderungsfähiger Prozess.* Zürich: Habilitationsschrift der Philosophisch-historischen Fakultät der Universität Zürich.

Barter, C. & Renold, E. (1999). The Use of Vignettes in Qualitative Research. *Social Research Update,* (25), http://www.soc.surrey.ac.uk/sru/SRU25.html.

Baumert, J., Artelt, C., Carstensen, C.H., Sibberns, H. & Stanat, P. (2002). Untersuchungsgegenstand, Fragestellungen und technische Grundlagen der Studie. In J. Baumert, C. Artelt, E. Klieme, M. Neubrand, M. Prenzel, U. Schiefele, W. Schneider, K.-J. Tillmann, & M. Weiss (Hrsg.), *PISA 2000 – Die Länder der Bundesrepublik Deutschland im Vergleich* (S. 11-38). Opladen: Leske + Budrich.

Baumert, J., Klieme, E., Neubrand, M., Prenzel, M., Schiefele, U., Schneider, W., Stanat, P., Tillmann, K.-J. & Weiss, M., (Hrsg.) (2001). *PISA 2000. Basiskompetenzen von Schülerinnen und Schülern im internationalen Vergleich.* Opladen: Leske + Budrich.

Baumert, J., Klieme, E., Neubrand, M., Prenzel, M., Schiefele, U., Schneider, W., Tillmann, K.-J. & Weiss, M. (o.J.). Soziale Bedingungen von Schulleistungen. Zur Erfassung von Kontextmerkmalen durch Schüler-, Schul- und Elternfragebögen. Berlin: PISA Projekt Consortium.

Baumert, J. & Schümer, G. (2002). Familiäre Lebensverhältnisse, Bildungsbeteiligung und Kompetenzerwerb im nationalen Vergleich. In J. Baumert, C. Artelt, E. Klieme, M. Neubrand, M. Prenzel, U. Schiefele, W. Schneider, K.-J. Tillmann & M. Weiss (Hrsg.), *PISA 2000 – Die Länder der Bundesrepublik Deutschland im Vergleich* (S. 159-202). Opladen: Leske + Budrich.

Baumert, J., Stanat, P. & Demmrich, A. (2001). PISA 2000: Untersuchungsgegenstand, theoretische Grundlagen und Durchführung der Studie. In J. Baumert, E. Klieme, M. Neubrand, M. Prenzel, U. Schiefele, W. Schneider, P. Stanat, K.-J. Tillmann & M. Weiss (Hrsg.), *PISA 2000. Basiskompetenzen von Schülerinnen und Schülern im internationalen Vergleich* (S. 15-68). Opladen: Leske + Budrich.

Baumgartner, P. (2000). Handeln und Wissen bei Schütz. Versuch einer Rekonstruktion. In G.H. Neuweg (Hrsg.) *Wissen – Können – Reflexion. Ausgewählte Verhältnisbestimmungen.* Innsbruck: Studienverlag.

Beaton, A.E., Martin, M.O., Mullis, I.V.S., Gonzalez, E.J., Smith, T.A. & Kelly, D.L. (1996). *Science Achievement in the Middle School Years.* IEA's Third International Mathematics and Science Studie. Chestnut, MA.

Beck, E., Bachmann, T., Geering, P., Guldimann, T., Niedermann, R., Mogg, E.U., Wigger, A. & Zutavern, M. (1992). Eigenständige Lerner. Wissenschaftlicher Schlussbericht an den Schweizerischen Nationalfonds (Bericht 8). Forschungsstelle der Pädagogischen Hochschule, St.Gallen.

Beck, E., Brühwiler, C. & Müller, P. (2007). Adaptive Lehrkompetenz als Voraussetzung für individualisiertes Lernen in der Schule. In D. Lemmermöhle, M. Rothgangel, S. Bögeholz, M. Hasselhorn & R. Waterman (Hrsg.), *professionell lehren erfolgreich lernen,* (S. 197-210). Münster: Waxmann.

Beck, E., Guldimann, T. & Zutavern, M. (1991). Eigenständig lernende Schülerinnen und Schüler. *Zeitschrift für Pädagogik, 37,* 735-768.

Beck, E., Guldimann, T. & Zutavern, M., (Hrsg.) (1995). *Eigenständig lernen.* Kollegium: Schriften der Pädagogischen Hochschule St.Gallen. Universitätsverlag UVK Konstanz.

Bennett, S.N. (1976). *Teaching styles and pupil progress.* London: Open Books.

Berliner, D.C. (1986). *Differences in processing classroom information by expert and novice teachers.* Conference of the International Study Association on Teacher Thinking (ISATT), Leuven.

Berliner, D.C. (1991). Education psychology and pedagogical expertise. New findings and new opportunities for thinking about training. *Educational Psychologist, 26,* 145-155.

Berliner, D.C. (2001). Learning about and learning from expert teachers. *International Journal of Educational Research, 35* (5), 463-482.

Bischoff, S., Brühwiler, C. & Baer, M. (2005). Videotest zur Erfassung „Adaptiver Lehrkompetenz". *Beiträge zur Lehrerbildung, 23,* 382-397.

Bloom, B.S. (1976). *Human characteristics and school learning.* New York: McGraw-Hill.

Broeckmanns, J. (1990). Types and consequences of student teachers' diagnoses during classroom interaction. In H. Mandl, E. DeCorte, N Bennett & H.F. Friedrich (Hrsg.), *Learning and instruction. European research in an international context,* (S. 95-111). Oxford: Pergamon Press.

Bromme, R. (1985). Was sind Routinen im Lehrerhandeln? *Unterrichtswissenschaft, 13,* 182-192.

Bromme, R. (1992). *Der Lehrer als Experte. Zur Psychologie des professionellen Wissens.* Bern; Huber.

Bromme, R. (1997). Kompetenzen, Funktionen und unterrichtliches Handeln des Lehrers. In F.E. Weinert (Hrsg.), *Psychologie des Unterrichts und der Schule (Enzyklopädie der Psychologie, Pädagogische Psychologie, Vol. 3)* (S. 177-212). Göttingen: Hogrefe.

Bronfenbrenner, V. (1974). „Is Early Intervention Effective?" In H.J. Leichter (Hrsg.), *The Family as Educator* (S. 104-129). New York: Teachers College Press.

Brown, A.L. & Palincsar, A.S. (1989). Guided, cooperative learning and individual knowledge acquisition. In L.B. Resnick (Hrsg.), *Knowing, learning, and instruction: Essays in Honor of Robert Glaser* (S. 393-451). Hillsdale, N.J.: Lawrence Erlbaum.

Brühwiler, C. (2006). Die Bedeutung schulischer Kontexteffekte und adaptiver Lehrkompetenz für das selbstregulierte Lernen. *Schweizerische Zeitschrift für Bildungswissenschaften, 28* (3), 425-451.

Brühwiler, C., Biedermann, H. & Zutavern, M. (2002). Selbstreguliertes Lernen im interkantonalen Vergleich. In E. Ramseier, C. Brühwiler, U. Moser, Z. Michael, S. Berweger & H. Biedermann (Hrsg.), *Bern, St.Gallen, Zürich: Für das Leben gerüstet? Die*

Grundkompetenzen der Jugendlichen – Kantonaler Bericht der Erhebung PISA 2000 (S. 35-50). Neuchâtel: BFS/EDK.

Brühwiler, C. & Biedermann, H. (2005). Selbstreguliertes Lernen als Voraussetzung für erfolgreiches Mathematiklernen. In OECD (Hrsg.) *PISA 2003: Kompetenzen für die Zukunft. Zweiter nationaler Bericht* (S. 57-73). Neuchâtel; BFS/EDK.

Bühner, M. (2006). *Einführung in die Test- und Fragebogenkonstruktion.* München: Pearson.

Ceci, S.J. (1991). How much does schooling influence general intelligence and its cognitive components? A reassessment of the evidence. *Developmental Psychology, 27*, 703-722.

Clark, C.M. & Petersen, P.L. (1986). Teachers' thoughts processes. In M.C. Wittrock (Hrsg.), *Handbook of research on teaching* (S. 255-296). New York: McMillan.

Cochran-Smith, M. & Lytle, S.L. (1999). Relationships of Knowledge and Practice: Teacher Learning in Communities. In A. Iran-Nejad & P.D. Pearson (Hrsg.), *Review of Research in Education, 24*, (S. 249-305). Washington.

Cohen, E.G. (1976). *Problems and Prospects of Teaching.* Stanford; California: Stanfort University, Center for Research and Development in Teaching.

Cohen, E.G., Lottan, R.A. & Leecer, C. (1989). Can classrooms learn? *Social Education, 62*, 75-94.

Cohen, J. (1988). *Statistical Power Analysis for the Behavioral Sciences.* Hillsdale, New Jersey: Lawrence Erlbaum.

Coladarci, T. (1986). Accuracy of teacher judgments of student responses to standardized test items. *Journal of Educational Psychologie, 78*, 141-146.

Collins, A., Brown, J.S. & Newman, S.E. (1989). Cognitive Apprenticeship: Teaching the Crafts of Reading, Writing, and Mathematics. In L.B. Resnick (Hrsg.), *Knowing, Learning, and Instruction: Essays in Honor of Robert Glaser* (S. 453-494). Hillsdale, N.J.: Lawrence Erlbaum.

Coradi-Vellacott, M. & Wolter, S.C. (2002). Soziale Herkunft und Chancengleichheit. In BFS/EDK (Hrsg.), *Für das Leben gerüstet? Die Grundkompetenzen der Jugendlichen – Nationaler Bericht der Erhebung PISA 2000* (S. 90-112). Neuchâtel: BFS/EDK.

Corno, L. & Snow, R.E. (1986). Adapting teaching to individual differences among learners. In M.C. Wittrock (Hrsg.), *Handbook of research on teaching* (S. 605-629). New York: McMillan.

Court, D. (1988). „Reflection-in-action": some definitional problems. In P.P. Grimmett & G. Erickson (Hrsg.), *Reflection in Teacher Education* (S. 143-146). Vancouver: Pacific Educational Press.

Cronbach, L.J. & Snow, R.E. (1977). *Aptitudes and instructional methods: A handbook for research on interactions.* New York: Irvington.

Cronbach, R.J. & Snow, R.E. (1981). *Aptitudes and instructional methods.* New York: Irvington.

Dann, H.D. (1989). Was geht im Kopf des Lehrers vor? Lehrerkognitionen und erfolgreiches pädagogisches Handeln. *Psychologie in Erziehung und Unterricht, 36*, 81-90.

Dann, H.D. (1994). Pädagogisches Verstehen: Subjektive Theorien und erfolgreiches Handeln von Lehrkräften. In K. Reusser & M. Reusser-Weyeneth (Hrsg.), *Verstehen. Psychologischer Prozess und didaktische Aufgabe.* Bern: Huber.

Dewe, B., Ferchhoff, W. & Radtke, F.-O. (1992). Das „Professionswissen" von Pädagogen. Ein wissenschaftstheoretischer Rekonstruktionsversuch. In B. Dewe, W. Ferchhoff & F.-O. Radtke (Hrsg.), *Erziehen als Profession. Zur Logik professionellen Handelns*. Opladen: Leske & Budrich.

Dewey, J. (1938/2002). Erfahrung und Erziehung (Experience and Education). In R. Horlacher & J. Oelkers (Hrsg.), *Pädagogische Aufsätze und Abhandlungen (1900-1944)* (S. 227-281). Zürich: Verlag Pestalozzianum.

Döring, K.W. (1974). Lernverhalten und das Konzept der Unterrichtstechnologie. *Zeitschrift für Pädagogik, 20* (2).

Doyle, W. (1979). Making managerial decisions in classrooms. In D.L. Duke (Hrsg.), *Classroom management. Yearbook of the National Society for the Study of Education* (S. 42-47). Chicago: University of Chicago Press.

Doyle, W. (1986). Classroom Organization and Management. In M.C. Wittrock (Hrsg.), *Handbook of Research on Teaching (3rd edition)* (S. 392-431). New York; London: Macmillan.

Eder, F. & Mayr, J. (2000). *Linzer Fragebogen zum Schul- und Klassenklima für die 4.-8. Klassenstufe (LFSK 4-8)*. Göttingen: Hogrefe.

Eder, F. (2001). Schul- und Klassenklima. In D.H. Rost (Hrsg.), *Handwörterbuch Pädagogische Psychologie* (S. 578-586). Weinheim: Beltz PVU.

Eggert, D. (1997). Von den Stärken ausgehen … Individuelle Entwicklungspläne (IEP) in der Lernförderungsdiagnostik. Dortmund.

Flanagan, J.C. (1970). Individualizing Education. *Education, 3* (90), 191-206.

Forgarty, J.L., Wang, M.C. & Creek, R. (1983). A descriptive study of experienced and novice teachers' interactive instructional thoughts and actions. *Journal of Educational Research, 77*, 22-32.

Fraser, B.J., Walberg, H.J., Welch, W.W. & Hattie, J.A. (1987). Synthesis of educational productivity research. *International Journal of Educational Research, 11*, 145-252.

Gagne, R.M. (1985). *The conditions of learning and theory of instruction*. New York: Holt, Rinehart & Winston.

Gerstenmaier, J. & Mandl, H. (1995). Wissenserwerb unter konstruktivistischer Perspektive. *Zeitschrift für Pädagogik, 41*, 867-888.

Gerstenmaier, J. & Mandl, H. (1996). *Wissensanwendung im Handlungskontext. Die Bedeutung intentionaler und funktionaler Perspektiven für den Zusammenhang von Wissen und Handeln*. München: Ludwig-Maximillian-Universität.

Glaser, R. (1977). *Adaptive education: Individual diversity and learning*. New York: Reinhart & Winston.

Gräsel, C. (1997). *Problemorientiertes Lernen, Strategieanwendung und Gestaltungsmöglichkeiten*. Göttingen: Hogrefe.

Gräsel, C. & Mandl, H. (1999). Problemorientiertes Lernen in der Methodenausbildung des Pädagogikstudiums. *Empirische Pädagogik, 13*, 371-391.

Greeno, J.G. (1989). Situations, mental models and generative knowledge. In D. Klahr & K. Kotovsky (Hrsg.), *Complex information processing* (S. 285-318). Hillsdale NJ: Erlbaum.

Groeben, N., Wahl, D., Schlee, J., Scheele, B. (1988). *Das Forschungsprogramm Subjektive Theorien: Eine Einführung in die Psychologie des reflexiven Subjekts*. Tübingen: Francke.

Gruber, H. (1999). *Erfahrung als Grundlage kompetenten Handelns.* Bern: Huber.

Gruber, H., Mandl., H. & Renkl, A. (2000). Was lernen wir in Schule und Hochschule: Träges Wissen? In H. Mandl & J. Gerstenmaier (Hrsg.), *Die Kluft zwischen Wissen und Handeln. Empirische und theoretische Lösungsansätze.* Göttingen: Hogrefe.

Gruber, H. & Renkl, A. (2000). Die Kluft zwischen Wissen und Handeln: Das Problem des trägen Wissens. In G.H. Neuweg (Hrsg.), *Wissen – Können – Reflexion. Ausgewählte Verhältnisbestimmungen.* Innsbruck: Studienverlag.

Haeberlin, U. (2000). *Kulturelle und leistungsbezogene Heterogenität in Schulklassen: günstige und ungünstige Konstellationen.* Aarau, Schweizerische Koordinationsstelle für Bildungsforschung.

Haider, H. (2000). Implizites Wissen. Anmerkungen aus der Perspektive der experimentellen Psychologie. In G.H. Neuweg (Hrsg.), *Wissen – Können – Reflexion. Ausgewählte Verhältnisbestimmungen.* Innsbruck: Studienverlag.

Heider, F. (1958). *The psychology of interpersonal relations.* New York: Wiley.

Helmke, A. & Schrader, F. W. (1987). Interactional effects of instructional quality and teacher judgement accuracy on achievement. *Teaching and Teacher Education, 3,* 91-98.

Helmke, A. (1992). *Selbstvertrauen und schulische Leistungen.* Göttingen; Bern; Toronto: Hogrefe.

Helmke, A. & Weinert, F. E. (1997). Bedingungsfaktoren schulischer Leistungen. In F.W. Weinert (Hrsg.), *Enzyklopädie der Psychologie, Bd. 3: Psychologie des Unterrichts und der Schule* (S. 71-176). Göttingen; Bern; Toronto; Seattle: Hogrefe.

Helmke, A. (2002). Kommentar: Unterrichtsqualität und Unterrichtsklima: Perspektiven und Sackgassen. *Unterrichtswissenschaft, 30,* 261-277.

Helmke, A. (2003). *Unterrichtsqualität. Erfassen, bewerten, verbessern.* Seelze: Kallmeiersche Verlagsbuchhandlung.

Herrmann, U. & Hertramph, H. (2000). Zufallsroutine oder reflektierte Praxis? Herkömmliche Wege in den Berufseinstieg von Lehrern und notwendige Alternativen. *Beiträge zur Lehrerbildung, 18,* 172-191.

Heyn, S., Baumert, J.K. & Köller, O. (1994). *Kieler Lernstrategien-Inventar KSI.* Kiel: Institut für Pädagogik der Naturwissenschaften.

Ingenkamp, K. (1988). Lehrbuch der Pädagogischen Diagnostik. Weinheim: Beltz.

Institut für Schulentwicklungsforschung IFS (Hrsg.) (1999). *IFS-Schulbarometer. Ein mehrperspektivisches Instrument zur Erfassung von Schulwirklichkeit.* Beiträge zur Bildungsforschung und Schulentwicklung. Dortmund: IFS-Verlag.

Jäger, R.S. (Hrsg.) (1992). *Psychologische Diagnostik.* München: Psychologie Verlags Union.

Johnson, D.W., Maruyama, G., Johnson, R. & Nelson, D. (1981). Effects of cooperative, competitive and individualistic goal structures on achievement: A meta-analysis. *Psychological Bulletin, 89,* 47-62.

Keller, F.S. (1968). „Good-bye, teacher." *Journal of Applied Behavior Analysis, 1,* 79-89.

Klausmeier, H.J. (1972). *The Individually Guided Education: Alternative System of Elementary Schooling.* New Haven; Conn: Yale University, Center for the Study of Education.

Köller, O., Schnabel, K.U. & Baumert, J. (2000). Der Einfluss der Leistungsstärke von Schulen auf das fachspezifische Selbstkonzept der Begabung und das Interesse. *Zeitschrift für Entwicklungspsychologie und Pädagogische Psychologie, 32*, 70-80.

Kounin, J.S. (1976). *Techniken der Klassenführung.* Bern; Stuttgart: Huber; Klett.

Krapp, A. (1992). Das Interessenkonstrukt: Bestimmungsmerkmale der Interessenhandlung und des individuellen Interesses aus der Sicht einer Person-Gegenstand-Konzeption. In A. Krapp & M. Prenzel (Hrsg.), *Interesse, Lernen, Leistung. Neuere Ansätze der pädagogisch-psychologischen Interessenforschung* (S. 297-330). Weinheim: PsychologieVerlagsUnion.

Krohne, H.W. (1980). Angsttheorie: vom mechanistischen zum kognitiven Ansatz. *Psychologische Rundschau, 31*, 12-29.

Krug, S. & Rheinberg, F. (1980). Erwartungswidrige Schulleistungen im Entwicklungsverlauf und ihre Ursachen: Ein überholtes Konstrukt in neuer Sicht. In H. Heckhausen (Hrsg.), *Fähigkeit und Motivation in erwartungswidriger Schulleistung* (S. 53-105). Göttingen: Hogrefe.

Lave, J. (1991). Situating learning in communities of practice. In L. Resnick & S.D. Teasley (Hrsg.), *Perspectives on socially shared cognition* (S. 63-82). Washington DC: American Psychological Association.

Leinhardt, G. & Greeno, J.G. (1986). The cognitive skill of teaching. *Journal of Educational Psychology, 78*, 75-95.

Leinhardt, G. & Smith, D. (1985). Expertise in mathematics instruction: Subject matter knowledge. *Journal of Educational Psychology, 77*, 247-271.

Lindvall, C.M. & Bolvin, J.O. (1967). *„Programmed Instruction in the Schools: An Application of Programming Principles in Individually Prescribed Instruction"* The Sixty-sixth Yearbook of the National Society for the Study of Education. Part 2. (S .217 – 254).

Lingelbach, H. (1994). Pädagogische Expertise von Grundschullehrern und ihr Einfluss auf die Mathematikleistung der Schüler. Dissertation, Heidelberg: Universität Heidelberg Fakultät für Sozial- und Verhaltenswissenschaften.

Linn, M.C. (1990). Perspectives for research in science teaching. Using the computer as laboratory partner. In H. Mandl, E. De Corte, N. Bennet & H.F. Friedrich (Hrsg.), *Learning and instruction. European research in an international context,* Vol. 2.1, Social and cognitive aspects of learning and instruction (S. 443-460). Oxford: Pergamon.

Lloyd, J.W. (1984). Measurement and evaluation of task related learning behaviors: Attention to task and metacognition. *School Psychology Review, 15*, 336-345.

Lüdtke, O., Köller, O., Artelt, C., Stanat, P. & Baumert, J. (2002). Eine Überprüfung von Modellen zur Genese akademischer Selbstkonzepte: Ergebnisse aus der PISA-Studie. *Zeitschrift für Pädagogische Psychologie, 16*, 151-164.

Mandl, H. & Gerstenmaier, J. (2000). *Die Kluft zwischen Wissen und Handeln. Empirische und theoretische Lösungsansätze.* Göttingen: Hogrefe.

Marshall, H.H. (1981). Open classrooms. Has the term outlived its usefulness? *Review of Educational Research, 51*, 181-192.

Martin, M.O., Mullis, I.V.S., Beaton, A.E., Gonzalez, E.J., Smith, T.A. & Kelly, D.L. (1997). *Science Achievement in the Primary School Years: IEA's Third International Mathematics and Science Studie (TIMSS).* Chestnut Hill MA: Boston College.

Mason, J. (1994). Linking qualitative and quantitative data analysis. In A. Bryman & R.G. Burgess (Hrsg.) *Analyzing qualitative data* (S. 89-110). London: Routledge.

Messner, H. & Reusser, K. (2000). Berufliches Lernen als lebenslanger Prozess. *Beiträge zur Lehrerbildung, 18*, 277-294.

Meyer, W.-U. (1984). *Das Konzept von der eigenen Begabung.* Bern; Stuttgart; Toronto: Huber.

Miller, G.A., Galanter, E. & Pribram, K.H. (1960). Plans and the structure of behavior. New York.

Neuweg, G.H. (1999). *Könnerschaft und implizites Wissen. Zur lehr-lerntheoretischen Bedeutung der Erkenntnis- und Wissenstheorie Michael Polanys.* Münster; Waxmann.

Neuweg, G.H. (2000). *Wissen – Können – Reflexion. Ausgewählte Verhältnisbestimmungen.* Innsbruck: Studienverlag.

Neuweg, G.H. (2002). Lehrerhandeln und Lehrerbildung im Lichte des Konzepts des impliziten Wissens. *Zeitschrift für Pädagogik, 48*, 10-29.

Neuweg, G.H. (2005). Konzepte der Lehrer/innen/bildung im Spannungsfeld von Wissen und Können. *SEMINAR – Lehrerbildung und Schule, 11* (3) 7-25.

Niggli, A. (2001). Ein Mentoring-Programm mit Coaching-Anteilen für die Ausbildung von Lehrpersonen. *Beiträge zur Lehrerbildung, 19* (2), 244-250.

Niggli, A. (2003). Handlungsbezogenes 3-Ebenen-Mentoring für die Ausbildung von Lehrpersonen. *Journal für Lehrerinnen- und Lehrerbildung, 4*, 8-15.

OECD, (Hrsg.) (2001). *Lernen für das Leben. Erste Ergebnisse von PISA 2000.* Paris: OECD.

Oser, F. & Hascher, T. (1997). *Lernen aus Fehlern: Zur Psychologie des „negativen" Wissens.* Pädagogisches Institut der Universität Freiburg, Freiburg/Schweiz.

Oser, F. & Hascher, T. (1998). Lernen Menschen aus Fehlern? Merkmale einer Fehlerkultur. *forum fortbildung, 2*, 20-21.

Oser, F. & Oelkers, J., (Hrsg.). (2001). *Die Wirksamkeit der Lehrerbildungssysteme. Von der Allrounderbildung zur Ausbildung professioneller Standards.* Chur; Zürich: Verlag Rüegger.

Oser, F., Spychiger, M., Reber, S. & Mahler, F. (2000). *Fehlerkultur als Intervention. Fallstudien zum thematischen Ansatz.* Universität Freiburg; Departement Erziehungswissenschaften, Freiburg (CH).

Palincsar, A.S. & Brown, A.L. (1984). Reciprocal teaching of comprehension fostering and comprehension monitoring activities. *Cognition and Instruction, 1*, 117-175.

Palincsar, A.S., Randsom, K. & Derber, S. (1989). Collaborative research and development of reciprocal teaching. *Educational Leadership, 46*, 37-40.

Pallasch, W. (1992). Unterrichtliche Supervision. In W. Pallasch, W. Mutzeck & H. Reimers (Hrsg.), *Beratung, Training, Supervision. Eine Bestandesaufnahme über Konzepte zum Erwerb von Handlungskompetenz in pädagogischen Arbeitsfeldern.* Weinheim: Juventa.

Pallasch, W., Reimers, H., Kölln, D. & Strehlow, V. (1993). *Das Kieler Supervisionsmodell (KSM). Manual zur unterrichtlichen Supervision.* Weinheim: Juventa.

Peterson, P.L. (1988). Selecting students and services for compensatory education: Lessons from aptitude-treatment interaction research. *Educational Psychologist, 23*, 313-352.

Peterson, P.L., Janicki, T.C. & Swing, S.R. (1981). Ability x treatment interaction effects on children's learning in large group and small group approaches. *Amercian Educational Research Journal, 18* (453-473).

Polanyi, M. (1985). *Implizites Wissen (The Tacit Dimension, 1966)*. Frankfurt am Main: Suhrkamp.

Prengel, A. (1995). *Pädagogik der Vielfalt*. Opladen: Leske + Budrich.

Radtke, F.-O. (1996). *Wissen und Können – Grundlagen der wissenschaftlichen Lehrerbildung*. Opladen: Leske & Budrich.

Reinmann-Rothmeier, G. & Mandl, H. (2001). Unterrichten und Lernumgebungen gestalten. In A. Krapp & B. Weidenmann (Hrsg.), *Pädagogische Psychologie* (S. 601-646). Weinheim: Beltz Psychologie Verlags Union.

Reis, J. (1996). *Inventar zur Messung der Ambiguitätstoleranz (IMA)*. Heidelberg: Asanger.

Renkl, A. (1991). Die Bedeutung der Aufgaben- und Rückmeldungsgestaltung für die Leistungsentwicklung im Fach Mathematik. Heidelberg.

Renkl, A. (1996). Träges Wissen: Wenn Erlerntes nicht genutzt wird. *Psychologische Rundschau, 47*, 78-82.

Renkl, A., Helmke, A. & Schrader, F.-W. (1997). Schulleistung und Fähigkeitsselbstbild: Universelle Beziehungen oder kontextspezifische Zusammenhänge? In F.E. Weinert & A. Helmke (Hrsg.), *Entwicklung im Grundschulalter*. Weinheim: Psychologie Verlags Union.

Resnick, L.B. (1987). *Education and learning to think*. Washington, D.C.: National Academy Press.

Reusser, K. (1995). *Allgemeine Didaktik I: Grundlagen und Grundformen des Unterrichtens. Vorlesungsskript*. Zürich: Pädagogisches Institut der Universität Zürich.

Rogoff, B. (1990). *Apprenticeship in thinking: Cognitive development in social*. New York: Oxford University Press.

Rolff, H.-G., Buhren, C.G. & Lindau-Bank, D. (Hrsg.) (1999). Manual Schulentwicklung. Handlungskonzept zur pädagogischen Schulberatung. Weinheim: Beltz.

Rosenshine, B. & Meister, C. (1994). Reciprocal Teaching: A Review of the Research. *Review of Educational Research, 64* (4), 479-530.

Rosenshine, B. V. (1979). Content, time, and direct instruction. In P.L. Peterson & H.J. Walberg (Hrsg.), *Research on Teaching Concepts, Findings and Implictions*. Berkely CA: McCutchan.

Ross, J.A. & Raphael, D. (1990). Communication and problem solving achievement in cooperative learning groups. *Journal of Curriculum Studies, 22*, 149-164.

Rost, J. (2004). Psychometrische Modelle zur Überprüfung von Bildungsstandards anhand von Kompetenzmodellen. *Zeitschrift für Pädagogik, 50*, 662-678.

Rüegger, U. (1992). *Integrationspädagogik in der Lehrerbildung*. Luzern: SZH.

Rutter, M. (1983). School effects on pupil progress: Research findings and policy implications. *Child Development, 54*, 1-29.

Rutter, M., Maughan, B., Mortimore, P., Ousten, J. & Smith, A. (1979). *Fifteen thousand hours. Secondary schools and their effects on children*. London: Open Books.

Schlee, J., (Hrsg.) (1988). *Kinder wissen, was sie brauchen – sie denken sich etwas dabei. Wie Bilder und Annahmen das Denken und Handeln beeinflussen*. Basel: Z-Verlag.

Schmuck, P., Paddock, S. & Packard, J. (1977). *Management Implications of Team-Teaching*. Eugene: University of Oregon, Center for Educational Policy and Management.

Schön, D., (Hrsg.) (1991). *The Reflective Turn. Case Studies in and on Educational Practice*. New York: Teacher's College Press.

Schön, D.A. (1983). *The Reflective Practitioner. How Professionals think in Action*. London: Arena.

Schrader, F.-W. (1989). *Diagnostische Kompetenzen von Lehrern und ihre Bedeutung für die Gestaltung und Effektivität des Unterrichts*. Frankfurt am Main: Lang.

Schrader, F.-W. (1997). Lern- und Leistungsdiagnostik im Unterricht. In F.E: Weinert (Hrsg.), *Enzyklopädie der Psychologie. Bd. 3 Psychologie des Unterrichts und der Schule*. Göttingen: Hogrefe.

Schrader, F.W. (1989). *Diagnostische Kompetenzen von Lehrern und ihre Bedeutung für die Gestaltung und Effektivität des Unterrichts*. Frankfurt am Main: Lang.

Schrader, F.W. & Helmke, A. (1987). Diagnostische Kompetenz von Lehrern: Komponenten und Wirkungen. *Empirische Pädagogik, 1*, 27-52.

Schüpbach, J. (2005). Die Unterrichtsnachbesprechung in den Lehrpraktika – eine „Nahtstelle von Wissen und Handeln"? Eine deskriptiv-empirische Studie zur Bedeutung der Reflexion im Praxis-Theorie-Bezug in der Lehrerbildung. Zürich: Pädagogisches Institut der Universität Zürich

Seidel, T. & Prenzel, M. (2003). Videoanalyse als Methode der Lehr-Lern-Forschung. *journal für lehrerInnenbildung, 3*, 54-61.

Shavelson, R. & Stern, P. (1981). Research on teachers' pedagogical thoughts, judgements, decisions, and behaviour. *Review of Educational Research, 51*, 455-498.

Shulman, L.S. (1986). Those who understand: The knowledge growth in teaching. *Educational Researcher, 15*, 4-21.

Shulman, L.S. (1986). Those Who Understand: Knowledge Growth in Teaching. *Educational Researcher, 15*, 4-14.

Shute, V. & Towle, B. (2003). Adaptive E-Learning. *Educational Psychologist, 38*, 105-114.

Slavin, R.E. (1983). When does cooperative learning increase student achievement? *Psychological Bulletin, 94*, 429-445.

Slavin, R.E. (1990a). Achievement effects of ability grouping in secondary schools: A best-effidence synthesis. *Review of Educational Research, 60*, 471-499.

Slavin, R.E. (1990b). *Cooperative learning: Theory, research, and practice*. Englewood Cliffs NJ: Prentice Hall.

Snow, R.E. (1989a). Aptitude, instruction, and individual development. *International Journal of Educational Research, 13*, 869-881.

Snow, R.E. (1989b). Aptitude-treatment interaction as a framework for research on individual differences in learning. In P.L. Ackerman, R.J. Sternberg & R. Glaser (Hrsg.), *Learning and individual differences* (S. 13-59). New York: Freeman.

Snow, R.E. & Swanson, J. (1992). Instructional psychology: Aptitude, adaption, and assessment. *Annual Review of Psychology, 43*, 583-626.

Spychiger, M. (1998). Vom Umgang mit dem Fehler im Instrumental- und Vokalunterricht. Pädagogisches Institut der Universität Freiburg, Freiburg (CH).

Stamm, M. (2003). *Evaluation 'Pilotversuch Grundstufe'.* Schlussbericht zuhanden der Bildungsdirektion des Kantons Zürich.

Stamm, M. (2004). Bildungsraum Vorschule. Theoretische Überlegungen und Perspektiven zu den Möglichkeiten des früher als bisher üblichen kognitiven Kompetenzerwerbs. *Zeitschrift für Pädagogik, 6,* 865-881.

Staub, F.C. (2001). Fachspezifisch-pädagogisches Coaching: Theoriebezogene Unterrichtsentwicklung zur Förderung von Unterrichtsexpertise. *Beiträge zur Lehrerbildung, 19,* 175-198.

Staub, F.C. & Stern, E. (2002). The Nature of Teacher' Pedagogical Content Beliefs Matters for Students' Achievement Gains: Quasi-Experimental Evidence From Elementary Mathematics. *Journal of Educational Psychology, 94,* 344-355.

Staub, F.C. (2004). PISA und die Konsequenzen für die erziehungswissenschaftliche Forschung. Fachspezifisch-Pädagogisches Coaching: Ein Beispiel zur Entwicklung von Lehrerfortbildung und Unterrichtskompetenz als Kooperation. *Zeitschrift für Erziehungswissenschaft, 3,* 113-141.

Staub, F. (2006). Allgemeine Didaktik und Lernpsychologie: Zur Dynamisierung eines schwierigen Verhältnisses. In M. Baer, M. Fuchs, P. Füglister, K. Reusser & H. Wyss (Hrsg.), *Didaktik auf psychologischer Grundlage. Von Hans Aeblis kognitionspsychologischer Didaktik zur modernen Lehr- und Lernforschung,* S. 169-179. Bern: hep-Verlag.

Stevenson, H.W., Parker, T., Wilkinson, A., Bonneveus, B. & Gonzales, M. (1978). Schooling, environment, and cognitive development: A cross-cultural study. *Monographs of the Society for Research in Child Development, 55* (221), 1-123.

Suchman, L.A. (1987). *Plans and situated actions. The problem of human-machine communication.* Cambridge: University Press.

Tamir, P. (1988). Subject matter and related pedagogical knowledge in teacher education. *Teaching and Teacher Education, 4,* 99-110.

Teddlie, C. & Stringfield, S. (1993). *Schools make a difference.* New York; London: Teachers College, Columbia University.

Vaughn, S., Shay Schum, J., Johnson Niarhos, F. & Daugherty, T. (1993). What do students think when teachers make adaptations? *Teaching and Teacher Education, 9* (1), 107-118.

Wahl, D. (1991). *Handeln unter Druck: Der weite Weg vom Wissen zum Handeln bei Lehrern, Hochschullehrern und Erwachsenenbildnern.* Weinheim: Deutscher Studien Verlag.

Wahl, D., Wölfing, W., Rapp, G. & Heger, D., (Hrsg.) (1991). *Erwachsenenbildung konkret. Mehrphasiges Dozententraining. Eine neue Form erwachsenendidaktischer Ausbildung von Referenten und Dozenten.* Neue Formen des Lernens im Betrieb. Weinheim: Deutscher Studien Verlag.

Wahl, D. (2000). Das große und das kleine Sandwich. Ein theoretisch wie empirisch begründetes Konzept zur Veränderung handlungsleitender Kognitionen. In C. Dalbert & E. Brunner (Hrsg.), *Handlungsleitende Kognitionen in der pädagogischen Praxis* (155-168). Hohengehren: Schneider.

Wahl, D. (2001). Nachhaltige Wege vom Wissen zum Handeln. *Beiträge zur Lehrerbildung, 19,* 157-174.

Walberg, H.J. & Uguroglu, M. (1980). Motivation and educational productivity: Theories, results, and implications. In L.J. Fyans (Hrsg.), *Achievement motivation. Recent trends in theory and research* (S. 114-134). New York: Plenum.

Walberg, H.J. (1990). A theory of educational productivity: fundamental substance and method. In P. Vedder (Hrsg.), *Fundamental studies in educational research* (S. 19-34). Lisse: Swets & Zeitlinger.

Wang, M.C. & Resnick, L.B. (1978). *The primary Education Program. Manuals 1-9.* Johnstown, Pennsilvania: Mafex Associates.

Wang, M.C. (1980). Adaptive instruction: Building on diversity. *Theory Into Practice, 19*, 122-128.

Wang, M.C. & Gennari, P. (1983). Analysis of the design, implementation, and effects of a data-based staff development program. *Teacher Education and Special Education, 6*, 211-226.

Wang, M.C. & Lindvall, C.M. (1984). Individual differences and school learning environments. In E.W. Gordon (Hrsg.), *Review of research in education.* Vol. 11, (S. 161-225). Washington, DC: American Educational Research Association.

Wang, M.C., Peverly, S. & Randolph, R. (1984). An investigation of the implementation and effects of full-time mainstreaming program. *Journal of Remedial and Special Education, 5*, 21-32.

Wang, M.C., Rubenstein, J.L. & Reynolds, M.C. (1985). Clearing the Road to Success for Students with Special Needs. *Educational Leadership, 43*, 62-67.

Wang, M.C., Vaughan, E.D. & Dytman, J. (1985). Staff development. A key ingredient of effective mainstreaming. *Teaching Exceptional Children, 17*, 112-121.

Wang, M.C., Haertel, G.D. & Walberg, H.J. (1993). Toward a Knowledge Base for School Learning. *Review of Educational Research, 63*, 249-294.

Washburne, C.N. (1925). *"Adapting the School to Individual Differences." The Twenty-fourth Yearbook of the National Society for the Study of Education. Part 2.*

Webb, N.M. (1983). Predicting Learning from Student Interaction: Defining the Interaction Variables. *Educational Psychologist, 18*, 33-41.

Weinert, F.E. & Helmke, A. (1988). Individual differences in cognitive development: Does instruction make a difference? In E.M. Hetherington, R.M. Lerner & M. Perlmutter (Hrsg.), *Child development in life-span perspective* (S. 219-239). Hillsdale NJ: Erlbaum.

Weinert, F.E. & Schrader, F.-W. (1986). Diagnose des Lehrers als Diagnostiker. In H. Petillon, J.W.L. Wagner & B. Wolf (Hrsg.), *Schülergerechte Diagnose. Theoretische und empirische Beiträge zur Pädagogischen Diagnostik* (S. 11-29). Weinheim: Beltz.

Weinert, F.E., Schrader, F.-W. & Helmke, A. (1990). Unterrichtsexpertise – Ein Konzept zur Verringerung der Kluft zwischen zwei theoretischen Paradigmen. In L.-M. Alisch, J. Baumert & K. Beck (Hrsg.), *Professionswissen und Professionalisierung (Braunschweiger Studien zur Erziehungs- und Sozialarbeitswissenschaft, Bd. 28)* (S. 173-206). Braunschweig: Copy-Center Colmsee.

Weinert, F.E. & Helmke, A. (1996). Der gute Lehrer: Person, Funktion oder Fiktion? *Zeitschrift für Pädagogik, Beiheft,* (34), 223-233.

West, L. & Staub, F.C. (2003). *Content-Focused Coaching. Transforming Mathematics Lessons.* Portsmouth NH: Heinemann.

Whitehead, A.N. (1929). The aims of education. New York: Macmillan.

Wolf, B. (1998). Effektstärkenmaße. In D.H. Rost (Hrsg.), *Handwörterbuch Pädagogische Psychologie* (S. 72-75). Weinheim: Beltz.

Zigmond, N. & Miller, S.E. (1986). Assessment for instructional planning. *Exceptional Children, 52*, 501-509.

Zutavern, M. & Brühwiler, C. (2002). Selbstreguliertes Lernen als fächerübergreifende Kompetenz. In BFS/EDK (Hrsg.), *Für das Leben gerüstet? Die Grundkompetenzen der Jugendlichen – Nationaler Bericht der Erhebung PISA 2000* (S. 64-89). Neuchâtel: BFS/EDK.

Zutavern, M. (2001). *Professionelles Ethos von Lehrerinnen und Lehrern. Berufsmoralisches Denken, Wissen und Handeln zum Schutz und zur Förderung von Schülerinnen und Schülern.* Freiburg: Philosophische Fakultät Freiburg.

12 Anhang

ANHANG A: Rating des Videotests (zu Kap. 5.1.4)

Sequenz C: Vorgehen bei Kennenlernen des Versuchs: Beschreibung:
Die Klasse sitzt vorne um einen Tisch mit den Versuchsmaterialien herum. Die Lehrperson zeigt den neuen Versuch zu Wasser- und Luftdruck ein erstes Mal vor. Sie kommentiert dabei, was sie macht. Nach dem Eintauchen des Bechers ins Wasserbecken nimmt sie das Taschentuch aus dem Becher und kommentiert, dass dieses noch immer trocken ist. Sie hält das Taschentuch in die Höhe, so dass es alle sehen können. Anschließend wiederholt LP den Versuch

Im Verlauf der Versuchsdurchführung und der anschließenden Suche nach Erklärungen verdeckt die Lehrperson durch ihren Standort zu mindestens 3 Zeitpunkten mehreren Schüler/-innen die Sicht auf das Geschehen. Zwei Mal stehen mehrere Schüler/-innen um den Tisch herum, während die anderen sitzen bleiben und gar nichts mehr sehen können. Zwei Schülerinnen streiten miteinander und nur ein Teil der Klasse ist aufmerksam.

Dim	Erkennen (Kriterium)		
Did	Ce_k1	Vorwissen mit einbeziehen	*(fiktives) „Weiss die Lehrperson , ob die Schüler diesen Versuch nicht schon von Zuhause aus kennen?"*[10]
Did	Ce_k23 45	Neues Wissen erarbeiten	*„Mir ist aufgefallen, dass längst nicht alle Schüler dieses Tuch angefasst haben. Längst nicht alle haben erlebt, dass das Tuch trocken bleibt." (29)*
Did			*„Schade, die Schüler und Schülerinnen können gar nicht selber ausprobieren, obwohl es ein sehr einfacher Versuch ist. (fiktiv)*
Did			*„ Er demonstriert und kommentiert und die Schüler und Schülerinnen schauen noch gerne zu. Aber irgendwie kann das so ja gar nicht richtig reingehen." (fiktiv)*
Did			*„Diese Situation ist schlecht, weil sie es nicht von vorne sehen können, sie sehen gar nicht, weil er ihnen den Rücken zudreht. Wahrscheinlich ist das auch der Grund, weshalb sie zu schwatzen beginnen." (01)*

---

10 Punkteverteilung: Für das Erkennen des Kriteriums ‚Vorwissen mit einbeziehen' wird ein Punkt vergeben.

Dim	Handeln (Indikator)		
Did	Ch_i1	Regt die Schülerinnen und Schüler zu Vermutungen zum Versuch an.	_„Er strebt nur das Resultat an. Insofern ist für die Kinder gar keine Spannung da, sich etwas zu überlegen. Diese könnte man schon aufbauen, wenn man hinten die Anordnung des Versuches aufzeigen würde und sie sich überlegen müssten, was passieren könnte." (06)[11]_
Did	Ch_i2	Ermöglicht Schülerinnen und Schülern konkrete Handlungserfahrungen bei der Demonstrations-Versuchsdurchführung.	_„Jetzt frage ich mich auch, ob er den Versuch nochmals macht, es wäre eigentlich besser, wenn ein Kind den Versuch langsam wiederholt, um zu sehen, ob es verstanden oder aufgepasst hat." (112)_
Did	Ch_3	Ermöglicht den Schülerinnen und Schülern konkrete Handlungserfahrungen bei Schüler-Versuchsdurchführungen. (ohne Mittun der Lehrperson)	_„Nur eine Versuchsanordnung ist relativ wenig. Es wäre ideal, wenn möglichst viele Schüler selber ausprobieren könnten. Alles, was die Schüler selbst gemacht haben, bleibt viel mehr hängen, als wenn sie nur zuschauen." (07)_
Did	Ch_i4	Strukturiert zum besseren Verständnis den Versuchsablauf (durch Material, Anweisungen usw.)	
Did	Ch_i5	Schafft optimale Rahmenbedingungen für das Erarbeiten des neuen Wissens	_(fiktives) „Einige Schülerinnen und Schüler sehen nichts vom Versuch. Ich würde sie in einem Halbkreis aufstellen."_

11 Für diesen adaptiven Handlungsvorschlag wird ein Punkt vergeben und zusätzlich ein Punkt für das Erkennen des Kriteriums. Somit erhält die Person für diese Aussage zwei Punkte.

ANHANG B: Beispielitems zum konstruktivistischen Lehr-Lernverständnis in den Naturwissenschaften

		sehr einverstanden	eher einverstanden	unentschieden	eher nicht einverstanden	überhaupt nicht einverstanden
i)	Schülerinnen und Schüler verstehen ein naturwissenschaftliches Phänomen nicht, bevor sie über einen wesentlichen Teil der naturwissenschaftlichen Grundbegriffe verfügen.	$\Box_1$	$\Box_2$	$\Box_3$	$\Box_4$	$\Box_5$
j)	Die meisten Schülerinnen und Schüler können naturwissenschaftliche Grundbegriffe und Gesetze nicht selbst entdecken und benötigen explizite Unterweisung.	$\Box_1$	$\Box_2$	$\Box_3$	$\Box_4$	$\Box_5$
k)	Die Erklärungen der Schülerinnen und Schüler zu ihren Aufgabenlösungen vermitteln einen guten Einblick in deren naturwissenschaftliches Wissen.	$\Box_1$	$\Box_2$	$\Box_3$	$\Box_4$	$\Box_5$
l)	Anhand geeigneter Materialien und Experimente können Schülerinnen und Schüler selbst Naturgesetze erkennen.	$\Box_1$	$\Box_2$	$\Box_3$	$\Box_4$	$\Box_5$
m)	Auch Schülerinnen und Schüler, die noch kein solides naturwissenschaftliches Fachwissen erworben haben, können erfolgreich technische und naturwissenschaftliche Alltagsprobleme (z. B. Stromkreislauf, Flaschenzug, Dünger) lösen.	$\Box_1$	$\Box_2$	$\Box_3$	$\Box_4$	$\Box_5$

ANHANG C: Leistungstest zum Fachwissen der Lehrpersonen zu Kapitel 4.5 (inkl. Lösung am Schluss)

Liebe Kolleginnen und Kollegen

Wir erlauben uns, dir einige mehr oder weniger knifflige Aufgaben zum Thema der Unterrichtsreihe zu stellen.

Was möchten wir damit bezwecken? – Uns interessiert im Rahmen des Forschungsprojekts, inwiefern das Sachwissen der Lehrperson in einem bestimmten Fachbereich mit den Leistungen der Schülerinnen und Schüler zusammenhängt.

Obwohl wir für die Unterrichtsreihe je nach Stufe (Primar- oder Oberstufe) andere Lernziele vorgegeben haben, wird bei diesen Aufgaben aus Gründen der Vergleichbarkeit nicht unterschieden zwischen Aufgaben für Primar- und solchen für Oberstufenlehrkräfte. Die Aufgaben sind unterschiedlich schwierig. Einzelne sind eher leicht zu lösen, andere dagegen eher schwierig, so dass auch Spezialisten gefordert werden.

Deine Resultate bei den folgenden Aufgaben werden ausschließlich für dieses Projekt verwendet. Sie werden bei der Auswertung anonymisiert und bleiben absolut vertraulich.

Mit bestem Dank für deine Mitarbeit!

Forschungsteam ‚Adaptive Lehrkompetenz AL'

1. Samenbau

Woraus besteht ein reifer Same? Kreuze die richtigen Antworten an.

☐ Fruchtknoten

☐ Samenschale

☐ Kapsel

☐ Nährgewebe

☐ Embryo

☐ Keimzelle

☐ Keimwurzel

☐ Speicherstoffe

☐ Keimblatt

☐ Samenanlage

☐ Endosperm

☐ Fruchtwand

2. Nährstoffvorrat

Die Samen werden von der Mutterpflanze in der Regel mit einem Nährstoffvorrat ausgestattet.

a) Welche Funktion hat dieser Nährstoffvorrat in den Samen?

b) Welches sind die wichtigsten Speicherstoffe?

c) Wo wird der Nährstoffvorrat im Samen eingelagert?

3. Keimruhe

Die Vorgänge der Samenbildung enden mit einer Phase der Austrocknung auf 6-12% Wassergehalt.

a) Welche Bedeutung hat die Austrocknung für den Samen?

b) Auch wenn die äusseren Keimungsbedingungen stimmen, können Samen in einer Keimruhe (= Keimsperre) verharren. Welche Mechanismen sind für solche Keimruhen verantwortlich?

4. Keimungsbedingungen

a) Welche Bedingungen brauchen Samen, um keimen zu können?

b) Die Keimungsbedingungen sind je nach Samentyp von unterschiedlicher Bedeutung. Erläutere bitte diese Unterschiede.

c) Wie könnte ein Gärtner bei einer Keimsperre eine raschere Keimung erzwingen?

5. Keimungsversuche

Versuchsansatz A

Entwickle ein Experiment, um mit Schülerinnen/Schülern sachlich einwandfrei und überzeugend zu klären, ob ein vorliegender Samentyp entweder ein Lichtkeimer (LK), ein Dunkelkeimer (DK) oder ein indifferenter Keimer (IK) ist.

Versuchsansatz B

Zwei Bohnensamen haben gleichzeitig miteinander unter gleichen Bedingungen gekeimt. Nach ihrem Erscheinen über der Erde werden bei Bohne A die Keimblätter (Bohnenhälften) entfernt, bei Bohne B werden sie belassen. Beschreibe, wie beide Pflanzen sich weiter entwickeln und begründe deine Aussagen.

Bohne A

_____

_____

Bohne B

_____

_____

6. Keimling

Beschrifte die Teile A – F im Bild einer jungen Pflanze. Gib stichwortartig die Funktion der einzelnen Teile an.

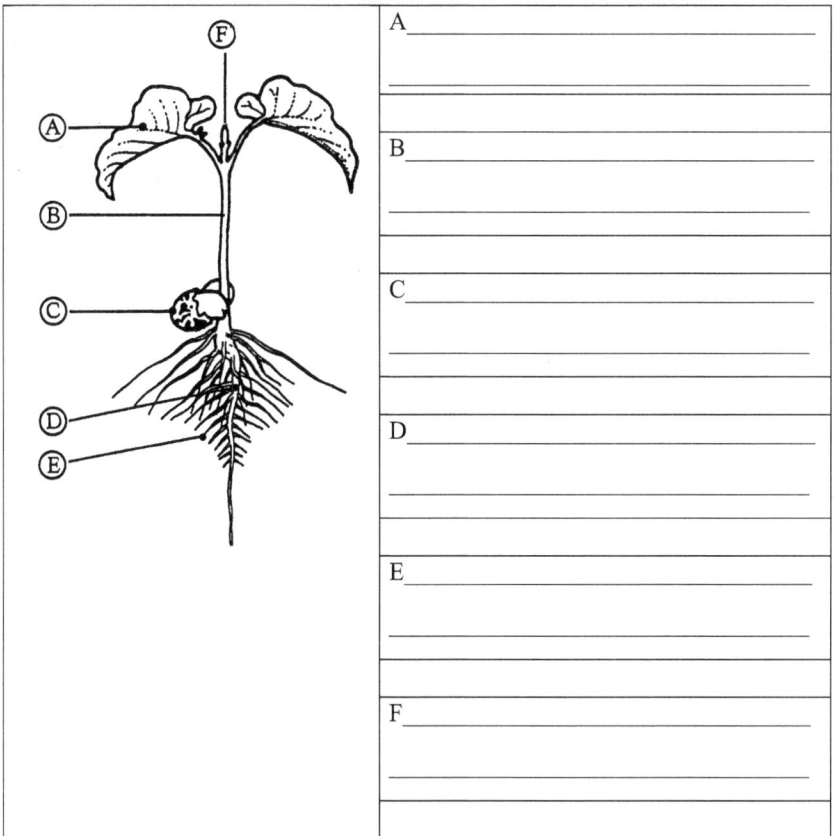

A_____

_____

B_____

_____

C_____

_____

D_____

_____

E_____

_____

F_____

_____

7. Verbreitungsarten

Welche Verbreitungsarten von Samen gibt es? (Bitte je ein Beispiel anführen.)

Vielen Dank für das Ausfüllen des Fragebogens!

Dieser Fragebogen wurde durch die Forschungsstelle der PHS unter Mithilfe von U. und K. P. Frischknecht (PHR, PHS) für das Nationalfonds-Projekt „Adaptive Lehrkompetenz" entwickelt. Dieser Fragebogen darf nicht weiterverwendet werden.

Richtige Lösungsantworten (fett: elementares Wissen)

1. Samenbau

Samenschale/ **Nährgewebe**/ **Embryo**/ Keimwurzel/ Speicherstoffe/ **Keimblatt**/ Endosperm (Fachbezeichnung für Nährgewebe)

2. Nährstoffvorrat

a) *Funktion Nährstoffvorrat:* **den sich zur jungen Keimpflanze entwickelnden Embryo bis zur Ausbildung der Wurzeln und des Photosyntheseapparates in den Blättern mit energiereichen organischen Substanzen (= Nährstoffen)** und auch Ionen (= gelösten Nährsalzen) und **zu versorgen.**

b) *Speicherstoffe:* die wichtigsten Speicherstoffe sind **Kohlenhydrate** (meist Stärke, selten Zuckerarten), **Fette** und (Speicher-)**Proteine.**

c) Der Nährstoffvorrat wird im Samen entweder extraembryonal in einem **eigenen Nährgewebe** (= Endosperm) oder innerhalb des Embryos und dann meist in den **Keimblättern** (= **Speicherkeimblätter**, Speicherkotyledonen, „Samenhälften") eingelagert.

3. Keimruhe

a) In der Austrocknungsphase tritt der Same in das Ruhestadium ein. Er erreicht dadurch eine **hohe Resistenz gegen Kälte, Hitze und Austrocknung.** So kann der Same **schlechte Umweltbedingungen, ungeeignete Jahreszeiten** (z.B. Herbst, Winter) und lange Zeiträume überstehen, bis die Bedingungen für eine Keimung wieder günstig sind.

b) Als Keimsperren kommen in Frage: 1. dicke, harte, **undurchlässige Samenschale**; 2. **Keimungshemmstoffe**, 3. unreifer Embryo; 4. genetisch bedingte Embryoruhe.

4. Keimungsbedingungen

a) Aussenfaktoren wie **Wasser**, Sauerstoff (in Luft enthalten), geeignete **Temperatur, Licht**, evtl. richtige Tageslänge.

b) **Licht**: bei Dunkelkeimern nicht notwendig (zunächst kein Licht notwendig, bis Keimling sichtbar), Sauerstoff (Luft) bei Unterwasserkeimern, z.B. Reis zunächst nicht nötig, **Temperatur**: Kälte- und Wärmekeimer (d.h. Kältekeimer brauchen zwingend 1 oder 2 Kälteperioden).

c) Durchbrechen der Samenschale: mechanisch z.B. durch Anritzen mit Feile, chemisch mit z.B. Säurebehandlung, Kälte- bzw. Wärmelagerung, Auswaschen der Hemmstoffe (Bsp. Blausäure).

5. Keimungsversuche

Versuchsansatz A:

a) **Gärtnerischer Ansatz:**
    Samen auf feuchte Erde säen und Samen mit Erde bedecken
    Samen auf feuchte Erde säen und nicht bedecken

oder

b) Wissenschaftlicher Ansatz:
    Samen auf feuchte Watte säen und mit Alufolie abdecken
    Samen auf feuchte Watte säen und nicht abdecken

zu erwartende Resultate:

	Lichtkeimer (LK)	Dunkelkeimer (DK)	Indifferente Keimer (IK)
+ Licht	+	-	+
- Licht	-	+	+

+ = Keimung; – = keine Keimung.

Versuchsansatz B:

Bohne A: **kein Wachstum, da die Pflanze ihrer Nährstoffvorräte beraubt wird,** oder verzögertes Wachstum durch bereits fotosynthetisch aktive Primärblätter.

Bohne B: **normales Wachstum mit Nährstoffreserven aus den Speicherkeimblättern.**

6. **Keimling**

A	Primärblätter (erste Laubblätter)	Fotosynthese (veraltet: Assimilation)
B	Sprossachse (**Stängel**)	**Stützfunktion und Transport**
C	**Keimblätter** (mit Samenschalenresten)	**Nährstoffspeicher** und Nährstoffmobilisierung
D	Haupt**wurzel**	**Verankerung und Wasser/Nährsalztransport**
E	**Seitenwurzeln** und/oder **Wurzelhaare**	**Wasser- und Nährsalzaufnahme**
F	**Wachstumszone** (Vegetationskegel)	Zellteilung, Streckungs**wachstum**

7. **Verbreitungsarten**

a)   Die Samen der Orchideen werden durch den Wind verbreitet. Durch das leichte Gewicht der Samen wird die **Windverbreitung über weite Strecken** sowie ein leichtes Anhaften an den „Wirtsbäumen" ermöglicht.

b)   Samen werden in der Regel **in Früchten „verpackt" verbreitet.**
Wind: z.T. mit Hilfe von Flugorganen; Bsp. Löwenzahn, Linde.
Wasser: lufthaltiges Gewebe ermöglicht Schwimmen; Bsp. Kokosnuss.
Tiere: durch nährstoffreiches, auffällig gefärbtes Fruchtgewebe, Klettfrüchte mit Borsten, Stacheln oder Widerhaken, durch z.B. Vögel, Tiere mit Pelz.
Menschen: Kulturpflanzen und Unkräuter durch weltweiten Warenaustausch.
Pflanze: Selbstverbreitung z.B. Streufrüchte (Bsp. Hülsenfrüchte, Schoten, Kapseln), durch Schleudermechanismen (Gewebsspannungen); Bsp. Springkraut, Spritzgurke.

Dieser Fragebogen wurde durch die Forschungsstelle der PHS unter Mithilfe von U. und K. P. Frischknecht (PHSG) für das Nationalfonds-Projekt „Adaptive Lehrkompetenz" entwickelt. Dieser Fragebogen darf nicht weiterverwendet werden.

Pädagogische Psychologie
und Entwicklungspsychologie

HERAUSGEGEBEN
VON DETLEF H. ROST

BAND 40

Tina Hascher
WOHLBEFINDEN IN DER SCHULE
2004, 321 S., 25,50 €, ISBN 978-3-8309-1354-0

BAND 41

Stephanie Schreblowski
TRAINING VON LESEKOMPETENZ
Die Bedeutung von Strategien, Metakognition
und Motivation für die Textverarbeitung
2004, 156 S., 25,50 €, ISBN 978-3-8309-1356-7

BAND 42

Lilian Streblow
BEZUGSRAHMEN UND
SELBSTKONZEPTGENESE
2004, 146 S., 25,50 €, ISBN 978-3-8309-1353-2

BAND 43

Oliver Böhm-Kasper
SCHULISCHE BELASTUNG
UND BEANSPRUCHUNG
Eine Untersuchung von Schülern und Lehrern
am Gymnasium
2004, 284 S., 25,50 €, ISBN 978-3-8309-1383-4

BAND 44

Margarete Imhof
ZUHÖREN UND INSTRUKTION
Empirische Ansätze zu psychologischen
Aspekten auditiver Informationsverarbeitung
2004, 206 S., 25,50 €, ISBN 978-3-8309-1423-7

BAND 45

Petra Wagner
HÄUSLICHE ARBEITSZEIT
FÜR DIE SCHULE
Eine Typenanalyse
2005, 175 S., 25,50 €, ISBN 978-3-8309-1435-0

BAND 46

Britta Kohler
REZEPTION INTERNATIONALER
SCHULLEISTUNGSSTUDIEN
Wie gehen Lehrkräfte, Eltern und die
Schulaufsicht mit Ergebnissen schulischer
Evaluationsstudien um?
2005, 377 S., 25,50 €, ISBN 978-3-8309-1466-2

BAND 47

Cornelia S. Große
LERNEN MIT MULTIPLEN LÖSUNGSWEGEN
2005, 200 S., 25,50 €, ISBN 978-3-8309-1467-9

BAND 48

Anne Levin
LERNEN DURCH FRAGEN
Wirkung von strukturierenden Hilfen auf
das Generieren von Studierendenfragen
als begleitende Lernstrategie
2005, 228 S., 25,50 €, ISBN 978-3-8309-1473-0

BAND 49

Britta Pohlmann
KONSEQUENZEN DIMENSIONALER
VERGLEICHE
2005, 188 S., 25,50 €, ISBN 978-3-8309-1441-9

BAND 50

Christiane Pruisken
INTERESSEN UND HOBBYS
HOCHBEGABTER
GRUNDSCHULKINDER
Formeln statt Fußball?
2005, 248 S., 25,50 €, ISBN 978-3-8309-1472-3

BAND 51

Mareike Kunter
MULTIPLE ZIELE
IM MATHEMATIKUNTERRICHT
2005, 296 S., 25,50 €, ISBN 978-3-8309-1559-1

BAND 52

Dietmar Grube
ENTWICKLUNG DES RECHNENS
IM GRUNDSCHULALTER
Basale Fertigkeiten, Wissensabruf und
Arbeitsgedächtniseinflüsse
2005, 188 S., 25,50 €, ISBN 978-3-8309-1572-0

BAND 53

Oliver Lüdtke
PERSÖNLICHE ZIELE
JUNGER ERWACHSENER
2006, 298 S., 25,50 €, ISBN 978-3-8309-1610-9

BAND 54

Thiemo Müller-Kalthoff
VORWISSEN UND NAVIGATIONSHILFEN
BEIM HYPERTEXTLERNEN
2006, 182 S., 25,50 €, ISBN 978-3-8309-1583-6

BAND 55

Jörn R. Sparfeldt
BERUFSINTERESSEN HOCHBEGABTER
JUGENDLICHER
2006, 282 S., 25,50 €, ISBN 978-3-8309-1672-7

BAND 56

Susanne Narciss
INFORMATIVES TUTORIELLES FEEDBACK
Entwicklungs- und Evaluationsprinzipien
auf der Basis instruktions
psychologischer Erkenntnisse
2006, 304 S., 25,50 €, ISBN 978-3-8309-1641-3

BAND 57

Andrea Lenzner
WOMEN IN MATHEMATICS
A Cross-Cultural Comparison
2006, 216 S., 25,50 €, ISBN 978-3-8309-1642-0

BAND 58

Silvio Herzog
BEANSPRUCHUNG UND BEWÄLTIGUNG
IM LEHRERBERUF
Eine salutogenetische und biografische
Untersuchung im Kontext unterschiedlicher Kar-
riereverläufe
2007, 448 S., 29,90 €, ISBN 978-3-8309-1770-0

BAND 59

Andrea Heiß
DESORIENTIERUNG BEIM LERNEN
MIT HYPERMEDIEN
Förderung struktureller und konzeptioneller
Orientierung
2007, 256 S., 25,50 €, ISBN 978-3-8309-1826-4

BAND 60

Ulrike-Marie Krause
FEEDBACK UND KOOPERATIVES LERNEN
2007, 230 S., 25,50 €, ISBN 978-3-8309-1806-6

BAND 61

Maria Bannert
METAKOGNITION BEIM LERNEN MIT
HYPERMEDIEN
Erfassung, Beschreibung und Vermittlung
wirksamer metakognitiver Strategien und Regu-
lationsaktivitäten
2007, 300 S., br., 25,50 €, ISBN 978-3-8309-1872-1

BAND 62

Uwe Heim-Dreger
IMPLIZITE ANGSTDIAGNOSTIK BEI
GRUNDSCHULKINDERN
Erfassung, Beschreibung und Vermittlung
wirksamer metakognitiver Strategien und Regu-
lationsaktivitäten
2007, 192 S., br., 25,50 €, ISBN 978-3-8309-1886-8

Alle Bände der Reihe finden Sie unter
www.waxmann.com

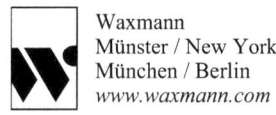

Waxmann
Münster / New York
München / Berlin
www.waxmann.com